黄仁宇

放宽历史的视界

黄仁宇作品系列

生活·讀書·新知 三联书店

Simplified Chinese Copyright © 2015 by SDX Joint Publishing Company.
All Rights Reserved.
本作品简体中文版权由生活·读书·新知三联书店所有。
未经许可，不得翻印。

图书在版编目（CIP）数据

放宽历史的视界／（美）黄仁宇著．—北京：生活·读书·新知三联书店，2015.8　（2024.6 重印）
（黄仁宇作品系列）
ISBN 978 - 7 - 108 - 05372 - 5

Ⅰ．①放…　Ⅱ．①黄…　Ⅲ．①中国历史 - 史评 - 文集　Ⅳ．① K207-53

中国版本图书馆 CIP 数据核字（2015）第 118377 号

本书中文简体版由台湾允晨文化出版公司授权出版。

责任编辑	曾　蔷　张　龙
装帧设计	蔡立国
责任印制	董　欢
出版发行	生活·讀書·新知 三联书店
	（北京市东城区美术馆东街 22 号 100010）
网　　址	www.sdxjpc.com
图　　字	01-2017-6495
经　　销	新华书店
印　　刷	山东临沂新华印刷物流集团有限责任公司
版　　次	2015 年 8 月北京第 1 版
	2024 年 6 月北京第 8 次印刷
开　　本	880 毫米×1230 毫米　1/32　印张 10.375
字　　数	210 千字
印　　数	41,001-44,000 册
定　　价	40.00 元

（印装查询：01064002715；邮购查询：01084010542）

目 录

新世纪版序 —————————————— 1

从《三言》看晚明商人 ————————— 1

明《太宗实录》中的年终统计 ————— 35
　　——李约瑟博士所称中国官僚主义的一个例证

明代史和其他因素给我们的新认识 ———— 67

我对"资本主义"的认识 ———————— 97

中国历史与西洋文化的汇合 —————— 148
　　——五百年无此奇遇

中国近五百年历史为一元论 —————— 209

　　附　录　各专著提及20世纪中期以前中国土地
　　　　　占有的情形 ———————— 231

里昂车站的会晤点 ——————————— 235

卷尾琐语 ——————————————— 244

明《太宗实录》年终统计的再检讨（新增）—— 255

上海，Shanghai，シヤンハイ（新增）——— 311

新世纪版序

本书初刊于1988年,可是内中有几篇文字已见于其他报刊,所以粗率地说,全书经历至今已有十五年。

十五年前我初次倡说中国长期革命业已成功,有人批评我的立场偏激。即在十年前仍有人预言,邓小平去世后中国又将沉沦于民国初年军阀割据的局面。这种种悲观,缘于忽略历史上长期的合理性。

我们所说中国的长期革命业已成功,并不是说所有问题都已解决,而是前后比较,已面临历史上一大突破。这种突破史无前例,在本国史里只有公元7世纪隋唐之出现,差可比拟。在西洋史里也只有英国在17、18世纪之交的打开局面,可以相互比较,因之两方的过程,可以看得更为明显。

其中最重要的症结也可以说是资本主义的登场。但是资本主义是一个被滥用的名词。我们因其无可替代,虽引用而必强调在20世纪末年,其最显著之特色不在阶级斗争,也不是新教伦理,而是负债经营。

一个国家希望资金广泛的流通,经理人员与所有权分离,技术上的支持因素如交通通讯全般活用，务必先在法制上创造一个可以在数目字上管理的局面。中国过去以文士管制亿万农民用刑法作张本，于今引用商业习惯，以律师、会计师、工程师作前导，着重民法。这是两种完全不同的体系。20世纪的革命，即显示着整体社会重新构造过程中的艰辛。

这本书是我的历史写作之中提出引用参考资料较频繁的一种。《明实录》内《太宗实录》年终统计一文又整个重写，加入英国之参考资料多种。（其中明代数字的了解则初作于1970年的夏天，时在哈佛东亚研究所作研究工作，距今将近三十年矣。）《上海，SHANGHAI，シヤンハイ》系应在沈阳及上海发行的《万象》双月刊所作，载该刊今年三月号及《联合报》副刊3月7、8、9日。虽系小品文字，但是显示着新旧体制之不能融洽，仍侧面阐释一段天翻地覆的改造无可避免。

作者的主旨仍是抛砖引玉。我深觉得中国历史需要整个重写（包括西洋史在内），我提供自己在摸索时的线索，希望高明人士将眼光更看宽看大，将历史读物更向前修订。对一般读者则着重不要忽略自己当前的立足点。

黄仁宇
1999年4月14日

从《三言》看晚明商人

中国传统社会，因采取中央集权制，事无大小，悉听朝廷号令。所有法律辞章，必须划一。此在工业革命之前，交通通讯诸技术未曾发达之际，实有多数不合实际之处。因此皇室威权，虽广泛无涯，但其行政技术低劣。政治之安定，并非经常在法律及经济上求改革；而有赖于支持儒家思想，由家族社会之安定性所促成。此种措施，实与西洋诸国近世纪保障人权、支持私人财产、允许市民自治种种措施大相径庭。因此"重农抑商"纵非中国朝廷能经常维持之政策，亦必为社会发展之必然趋势。西洋诸国资本主义之发展，有赖于尊重私人财产之绝对性，并认为此绝对性高于皇权，甚至高于传统之道德观念。其司法权之独立，即由法庭保障此绝对性。凡此措施，只能在西欧诸小国经始。中国之地方政府，始终未由私人结会之形式构成；而系由中央政府规划；其行政精神又偏重于中央政府之便宜。其间差异之处，无待详述。

明代统治中国凡二百七十六年，跨14世纪至17世纪，此为西欧诸国近代国家社会形成及资本主义发展之际。中国政府则在此时期巩固其中央集权。[1]因中央集权之结果,政府之经济政策,不能以经济高度发展地区之情形为基础,而系以经济低度发展地区之情形为基础。[2]例如洪武之税收政策,全以谷物为基干,各衙门所用人役,在宋代王安石变法时,即收代役钱,在明初又全部改为现身服役。永乐虽派遣郑和下西洋,但对民间海舶,则极力取缔。1404年则令民间海船,悉改为平头船,以防止泛海。[3]《明律例》亦定民间私造二桅以上大船,私自泛海者处斩。[4]凡此多端,其重点在保持全国经济之平衡,以维持政治之统一。大凡地区间经济发展差异过大时,其政治必受影响。例如美国在19世纪即因其经济发展不平衡,乃有南北战争。此在传统中国社会,自当竭力防避。

防制地区间经济超度发展,以与低度及落后之经济基础看齐,为适应中国传统政治之需要。此在长期经济发展过程中,至为不利。此可以在中国实行者,因为中国经济,在19世纪之前,为"非竞争性"者,未有如西欧诸国,甚至有如日本之"大名"政权,其经济为"竞争性"者。亦即其国家或诸侯间经济之差异,立即影响其武备之盛

---

[1] 明代集权,见于顾炎武之《日知录》及黄宗羲之《明夷待访录》。亦见于 F. W. Mote, "The Growth of Chinese Despotism", *Oriens Extremus*, 8 (1961); Lien-sheng Yang, "Ming Local Administration", in Charles O. Hucker (ed.) *Chinese Government in Ming Times* (New York, 1969)。

[2] 本人所著 *Taxation and Governmental Finance in 16th Century Ming China* (Cambridge, 1974)对此点叙述甚详。

[3] 《太宗实录》(中央研究院版,下同),页498。

[4] 见《大明会典》,卷167,但此律未能施行。

衰，而可能决定其存亡。中国传统政权，以广泛动员农村经济为其实力之基础。兵员为农民，军费无大异于食粮，两者均重量不重质。经济虽落后，但全国情形均一，征发仍轻而易举。反之，其工商业及经济方面前进之部门，则恰为政府统治征发不及之处。中国历史上，凡朝代以落后之农村经济为骨干，其经济基础为"单元"者，通常能号召大量兵员，战胜以"多元"经济，甚至较前进经济为基础之政权。是以明代经济政策，符合当日政治需要，在历史上则为背道而驰。

中国金融经济，在历史上最低限度有三次突然猛进。此即西周至两汉，唐宋之间，及明清之际。但曾无一次其突出使中国经济史改观，有如近世西欧之资本主义。有时杰出之商人能以其私人财力影响权要，但此纯系私人非法活动，在历史上未曾改变法制，既不能全部提高商人之社会地位，尤不能促使商业为超官僚歧视之独立经济部门。然今日仍有不少学者，过度夸张各时期比较高度之金融活动，如若干日本学者称宋代"商业革命"，其社会影响有如欧洲"文艺复兴"。若干中国学者则称明末清初为中国资本主义"萌芽"时期。此在中国经济史上言，阐述其比较性则可，盛称其为质量上之改变则不符合事实。

金融经济超越时期之发展，可能使社会变质，而强迫政府修正其经济观点，但迄至19世纪外强势力侵入中国之前，此种趋势并不存在。凡盛称明清之际金融经济发展者，常以明代在正统后，税收开始用白银，至嘉靖万历间，行"一条鞭法"，因此官民用现银极为普遍。此种论点，非无事实根据，但其观察仅为一般印象，而无数量上之准据。吾人研究金融经济，必先考察其金融之实质，而着手于货币。明代之货币金融情形，虽因资料缺乏，未可窥其全貌，其大概情形，仍可略述于次。

明初为行使"宝钞"时期。此种纸币全无准备金，不得兑现，即通常亦不能以之付税。其滥发情形，肇始于洪武。根据《明实录》即1390年一年之内，洪武颁发宝钞为恩赏赈灾购物共六十九次。[1]其间载注数量或述及应赏人数及每人得钞因之金额可以计算无误者五十三次，其总额为宝钞88607315贯。其他十六次其钞额不详，但比较前述已知数可估计其总量近于7000000贯。是以此一年内，支出额近于95000000贯。当年宝钞收入额为20382990贯。[2]收支相抵，实多付发约75000000贯。根据官定价格，每钞一贯值米一石，此数为全国二年半田赋之总值。即以当日市价钞四贯值米一石，亦近于半年田赋。其不能经常继续，可以预断。

政府因亟行宝钞，不愿鼓铸铜币，遇宝钞不行，政府仍有时禁止金银及铜币交易。据估计明代全季铸钱当不出千万贯（每贯1000文）。[3]此数与北宋两年所铸数相等。铜钱又经常流至海外，铜价较钱高时，民间则熔钱为铜，故此以铜钱为货币，亦告失败。1544年因"钱法不

---

〔1〕 见于《太祖实录》，页2981—3078，页次不及备载。
〔2〕 《太祖实录》，页3079。
〔3〕 全汉升估计至16世纪末为止，铸钱总数"一共不过千把万贯"，见《自宋至明政府岁出入中银钱比例的变动》，《中国经济史论丛》（香港，1972），页364。本人估计略低，全明约铸八百万贯，*Taxation and Governmental Finance*，p.317。

通"人民倒毙于北京。[1]原文未叙及其间曲折，吾人可以推想因无适当货币，交易停顿，人民失业。

嘉靖期间实行全面用银，并无政策上之准备，实为无可如何时之趋势。估计明代全国银数，当然为冒险性猜测。但彭信威称，中国银货至元代大量流入中亚，至明代用银时，其银货即不足。根据明亡时户部司务蒋臣言，其时全国银货估计约为250000000两，且包括银首饰及银器皿。[2]中国之银，国内所产有限，大部由日本及菲律宾输入。其数量仍不敷全国广泛应用。[3]1600年前后，中国人口可至150000000人，[4]故虽有银至十万万两，然仍有周转不足之虞。而现在可供参考之数字，略示其所有额远低于此数，是以银根极紧，利息高，赊欠不易，信用借款无法发达，全国最发达之金融机关则为典当业。[5]其所放款为消费而非生产，无润泽工商业之可能性。

因中国幅员广，人口多，江南诸地内河航行便利，一遇承平之

---

[1]《明史》，卷81，《世宗实录》，页7119。
[2] 彭信威《中国货币史》（上海，1954），页461—471。蒋臣事载于《春明梦余录》，卷35。
[3] 全汉升估计自1571年至1821年共250年间，美洲白银输入中国二万万peso。见《明季中国与菲律宾间的贸易》及《明清间美洲白银的输入中国》，载《中国经济史论丛》，页417—434，446，449。梁方仲估计1390年至1486年，中国共产银三千万两。又明末七十二年，外银流入一万万元。见《明代国际贸易与银的输出入》，载《中国社会经济史集刊》6（1939）。
[4] Ping-ti Ho, *Studies on the Population of China* (Cambridge, Mass., 1959), pp.23, 277.
[5] 16世纪中国有当铺二万家，至19世纪仍有七千家，见彭信威《中国货币史》，页603。

际，其商业表面呈发达现象。但此发达程度，必须与全国人口幅员成比例，尤须突破传统习惯，改进商业组织，始能与西欧现代商业机构并论。以上所述，可见政治、法制、社会、金融各方面均阻碍此种突破之趋势。研究商人人身成份、商业资本、商业习惯，可以补助吾人之观点，证实其观测。

直接提供以上各点之历史资料，不易觏见。即明代作家偶一提及商人及商业，亦不过此等作家之印象。彼等既未能与现代商业接触，自无法估计法制自由、借贷发达、金融活跃条件下工商业可以继续发展之程度。是以此等作家字面上所称之盛衰，与吾人今日历史观点所称之盛衰大有出入。

在此情形下，小说资料可能为历史之助。因小说家叙述时事，必须牵涉其背景。此种铺叙，多近于事实，而非预为吾人制造结论。

冯梦龙（1571—1646）生于明末，为崇祯中贡生，曾任知县。[1]其所辑明末短篇小说，于1624年及1627年之间刊行为《喻世明言》(1965年香港中华版)、《警世通言》及《醒世恒言》（均1956年北京作家出版社版）。每书有短篇小说四十篇，合共一百二十篇，通称《三言》。其中叙有前代人物者，亦有承袭宋元话本者，但其观点代表明末社会情形。其间若干资料，不能全部置信，如有涉及神鬼传奇者，有将历代官名前后改窜者，有叙述唐宋，而其物价全用明末为准据者。《喻世明言》中《杨八老越国奇逢》将嘉靖间倭寇事迹，讳称元代，显系避免

---

[1] 见容肇祖《冯梦龙生平及其著述》，《岭南学报》，2/2—3。

评议当日政府。《醒世恒言》中《施润泽滩阙遇友》，称苏州吴江县盛泽镇，"那市上两岸绸丝牙行约有千百余家"。但乾隆《吴江县志》卷四称盛泽镇明初居民只五六十家，"嘉靖间倍之"。[1]此等未能置信之处，显而易见。除此之外，《三言》资料，涉及商人及商业者，前后重叠，可以彼此对证，尤可以与其他资料对证。如读者避免尽信其一时一事，或一篇一句，将其所叙作较有系统的收集编排，其结果当不至于全部脱离事实。

以下为自《三言》中窥见晚明商人之姿态。

一、商人之成员

明代商人多系继承祖业。《李秀卿义结黄贞女》（《明》，即《喻世明言》，下同）云："那客人答道：小生姓李名英，字秀卿，从幼跟她父亲出外经纪，因父亲年老，受不得风霜辛苦，因此把本钱与小生，在此行贩。"又黄老实将女儿假充男子，自思："我如今只说是张家外甥，带出来学做生理，使人不疑。"可见父子舅甥相继，是为常态。幼辈在十余岁时，即伴行学习经商。

《杨八老越国奇逢》称杨"祖上原在闽广为商"，所以杨往漳州商贩，是为继承祖业。《闲云庵阮三偿冤债》（《明》）叙宋朝事，但仍称"他哥哥阮大，与父亲专在两京商贩"。亦系父子同行。《蒋兴哥重

---

[1] 见全汉升《中国经济史论丛》，页457。

会珍珠衫》(《明》)称"原来罗家也是走广东的,蒋家只走得一代,罗家倒走过三代了。那边客商牙行,都与罗家世代相识"。

但商人子孙并非必须经商。《范巨卿鸡黍生死交》(《明》)以东汉为背景,但称范氏"世本商贾,幼亡父母,有妻小,近弃商贾,来洛阳应举"。弃商而以举业入仕,实为明代富商子孙之常情。[1]即前述杨八老重理祖业时,亦系因功名不利,所以才废学从商。他曾对妻李氏云:"我年近三旬,读书不就,家道消乏。"可见如读书科举事业成功,将必抛弃商业。在相似情形下,《旌阳宫铁树镇妖》(《通》,即《警世通言》,下同)篇中,慎郎自称:"金陵人氏,自幼颇通经典,不意名途淹滞,莫能上达,今作南北经商之客耳。"

从此观之,小地主及自耕农之改业为商者,必所在多有。《桂员外途穷忏悔》(《通》)叙元朝事。其中桂富五称:"某祖遗有屋一所,田百亩,自耕自食,尽可糊口。不幸惑于人言,谓农夫利薄,商贩利厚,将薄产抵借李平章府中本银三百两,贩纱赴燕京。岂料运蹇时乖,连走几遍,本利俱耗。"

反之,如经商成功,或由其他机缘获致资金,其人通常将一部资金购置田产,而成为商人兼地主。经营典当业者,尤多采取此兼业。《宋小官团圆破毡笠》(《通》),宋金致富之后,"就在南京仪凤门内买了

---

[1] Ping-ti Ho, *The Ladder of Success in Imperial China* (New York, 1962). Ho, "The Salt Merchants of Yangchou", *Harvard Journal of Asiatic Studies*, 17 (1954).

一个大宅……门前开张典铺,又置买田庄数处,家僮数十房,包管事者数千人。"其辞似嫌夸大,但其经营当铺,又兼为地主,则甚合实情。《徐老仆义愤成家》(《恒》,即《醒世恒言》,下同)叙述一忠仆,因主人孤幼,遂决心为主人重振家业。但其资金积至二千两时,即计算道:"我一个孤身老儿,带着许多财物,不是耍处。倘有跌失,前功尽弃,况年近岁逼,家中必然悬望,不如回去商议,买些田产做了根本,将余下的再出来运算。"也是农商兼业。其重点是商人获利速而资金不安全,农业则反是。司马迁在西汉时即称:"以末致财,用本守之。"〔1〕其间一千七百年,基本观点不变,因商人始终缺乏民法及公司法之保障,其社会地位低,旅行时又不安全,而贸易时又多带冒险性,此当在下文详述。在商人成员之观点言之,则成功之商人,常有改业之趋势,中国之资本主义不能发达,此实为重要因素,因商业资本,常转变为田产,而脱离商业。〔2〕

官僚地主以其剩余资金放债,实仕农商不分。明代习俗,仍尊重其官僚地位。《滕大尹鬼断家私》(《明》)一篇中,称有倪太守者,退休之后,"凡收租放债之事,件件关心"。但此人衣饰,仍是"纱帽皂靴,红袍金带",保持其官僚身份。其实明朝朝贵,利用官员声望,渔猎商利者,所在多有。16世纪末叶,宣大山西总督王崇古之弟,及翰林学

---

〔1〕《史记·货殖列传》,当时称工商为末业,农耕为本业。
〔2〕 16世纪无锡巨商邹望身故之后,二子阋墙招恤,亲朋分党,断送衙门,"想贻未读书之故";另一商人华麟祥,则"捆载而归,训二子读书",亦为商人改业之例证。详傅衣凌《明清时代商人及商业资本》(北京,1956),页25。

士张四维之父,在私人生活为姻兄弟,均为大盐商,专利河东,[1]为藉仕宦权势自肥之显例,《三言》尚未提及此类显官巨商。又倪太守之流,其活动范围为高利贷,亦非纯粹商人资本。因高利贷有如典当业,通常盘剥穷蹙之借贷者,借款用于窘迫间之消耗,利润又多为放款者辗转购置田产,对促进商业,绝鲜功效。

二、客商及其生活

客商为经常旅行之商人,以别于坐商。此种商人为明代商业之中坚分子,虽其资本可大可小,而其小者与走贩无甚差别。前述之李秀卿、黄老实、杨八老、蒋兴哥、慎郎、桂富五均为客商。

一般客商,均有其经商路线,又多祖孙相传,因各地方言、风俗、物产情形不同,客商又多与当地牙商熟识。

客商之不可或缺者,因明代商业,无通邮便利,又无大规模贷借之习惯,往各地采购物产之商人,须亲携现款,下榻于牙商之客舍中,临时由牙商向出产者征购其商货。《徐老仆义愤成家》称:"元来采漆之处,原有个牙行,阿寄就行家住下。那贩漆的客人,却也甚多,都是挨次儿打发。阿寄想道:若慢慢的挨去,可不担阁了日子,又费去盘缠。"阿寄只有本银十二两,他向牙商央求后,那牙商"一口

---

[1] 《明史》,卷219及222;又寺田隆信《山西商人の研究》(京都,1972),页278—279。寺田并提及两家并与大学士马自强家联姻,而马弟自修,亦为商人。

应承当晚就往各村户，凑足其数"。亦可见当地无批发商囤备生漆应市，牙商亦须随时随地零星向产漆之户收买，显然其通常习惯为一手出银一手收货。

此种情形与其他文件记载相合，如陈继儒之《布税议》称明末苏州松江棉布发卖情形有如："凡数千里外，装重赀而来贩布者，曰标商，领各商之赀收布者曰庄户。乡人转售于庄，庄转售于标。"〔1〕其重点为"装重赀"及"领各商之赀收布"，仍系银货当时交讫。

即使绸匹，在16世纪使盛泽镇享盛名，其交易情形，仍不离上述之规范。《施润泽滩阙遇友》虽极端渲染，称云："远近村坊织成绸匹俱到此上市，四方商贾来收买的蜂攒蚁集，挨挤不开。"其惟一不同之处，为生产者，即俗称"机户"自投牙行，而牙商毋须下乡收购。因为"这镇上都是温饱之家，织下绸匹，必积至十来匹，最少也有五六匹方才上市。……施复是个小户儿，本钱少，织得三四匹，便去上市出脱"。下文则称："施复到个相熟行家来卖，见门首拥着许多卖绸的，屋里坐下三四个客商，主人家踣〔站〕在柜身里展看绸匹，估喝价钱。"在此情形下，生产者和远来客商狭道相逢，银两当可在行家柜台上立即换手，五六匹或十来匹绸亦非大规模生产，其症结在信用制度未展开，机户之外，无人投资于制造，生产零星，所谓行家或牙行，亦无资本垫借，因此客商必须单零每匹绸估价，无法以批发方式交易，无法预定货品，尤无法避免亲身旅行自携现款。

---

〔1〕《山西商人の研究》，页192。

客商旅行每次都在半年以上。《乔彦杰一妾破家》(《通》)叙宋朝事,称杭州乔俊"有三五万贯资本,专一在长安崇德收丝,往东京发卖,贩枣子、胡桃、杂货回家来卖,一年有半年不在家"。《蒋兴哥重会珍珠衫》内另一客商陈大郎,徽州人氏,"凑了二三千金本钱,来走襄阳贩籴些米豆之类,每年常走一遍。"徽州水道通襄阳毋须数月往返,其所叙每年仅走一遍,当系因每次坐候收购物品,在牙商客店中迟滞之所致。

客商货品出售时,经常亦无批发商承购。《陈御史巧勘金钗钿》(《明》)故事中,叙"一个卖布的客人……口内打江西乡谈,说是南昌府人,在此贩布买卖,闻得家中老子身故,星夜要赶回。存下几百匹布,不曾发脱,急切要投个主儿,情愿让些价钱。众人中有要买一匹的,有要两匹三匹的,客人都不肯,道:'恁地零星卖时,再几时还不得动身。哪个财主家一总脱去,便多让他些也罢。'"其所叙地方比江西赣州府石城县,甚通水路,客商所存布四百余匹,装置船中,值银二百两,急时虽减价低于本钱,亦难觅得买主。如此城内有批发商承购,则故事不合情理。

买卖时赊欠,通常非客商之预筹,大概多因临时货物不能全部卖为现金。前述老仆阿寄所贩漆,值银仅十二两,"遂雇船至苏州,正遇缺漆之时,见他的货到,犹如宝贝一般,不勾三日,卖个干净,一色都是现银,并无一毫赊账。"阿寄来自浙江淳安,苏州乃其新到之处,文中暗示,虽在此情形之下,通常赊欠为无可避免。又苏州在16世纪为中国重要商业中心,油漆又为工业重要原料,其供应仍有赖此小贩式之客商不时凑应，殊堪注重。此故事叙明代事，其地点乃《三言》作者冯梦龙之故乡，如有大资本漆商经常囤集此物料，市场供应无缺，则作者无法自解。尤有甚者，此故事往下更称："元来贩漆的都道杭州路近价贱，俱往远处去了，杭州到〔倒〕时常短缺。常言道货无大小，缺者便贵，故此比别处反胜。"则杭州油漆之供应，情形亦不亚于苏州。

客商所赊欠之账，称为"客账"。因非预有筹划之信用贷借，而系临时付款人资金缺乏所致，是以其账目亦须挨户索讨，尤不能转划于信用贷款之店商，有如现代之银行。索讨欠账，则经常旷日持久，有父子相承者。《蒋兴哥重会珍珠衫》解释蒋赴广东远行之动机为："想起父亲存日广东生理，如今担阁三年有余了，那边还放下许多客账，不曾取得。"《吕大郎还金完骨肉》（《通》）主角吕玉为一大本钱布商往山西发货，"遇着连岁荒歉，讨赊账不起，不得脱身"。以后吕玉因嫖妓而患风流疮。下文称："捱到三年，疮才痊好，讨清了账目，那布商因为稽迟了吕玉的归期，加倍酬谢。"其文中未及直叙者，则虽大本钱布商，其发货亦系零售为主。其所赊欠之购货者，必非仅只一家，亦甚难可能只三家五家，而大概为十家或数十家。此又可与前述江西赣州府石城县情形相印证。

《三言》中所述客商，通常搭雇内河船只载货，自备船只者不可多睹。《蔡瑞虹忍辱报仇》（《恒》）叙明代事。内有卞福者，"汉阳府人氏。专在江湖经商，挣起一个老大家业，打造这只大船。众水手俱是家人。"此情形似为例外。通常一般客商均需雇船。船主则以撑驾船只为生,并不上岸贸易。《宋小官团圆破毡笠》描写有一刘顺泉者"双名有才,积祖驾一只大船,揽载客货。往各省交卸,趁得好些水脚银两,一个十全的家业,团团都在船上,就是这只船本,也值几百金,浑身是香楠木打造的。江南一水之地,多有这行生理"。另一船户,则租得仕宦之家船只,载货牟利。此为《苏知县罗衫再合》(《通》)所叙"仪真县有个做惯私商的人,姓徐名能,在五坝上街居住,久揽山东王尚书府中一只大客船,装载客人,南来北往,每年纳还船租银两……"

客商有专包一船载运其货物者,例如《陈御史巧勘金钗钿》中御史所化装之客商。亦有多数客商积资合雇一船者,例如《杨谦之客舫遇侠僧》(《明》)之三四十人共搭一船。后者在明代似为常态。明末户部尚书倪元璐呈崇祯帝之奏疏称,客商之一税单,常包括应税货物二三千余件,为客商数十人所共有。[1] 亦即内河商船一船搭载之状态,此与各税关报告之情形亦吻合。[2]

明清时代之商业书籍,亦着重于行旅,内中若干款目,为客商雇船搭船之箴言,如《士商要览》称"搭船行李潇然,定是不良之辈"。[3] 即系警告客商,注意同船搭船之人。

《三言》又称:"原来坐船有个规矩,但是顺便回家,不论客货私

---

[1] 此奏疏载《倪文贞公全集》,亦载于《续文献通考》(《万有文库》本),页2938。本人节译英文载于 William Theodore de Bary (ed.), *Self and Society in Ming Thought* (New York, 1970), pp. 428—429。

[2] 可见《北新关志》,节载于顾炎武之《天下郡国利病书》及清代之《淮安三关统志》。

[3] 《山西商人の研究》,页309。"潇"字似误笔。

货，都装载得满满的，却去揽一位官人乘坐，借其名号，免他一路税程，不要那官人船钱，反出几十两银子，送他为孝顺之礼，谓之坐舱钱。"此段出于《苏知县罗衫再合》。其叙述亦与晚明情形相符。17世纪御史祁彪佳由漕河南行，有商船三艘，载枣货与之并行，管理临清商税之主事何任白，即令其所有同行者一切商税均免。祁虽未称其接收坐舱钱与否，但因仕宦名势免税一节，似属司空见惯。祁不但不加隐讳，并将其详情，于其日记中叙述。[1]

旅途遇盗，为明代客商常有之事。《蒋兴哥重会珍珠衫》内陈大郎所雇民船，在枣阳遇盗。本钱被劫一空，陈"走向船梢舵上伏着，幸免残生"。有时民船船主亦可能在航行中劫杀客商，以取得其财货。《苏知县罗衫再合》中之船户即为一例。所以明清商业书，均劝告客商，顾及旅途安全，所有财物，尽力掩饰。如"逢人不可露帛，处室亦要深藏，乘船登岸，宿店野行，所佩财帛，均宜谨密收藏，应用盘缠，少留在外。若不仔细，显露被人瞧见，致起歹心，丧命倾财，殆由于此"。又"天未大明休起早，日才西坠便湾船"。[2] 前后文字如出一辙。

商人在外，通常无法与家人通讯，亦不知目的市场及情形。蒋兴哥去广东一年有半，未曾有书邮到家，其妻室须请算命人问卦以卜其

---

[1] 《祁忠愍公日记》(绍兴，1936年版)，又周之龙《漕河一瞥》，亦有类似之记载。
[2] 见《山西商人の研究》，页308—309。

行止。陈大郎既被盗，又旅途害病，其致家书于其妻室，乃托传递公文之吏员代投。故事原文称："陈大郎心上不安，打熬起精神，写成家书一封，请主人商议，要觅个便人捎信往家中，取些盘缠，就要个亲人来看觑同回。这几句正中了主人之意，恰好有个相识的承差，奉上司公文要往徽宁一路，水陆驿递，极是快的。吕公接了陈大郎书札，又替他应去五钱银子，送与承差，央他乘便寄去。"

此一封书信，付费银五钱，始能转递，而仍非普通一般人可经常央便者，因文内称，此传递公文之承差，系牙商吕公旧识，又湖广襄阳去徽州宁国，正当汉水及长江孔道，才有此种便利。不过明朝传递公文之差使为私人带信，则亦为司空见惯。如复社之彼此通知，均利用公家驿传，"名为公文，实私牍也。"《复社纪略》亦称："比年而后，秦、晋、闽、广，多以文邮置者。"[1]亦系私信公传。其弊在政府邮递，不能任私人公开大规模使用。

如缺乏此种机缘时，客商只有托其他客商带信。陈大郎对蒋兴哥云："兄长此去，小弟有封书信，奉烦一寄，明日侵早送至贵寓。"客籍商人有在他乡开典当铺者，仍与原籍乡里时有往返，有时其差使亦替私人转信。陈大郎在枣阳县，时去大市街汪朝奉典当铺打听，其目的在"问个家信"。不过音讯往返，极不经常。如经常不断时，则前述托承差转信为不必要。

---

〔1〕 见谢国桢《明清之际党社运动考》(上海，1935)，页164，166。参见宫崎市定《张溥とその时代》，载《东洋史研究》33之3号(1974)，页338—339。

商业通讯不正规,为各地物价不正规之一大主因。前述阿寄贩漆于苏州,正遇苏州缺漆之日,因此其利润,"除去盘缠使用,足足赚对合有余。"其贩籼米时,则"兴化米三石一两,杭州石一两二钱"。相去为三倍半以上。此段当然有夸大作用,但客商除往来于生产地区及消耗地区之间预期其物价高低足供牟利外,无法探知其一时之需要及供应详情,则为事实。阿寄之数次获利一倍以上,实为意外之幸运。其反面则为供给超过需要,尚可致客商赔本。亦即经商于明代,多少均带有投机性质。16世纪末年其他文件有时亦论及此情形,如广东之铁,行销于长江以南各省。"每岁浙、直、湖、湘客人腰缠过梅岭者数十万,皆置铁货而北。近年惠、潮铁罄,告开龙门铁山,迄未准行,客商艰于得铁,多怀空银回家。"〔1〕即可见生产地区无法供应,客商仍未悉其详,必至耗费川资,徒劳往返。

然《三言》故事中,除《桂员外途穷忏悔》外,无直接记载营业亏本者。一般所叙,除描写旅途不安,客账难收,生活不定外,商人之经济报酬,仍常丰裕。此甚可能为当日常态。明代末年,一般利息均在月利百分之二以上。〔2〕客商之经营,当必以超过此额或至低保持此收入为目的。如本利之间距离有限,则无人经营。又客商非亲身往返不能成交,旅途又常迟滞逾月经年,则如近代资本主义商业之每次

---

〔1〕 霍与瑕《上吴自湖翁大司马书》,见《皇明经世文编》,卷368。
〔2〕《中国货币史》,页474。寺田隆信之估计为年利百分之三十,详《山西商人の研究》,页323。

获利微,但其规模渐次扩大,运销渐次集中,而其转载亦渐次经常之方式必难于中国实施。互相比较,明代商业以小规模高利润,不定期运货,而各客商间无直接竞争为原则。前述户部尚书倪元璐呈崇祯帝奏疏,亦称当日商人至北京崇文门所提供之货单,尚列至"一裙一纱"。[1]惟其如此,商人方能获得高度利润。万历时耿橘之《平洋策》称:"商贾获利三而劳轻……贩盐获利五而无劳。"[2]原文笼统欠确切,其前文则称:"农事之获利倍而劳最",则似称商人获利为其本金三倍。其系一年或一次旅行往返之成果,或多次经营之所致,则未阐述。惟其印象为商贾获利多,则无可置疑。又多数日本学者,引证《史记》,亦称传统中国商人,纵忠实不苟且,每次资本转运之余,亦必获利为其本金五分之一,稍急进者,则为其本金三分之一。[3]亦即三次周转,本利相垺。若此为经常情形,则可知商业发展,不能与现代社会情形比拟。其背景为商业资本有限,信用未展开,安全无保障,非利润高商人无法从事。商人虽在此情形下通有无,各地物价仍相差至巨,运输脚力囤站盘剥税金等,尚在前述利润之外。是以物资流通有限度,各地生产亦受商业利润之拘束,农村过剩之物资及劳动力,亦不能有利使用。

客商既在本籍及经商之地均有接触,则其经商多以两端物资互相

---

〔1〕 见14页注〔1〕。
〔2〕 此《平洋策》载《天下郡国利病书》(四库善本)册5,节录于《山西商人の研究》,页327。
〔3〕 《山西商人の研究》,页290。

周转。如阿寄之以银换漆,以漆换米,又以米换银。《吕大郎还金完骨肉》中之吕玉,原籍常州,仍往附近嘉定太仓收买棉花、布匹,贩运山西,回时又"收些粗细绒褐,转来发卖"。因其旅途操劳,既有其一,不如并为其二也。

然物资周转,不能随时遍地皆然。长江三角洲地区,物产富饶,常为通商时银货入超之区。即该地区,税收较各处为多,民间白银既以付税方式缴政府而转运于华北,则必赖以当地土产吸收华北之白银,方可在长期中保持平衡。[1]是以商人经常携带现银往该地区采购物资。清初叶梦珠云:"吾邑(上海)地产木棉",所织标布,"富商巨贾操重赀而来者,多或数十万两。"[2]又前述"浙、直、湖、湘客人腰缠过梅岭者数十万",均似称一年之内,商人携现银入境,可积累达数十万两。《三言》非研究商业之专著,无计算其总数之处,但各章节间,均有各地客商亲携现款之记载。《施润泽滩阙遇友》称施途拾包银六两,自忖:"若是客商的,他抛妻弃子,宿水餐风,辛勤挣来之物。"足见客商身携白银,是为常态。《吕大郎还金完骨肉》称客商有银二百两,亦藏在"搭膊"之中。二百两为重十二斤有半,其赘疣情形可见。《陆五汉硬留合包鞋》(《恒》)亦称:"兜肚有两锭银子,每锭十两重。"即《卢太学诗酒傲王侯》所称卢楠,虽系地主而非商

---

[1] Taxation and Governmental Finance,p.80.
[2] 《阅世篇》,卷7。节录于《明清社会经济形态的研究》(上海,1957),页21。

人,"雇工的也有整百,每年十二月中,预发来岁工银子,银藏在兜肚中。"

即使资金超过"腰缠"之可能性,明代商人仍自身携带,此可在《三言》资料之外窥见。如《客商规鉴论》云:"身携万金,必以安顿为主。"所述"万金"实际为白银万两,为重六百余斤,虽则文字为概叙,不必完全符合事实,但所携之本银,谅非小量。同书又云:"囊沉箧重,亦要留心,下跳上鞍,必须自挈,岂宜相托舟子车家。"[1]其行李中所藏珍物,亦显系白银。

明代剩余资金,因无信用存款之机构,除经商及高利贷之外,只有埋藏地下。施润泽两次掘地得银,每次均在一千两以上。《杜子春三入长安》(《恒》)叙隋代事,但其中所说"他祖上埋下的银子,想被他掘着了",可视为明朝社会常态。《滕大尹鬼断家私》内,倪太守竟埋金一千两,银一万两。虽其数量可能为小说作家之渲染,然藏银地下,则为富家习惯,其他资料,亦称如是,[2]情节确凿,为中国商业资本不能发达之又一因。

《三言》中所叙之客商,无一人携眷经商。生活裕如之客商,则在客处娶妾。《蒋兴哥重会珍珠衫》中之薛婆称:"大凡走江湖的人,把客当家,把家当客",即指此种趋向。《杨八老越国奇逢》中有诗一首,开句云:"人生最苦为行商,抛妻弃子离家乡;餐风宿水多劳役,

---

[1] 见于《山西商人の研究》,页300。
[2] 《中国货币史》,页480;周玄暐《泾林续纪》(涵芬楼本),页5。

披星戴月时奔忙。"因此杨亦在漳州另娶。

三、坐　　商

坐商多由客商起家。《钱秀才错占凤凰俦》(《恒》)中之高赞,即为一例。此人"少年惯走江湖,贩卖粮食,后来家道殷实了,开起两个解库,托有四个伙计掌管,自己只在家中受用"。

经常坐商不兼作客商,因两者经营,均须亲身预闻,坐商即不领琐务,亦须密切监视。《刘小官雌雄兄弟》(《恒》)中之刘方、刘奇在河西务开有布店。河西务为运河北段商业重镇,此布店当代表一般情形。但业主因店务忙迫,竟不结婚成家,以便专心照管。刘奇云:"我与兄方在壮年,正好经营生理,何暇去谋他事?"又《新桥市韩五卖春情》(《明》)托称为宋朝事。新桥巨富吴防御开了个丝绵店,又在五里外灰桥设有分店,势必令子吴山照管。"吴山每日早晨到铺中卖货,天晚回家。"他曾对金奴云:"父母止生得我一身,家中收丝放债,新桥上出名的财主,此间门前铺子,是我自家开的。"此铺店虽有主管一人专理买卖出入,吴山仍须"逐日将卖丝银子账来算"。

明代商人除盐商及木商外,罕有批发商。因坐商既不往出产处收购物资,对收购物资之客商又无所统治,则其经营必仍以零星收购零星贩卖为原则。前述盛泽镇绸店,客商则"蜂攒蚁集,挨挤不开",机户则"织得三四匹,便去上市出脱"。则经营绸店者势无批发之可能。上段所叙吴山为当地巨富,但其对主管云:"我入城收拾机户赊账,回来算你日逐卖账。"则其所收丝,仍系零星卖与生产者,或以赊账方式而附行高利贷。此与其他文件记载之情形吻合。如松江之纺纱者,"里媪晨抱纱入市,易木棉以归,明日复抱纱以出。"[1]又张瀚为1535年进士,后任吏部尚书,其叙述彼祖先在15世纪及16世纪之交以织丝致富,常被若干学者摘录为资本主义萌芽之例证。其实其原文云:"购机一张,备极精工。每一下机,人争鬻之,计获利五之一。积两月,复增一机,后增至二十余,商贾所货者,常满户外……"[2]张瀚既以家境富裕而入仕途,其所叙商人,则又与小生产者机户直接接触,商业经营仍不出传统方式,即织即卖,全部重点为现金交易,无资本主义象征。

《三言》故事中,罕有提及客商所购物资出售于消费地坐商之详情。但其略有提示者,如前称之阿寄贩漆于苏州及杭州,南昌布商之贩布于赣州石城县,及吕玉之贩布于山西,均以零星出卖为主,暗示当地坐商,亦以极为紧缩之资本,逐日经营,无力大规模收购囤集,以掌握市场。兹项情形,与吾人所知之明代商业习惯相符。因消费地之坐商,逐渐成为批发商,则必管制客商之携货入境者,或放债于后者,或投资而互为契约。若真如此,则商业组织及商业资本必为改观,结果为资金集中,一方面坐商之数目减小而其经营范围扩大,一方面客商失去其独立性而成为坐商之雇员。此情形继续发展,商业资

---

[1] 原载《图书集成·职方典》松江部。《明清社会经济形态的研究》,页224。
[2] 原载《松窗梦语》,卷6。《明清社会经济形态的研究》,页36。

本终必投资于生产。但此诸条件始终未能在中国传统社会成熟，亦即坐商未能蜕变为批发商，以促进资本主义之形成。

明代坐商之资金欠集中，亦可于商税规制中窥及，如北新关在杭州城市内外课税于各行商，至17世纪之初，其所课者为"区船一千二百余只，行户三千五百余名，每名季钞少者仅二三十贯"。[1]如批发贸易发达，则其税收无待于针对零售商行，有如前述。又户部尚书赵世卿于1602年呈万历帝之奏疏，称税使四出，商人避税歇业。文内称河西务先年布店计一百六十余名，今止三十余家矣。临清关往年伙商三十八人，今独存两人。临清缎店三十二座，今闭门二十一家。布店七十三座，今闭门四十五家。杂货店今闭门四十一家。[2]文中称布店、缎店及杂货店，当系零售商无疑。其店数之多，亦显系其业务非批发。如尚有批发商在此缕述店数之外，则增进商税当应从批发商着眼，零售商数目之多寡与税收数量无关宏旨，户部尚书之呈奏仍计算后者为文不对题。

又前述陈继儒之《布税议》，在叙述"乡人转售于庄，庄转售于标"之余，续称："其近淮而北走齐鲁之郊，仰给京师，达于九边，以清源为绾毂。出长江之口，径楚蜀，而散于闽、粤、秦、晋、滇、黔诸郡国，以芜关为绾毂。是皆孔道要津，布商麇集，舟车负载，昼夜驰骛而不息，此天下之大命脉也。"除提供清源及芜湖为南北交通孔道

---

[1]《北新关志》，摘录于《天下郡国利病书》，册32。
[2]《神宗实录》，页7073。

外，亦未指称二处有批发商。

坐商之资本扩大时，多转业典当，因其获利多而冒险性小。《金令史美婢酬秀童》(《通》)中之张皮雀斥典当铺主："你自开解库，为富不仁，轻兑出重，兑入水丝，出足纹入，兼将解下的珠宝，但拣好的都换了自用，又凡质物值钱者才足了年数，就假托变卖过了，不准赎取，如此刻薄贫户，以致肥饶。"其实全文为典当业一般经营之常态，非一人一店之贪酷情形。

《三言》中称典当业业务发达之情形，前后不绝。如《郑节使立功神臂弓》(《恒》)中之张俊卿为宋代开封府"万万贯财主"，此人"门首一壁开个金银铺，一壁开质库"。一般人士向典当铺质典及购买已绝赎之物品，亦为常态。《杜十娘怒沉百宝箱》(《通》)中之李公子，"在院中嫖得衣衫蓝缕，银子到手，未免在解库中取赎几件穿着。"《张廷秀逃生救父》(《恒》)叙一木匠，因荒年失去主顾，"将平日积些小本钱，看看用尽，连衣服都解当来吃在肚里。"《卖油郎独占花魁》(《恒》)中之秦郎嫖妓前，"到典铺里买了一件现成半新半旧的绸衣。"则典当铺除将坐商资本吸收于非正常商业及不生产之高利贷外，亦束缚生产。因其为半新半旧之物资开设销路，即减少新绸新衣之市场也。

牙商为明代商业中不可或缺之成分，已在文中提及，其业务亦在前节叙客商时阐明。根据明代法令，牙行埠头，为官厅所承派，不仅为买卖之中介，并因其住址固定，足以负责客商及船户之行止。《明户律》云："凡城市乡村，诸色牙行，及船埠头，并选有抵业人户充应，官给印信文簿，附写客商船户，住贯姓名，路引字号，物货数目，每月赴官查照。"[1] 此显为明初法令，在明末未能全部实行，除政府之管制盐商及进出口商，尚采用此原则[2]外，一般商业，似未能如此管制。16世纪管理北新关商税之一主事云："行户四散，或居山僻之乡"，是以促其纳税不易，其建议为："市镇在百里内，许牙行不时告认，其余隔属地方，一切停罢。"所称牙行散居乡间，亦与《三言》所叙符合。傅衣凌认为中国农业和手工业直接结合，如明清松江之布，均系农村女工所产，限制手工业脱离农业副业而独立。[3] 其实商业亦被此农业副业所吸引，而进出于乡村间，其结果为迟滞银行业务信用贷款之发展，因乡间交易，其往来均为单元，毋须拨兑划账也。

《三言》中之牙商，对客商言为"主人"。两者间之关系除商业外，尚有超经济之情谊。如客商患病，牙商之为主人，通常加以照顾。蒋兴哥之能在广东重理祖业者，亦因当地牙商顾全其父祖之交谊。是以蒋一到当地，"旧时相识都来会面，兴哥送了些人事，排家的治酒接风，一连半月二十日，不得空闲。"明律又定牙商不得操纵市场，尤须平定价格。[4]《三言》中无资料证实此规定已全部遵守，但亦未显示其已违犯。

---

[1]《大明会典》，卷164。
[2] 如广州在16世纪通商时，海道副使汪柏设立客纲客纪，"以广人及徽、泉等商为之。"见《天下郡国利病书》，册44。关于盐商，详藤井宏《明代盐商的一考察》，《史学杂志》，54之5，6，7号（1943）及 Taxation and Governmental Finance, pp. 200—202, 220—221。
[3]《明清时代商人及商业资本》（北京，1956），页31。
[4]《大明会典》，卷164。

四、商业组织及商业资本

　　商人之互相合作，共同经营之情形已屡见不鲜，但始终无发展为股份公司取得财团法人地位之趋向。客商之合作，始自二人合同经营。《李秀卿义结黄贞女》中所称，"轮流一人往南京贩货，一人在庐州发货讨账，一来一去，不致担误了生理，甚为两便。"即为此形态。惟其成功，全赖彼此信用，公诚无欺。张胜与李英之能相处九年，端在"两边买价，毫厘不欺"。但亦因此之故，其结构不易扩大，其结果亦难持久。

　　二人共同经营，一人为业主一人为从属之方式亦有之。如《吕大郎还金完骨肉》云："第五年又去做经纪，何期中途遇了个大本钱的布商，谈论之间，知道吕玉买卖中通透，拉他同往山西脱货，就带绒货转来发卖，于中有些用钱相谢。"虽其全文不详，但此吕玉实系大本钱布商之所雇，惟其可能尚在雇员身份外，保持其小本经营之活动，因吕玉单独为客商，亦有四年，其资本亦未亏折，于理不致完全放弃其本身事业也。故事之所未提及者，则吕玉与此布商系共同旅行，沿途襄助，或系分处两地，有如张胜、李英之合作。揣测当日贸易，无固定法度，非亲历考察，无法管制，其业主既为大商，则吕玉恐为同道共行襄理之机会为多。

　　《三言》未提及两人以上之商业组织，且仍以客商单独经营之事迹为多。住商虽可雇有经理，亦须逐日查考账目，有如前叙。其为经理者，身份极低，依随主人，有如家人，仅略胜于奴仆。《小夫人金钱赠年少》(《通》)叙一个开线铺的员外张士廉，家有十万家财，用两个主管经营。其中一人李庆任事已三十余年，一人张胜（与上段之张胜为两人）本身已任事十余年，其父亦为员外主管二十余年。两人"一饮一啄皆出员外，举家衣食皆出员外所赐"。两人不仅每日晚间将账目送员外核算，又轮流在店值宿，因此亦负责店内物货之安全。

《白娘子永镇雷峰塔》(《通》)所述李克用药铺，亦有两个主管。白娘子曾云："做人家主管，也是下贱之事，不如自开一个生药铺。"其所以认为下贱者，必系以基本书算，机械的为人服役，银钱出入，稽考又严，无从在营业上决断。因其依人成事，其待遇亦菲薄，否则为主管者三十余年，甚至父子相继，应当获得其独立营业之机缘。

以上各点，与小说外之资料符合。万历时出版之《算法统宗》，为当日书算之教科书，其《卷二，差分》章有云：

> 假如今有元、亨、利、贞四人，合本经营，元出本银二十两，亨出本银三十两，利出本银四十两，贞出本银五十两，共本一百四十两，至年终共得到银七十两，问各该利银若干？

其合资经营，人数甚少，本金亦系小规模，年终得利，势必瓜分，为当日营业之常态。同书又出习题：

> 假如今有赵、钱、孙、李四人合商，前后付出本银，赵一于

甲子年正月初九日，付银三十两，钱二于乙丑年四月十五日付出本银五十两，孙三于丙寅年八月十八日付出本银七十两，李四于丁卯年十月二十七日，付出本银九十两，四本共银二百四十两，至戊辰年终，共得利银一百二十两，问各该利银若干？[1]

题中所述商业组织，已略具现代股份公司之雏形，但其商业关系不能脱离人身成分，因之其范围有限制。共同投资者全赖彼此熟识，互相信赖，而无法将事业盈亏，托第三者代管，使所有权与事业之经理相分离，因之既得相当丰厚之利润，必致分析其所得，有如上题所示。

《三言》中有叙商人资产已相当可观，而其经理仍不出户外者。如《乔彦杰一妾破家》称为宋代故事，其主角乔俊，本身为客商，但令仆人赛儿"开张酒店，雇一个酒大工，叫做洪三，在家造酒，其妻高氏，掌管日逐出钱钞一应事务，不在话下"。又为他人作主管者，尚多因亲戚关系而获得其职位。《白娘子永镇雷峰塔》中许宣，"他爹曾开生药店，自幼父母双亡，却在表叔李将仕家生药铺做主管，……夜间在姐夫家安歇。"此亦为当日实情。藤井宏论新安商人，称其以"血族乡党的结合关系为基础"，参事经营者为"竖子、苍头、家丁、世仆"之辈。[2]其类似情形，亦见于山西商人。如山西蒲州商人王某，"其闾里子弟，受钱本持缗券以化居于郡国者，肩相摩，趾相

---

[1] 摘录于《山西商人の研究》，页322。
[2] 《新安商人の研究》，《东洋学报》36 之 1 至 4 号（1954）。

接也。"又陕西商人高陵县王克伦,"其族能任买者,与之本钱,不问子钱,凡数十人,皆以赀雄于楚、蜀间。"[1]休宁歙县之商人(即新安人)"以业贾故,挈其亲戚知交而与其事,以故一家得业,不独一家得食焉而已。其大者能活千家百家,下者亦至数十家焉"。[2]此即Weber所谓"父族社会之官僚组织"(patriarchal bureaucracy),[3]其所以有此组织者,则因其无纯经济利益,非人身关系之组织,其资本增大时,不得已而借力于血缘关系维持。但此种习惯在长期中阻碍商业之发展,因血缘关系不能经常与纯经济利益相始终,其任事者为"亲戚知交",则虽无效能亦不便辞退,其商业利益,必须"能活千家百家",则投资者道德义务,可能超过其经济利益,此亦甚有可能为其放弃商业,改变为官僚地主之一大主因。

明末之巨商,多为盐商,但因食盐由官厅专卖,其能在此间牟利者,多为官僚资本,亦即家庭身份中,官商不分,或以资金转送权要,获得特殊机缘,卒获巨利。[4]此种特权商人,不能代表一般商人,因其活动,纯赖政治背景,而无关于经济组织。又当日纵有少数商人,握有雄赀,有意革新业务,提高商人地位,此宏愿亦甚难达到。因商业机构及商业习惯,必须通过社会背景,为举国一致之趋

---

[1] 均摘录于《山西商人の研究》,页269。
[2] 《明清时代商人及商业资本》,页75。
[3] Max Weber, *The Religion of China* (New York, 1964, paperback ed.), pp. 90 ff.
[4] 有如藤井宏《占窝の意义及起源》,载《清水博士追悼纪念明代史论丛》(东京,1962),页551—576。

势。数人或数十人之规划,与一般习惯相违,又无下层商人及店贩之支持,必鲜成功之望。何炳棣研究清代盐商,发现其积资最高者达百万两,其趋向仍为利用其资金捐官,令子弟读书入仕,延揽学者,购置古玩书籍,其下者恣意挥霍。[1]亦即过大之资本,无商业之出路。无限制之资本扩充,在传统中国为不可能。

《三言》中称商人资本雄厚者,为张士廉,"家有十万货财";为周将仕,其一夜典当库金珠细软物件失踪者,值"四五千贯";为乔俊,有"三五万资本";为张俊卿,为"万万贯财主"。其他所叙均系小本商人,本银数十两或二百三百两。此甚有可能为当日一般情形,亦即极少数之巨富外,中级商人不可多觏,而商人之中坚分子,仍为小商。其原因为大小商人之间,其资金无联系。大商人多依赖政治势力,小商人之业务,则限于本人亲身之所经营。且所谓大商人者,仍有化整为零之势,前述蒲州王某,高陵王克伦,均系以其资金分割,任用多数之客商,使其各尽其力牟利,而非结构为一庞大之商业组合。此亦因当日法律上及社会习惯上,未具备此分工合作,厘定其各人义务,保障其各人权利之客观条件。纵使有近代股份公司式之商业组织出现,亦必因无相似之机构为之定货发货垫借赊欠而失败。

明代商人间商业机构最发达者,为徽州商人,在明末"彼此间发展了汇兑业务的汇票制度"[2]为山西商人,其经营情形,见于沈思孝

---

[1] 详见8页注[1]。
[2] 《明清时代商人及商业资本》,页66—68。

之《晋录》,为研究中国近代商业者所必窥。其原文如下:

> 平阳、泽、潞豪商大贾甲天下,非数十万不称富,其居室之法善也。其人以行止相高。其合伙而商者,多曰伙计。一人出本,众伙共而商之,虽不誓,无私藏。祖父或以子母息匀贷于人而道亡,贷者业舍之数十年矣,子孙生而有知,更焦劳强作,以还其贷。则他大有居积者,争欲得斯人以为伙计,谓其不忘死肯背生也。则斯人输少息于前,而获大利于后。故有本无本者,咸得以为生。且富者蓄藏不于家,而尽散之为伙计。估人产者,但数其伙计若干,则数十百万产可屈指矣。所以富者不能遽贫,贫者可以立富,其居室善而行止胜也。〔1〕

以上两处商人,因其资金较流通,故持各处商业之牛耳。但其进步之处,仍系相对的,即较各处资金全不流动之情况为活跃。其与现代化商业组织相比,则甚瞠乎其后。徽商之汇兑,仍赖现银出入,而非彼方存款,此方转借,尤未增加资金之数额。其得汇兑便利者为徽商,亦即一极小之乡里圈。山西商人确可将通常储存不动之资金活用。前述沈思孝之观察,恐仍有溢誉之处。然即使其所称全部确实,其能树立信用,利用富者款项以经商者,全赖个人操守及道德观念,

---

〔1〕 摘录于多数著作,如《明清时代商人及商业资本》,页27;《山西商人の研究》,页266—267。

此不能有普遍效力，亦不能与现代资本主义国家以民法及公司法之作保障者相提并论。沈文之更可注意者，则放债者为巨富，借款营利者为小规模之客商。其资本仍为化整为零，不能聚集高度发挥其运用。因其缺乏庞大商业之组织，业务不能专门化，亦不能以巨额之商业资本为担保，引诱其他有居积者继续投资，并遂行大规模之信用借贷，亦即无法扩充银行业务（山西钱庄，实为票行，偏重于中国传统之汇兑业务，而不能发展为现代性之银行）。各小规模之客商，则既无力亦无意于其营业之现代化。诸如贷款予生产者以促进其制造，设立通信机构，组织定期船舶之经常航行，保障旅途安全，均非此等小规模客商之所能计及。巨商大贾则在此落后之商业组织中，愈能利用其政治特权，在短期内获大利。两者均与资本主义"萌芽"之趋向相反。

五、结　论

《三言》非历史著作，但其所包括中国 16、17 世纪间社会史及经济史之资料丰硕。吾人以其所叙与其他资料暨历史背景对照，发觉其所提供商人生活及商业组织之情况大都确切，且其叙述绵密，可以补助较正式堂皇历史资料之不足。

此三集短篇小说所描写明末商业情形，无数量之准据。证之当日欧人笔记，中国内河城市之繁华，尚可能为西欧诸之所未及。[1] 但

---

〔1〕 略举一例，如 Louis J. Gallagher, *China in the Sixteenth Century: The Journals of Matthew Ricci*（New York, 1953）所述。

《三言》所提出商人生活及商业习惯，以今日眼光观察之，实在质量上墨守旧规。其症结又不在商业本身，而系中国传统政治制度及社会风气所拘束。其最大障碍为否定私人财产之绝对性。次之则发行货币全部为政府职权。政府之力不能及，则付之阙如。政府所创设之交通通信机构，又不公开为民间服务。此外，官僚地主之声势煊赫，家族关系之坚不可破，无一不妨碍纯粹经济力量之开展。有此种种客观环境，资本主义自无法在中国成长。

资本主义为历史上经济发展之阶段，其本身无意于对社会生活求改革。英国资本主义形成时，其农业上之因素为"圈地"（enclosure）。此一方面促成土地集中，一方面产生大量之无产阶级。此等无产之农民，终至迁居于城市，为新兴工业廉价劳工之来源。又资本主义发达之方式为兼并。此在美国本世纪初年，仍为势甚炽。规模大之企业，利用各种手段，消灭其竞争者，以独霸市场。中国传统政府，固不愿提倡个人主义及自由主义，以与资本主义同流，但亦不容农业及工商业之兼并，有如欧美之资本主义社会。尤不许可大批流民为朝代统治之虑。资本主义最大之贡献，则为促进生产（现代社会主义有同一目的，惟不在本文范围之内）。因其在政治、法律、社会诸方面，首则容忍继则扶助私人财产无限制之发展，其极端竞争之余，纯经济利益，常发挥其最高效率。在商业上言，则一般游资，用于生产及扶助生产之部门，如交通、通信、银行、保险诸事业。生产增进之余，资金愈积愈多，劳动力亦供不应求，因之进而工业机械化，促成产业革命。

传统中国社会始终未参与前述运动,故称明末清初中国资本主义萌芽,实无理论上之根据。[1]而《三言》诸故事,亦证实16、17世纪,中国商业缺乏资本主义之性格。今日之言中国哲学史者,必称中国哲学家与西洋哲学家构思不同之处。言中国社会史者,亦着重于中国社会之特质。独研究中国经济史者,仍不能脱离欧洲经济史之范畴,袭用其名词,殊不可解。

中国之经济未能高度发达,则有多种不良结果。一方面因工商业未能积极展开,资本有限。其相反一方面则现有资本出路狭窄,通常用于购置田产,或在农村放为高利贷。此逐鹿于田亩,固然间接促进农业在数量上发展,增加全国耕地,但其资金零星使用,经济效率至低。因之中国经济质量不变,一般民众之生活尚在近世纪降低。此种情形,亦可稍稍在《三言》故事中窥见。如《桂员外途穷忏悔》中所述牛公子,其父牛万户,"久在李平章门下用事……公子倚势欺人,无所不至,他门下又有个用事的叫做郭刁儿,专一替他察访孤儿寡妇便宜田产,半价收买。"《卢太学诗酒傲王侯》中之正直官僚则云:"我有示在先,不许擅放私债,盘算小民,如有此等,定行追还原券,重责逐出。"惟作者仅在一时一事为穷困农民鸣不平,而实际此现象与商业之不能突破传统习惯,全国财富不能高度展开相始终。换言之,此为全面经济问题,而非单独之伦理问题。

---

[1] 关于资本主义萌芽一节,已被批判,例如 Albert Feuerwerker, "From Feudalism to Capitalism," *Journal of Asian Studies*, 18 (1958)。

明《太宗实录》中的年终统计
——李约瑟博士所称中国官僚主义的一个例证

李约瑟博士对中国人民的热情，数十年如一日。他将中国文化几千年来特长及精彩的地方，作有系统的报道，著书盈栋。其提出思想史及科技史的例证时，引列详尽，下笔豪迈，久经中外人士推崇，毋待本人赘述。

可是李老博士治学与处世，还有他伟大的地方，乃是不耻下问，不持成见，真理所在，不怕得罪权门，不作人云亦云。他在1949年后，认为中国之所以采取社会主义的途径，乃是避免西方诸国工业革命时所产生贫富悬殊，多种社会病态的覆辙，因之首先表示同情。朝鲜战争期间，又竭力主持公道，以致为当日西方各国政府当局所不容，他多少年后，旅行讲学，还被限制，为笔者耳闻目睹。而李老博士对人民共和国几十年的施策，也并不是"一边倒"。例如1974年，国内所谓"批孔"运动，正在方兴未艾，他到香港大学讲学，就偏要提出孔子仁民爱物的伟大。用英文演讲还不算，他又用中文诵述明儒顾炎武的《论学》一段，以"士而不先言耻，则为无本之人"作结论。[1]可见

---

[1] 李老博士讲稿发表于 University of Hongkong Gazette, vol. 21, no. 5, part 1. 上述结论见于页73。

他对学术真实性的重视。这种观点不会因一时政治的风气左右动摇的。

同样情形下李老博士也不会对中国事物盲目崇拜。中国文化的优点固然值得赞扬,但是它的缺点也应当提出批判。譬如传统的方法治史,认为作史者笔下一行"褒贬",则天下之至善与极恶,毫发毕见,泾渭分明,千古一律,实在是故步自封的看法。亦即是认为盈天地之道(这"道"有自然法规 Natural Law 的意思)统统在史籍的字里行间,罗列无余,也再用不着开辟途径,也再用不着推陈出新。李老博士曾以此与欧洲中世纪的思想相比,彼此都离不开"原始的假说"(Hypotheses of their autochthonous development),是以束缚自然科学的发展。[1]

李老博士自己治学,可以渊博二字概括之。因之他的历史观,不是容易概述的。大凡有创造能力的思想家,在大刀阔斧的姿态下开怀立论的时候,常有自相矛盾的现象,马克思如此,卢梭(Rousseau)如此,李公也有此趋向。但是这种矛盾并不是构思者在逻辑上举棋不定,而是眼光开阔时,逻辑的范围过小,已不适用。也等于康德(Immanuel Kant)所谓"了解"(德文 verstand)与"理解"(德文 vernunft)不同。前者得自我们的视听与经验,后者则在人类经验范围之外,应属于神学的领域。我们即作假定(presupposition),虽称客观,仍不离主观的色彩。李老博士自幼在基督教的影响之下长大,他

---

[1] Joseph Needham, *The Grand Titration* (London, 1969), pp.241—242.

当然不会放弃至美至善即属于神的立场。因之我们只能模仿造物，而不能因人力而自称已巧夺天工。即使是绝代才华的人物，在造物主前仍为凡夫俗子。可是李老博士也受中国道家思想的影响，又觉得盈天地之至美至善，亦可以在一草一木之间，甚至在凡夫俗子一事一物之间发泄无余。所以他一方面认为真理为一切事物抽象的总和，带有合理性，一方面又认为真理不外日常生活中各种机缘间的一种美感。这矛盾的趋向，读者可以偶尔从李老博士的著述中窥之，而我们有机会和他接近时则更容易看出。

以上所述，已涉猎于人生哲学，超过本文预定的范围远甚。然则不提出，则本文写作的目的，无所交代。在作者的眼光中，前述矛盾，在大范围内则不成其为矛盾。亦可以说因其矛盾，更能与真理接近。因其渊博，故能容物。李老博士为科学家，可是没有放弃他思想的体系。他又皈依宗教，却不受硬性教条的束缚。今日中国企求实现科学技术现代化的过程中，当应觉得效法李公之处至多。

笔者在大学攻读时，已读及李公著述。初与此公以书牍接触，事在1967年。当时前任哥伦比亚大学富路德教授（Prof. L. Carrington Goodrich）缄荐，李老博士嘱于五六年间，往英伦一行，襄助其研究中国社会经济条件中束缚科学发展之处。这对笔者言之，实为天外良机。其惟一令人踌躇之处，乃是《中国科学技术史》卷二和老博士其他著作提及"封建官僚主义"（feudal bureaucratism）一名词，和笔者所习所读不无径庭之处。因之与李公多次书面磋商。李公不仅不以此种问题为节外生枝,反而指出他对这名词并无一成不变的看法,如果新研究能提供不同的说法时,他还愿意修改以前的观点。[1]像他这样一个世界闻名的科学家与著作家,又为皇家学会会员,竟在笔者一个无名小卒面前如此谦虚下怀,真令人叹赏无已。很多人学术上的成就不如李公至远,已经知过不改,一错就错到底,而且拒绝批评,还要拖其他人一同去错,真是不可同日而语。

李老博士愿意修改自己以前的观点,也与以上所述各节相关。因为他写历史,不是一字褒贬。我们人类的经验愈丰富,则对自然法规的了解愈深切。修改 verstand,亦即是增进 vernunft。《中国科学技术史》写至卷七,觉得以前卷二所用名词有修正的必要,乃是此书自创意至写作出版,至今将半个世纪,我们对世界的了解,业已前后不同也。所以与其指责其为矛盾,则不如叹赏其为渊博,《中国科学技术史》是亘20世纪中外学者对中国传统文物的看法,不是永远传之子孙,一成不变的看法。惟其保持因时修正的作风,则下一代及下一世纪的读书人更可因此书而推陈出新,因之而更能表彰此书与作者的伟大。我们之庆贺李公良辰,从此观点出发,则更能阐扬其意义之长远。

中国之封建制度,被译为 feudal system,启始于日本学者,迄今

---

[1] 李老博士致笔者缄,17 February,1970,p.2。李老博士着重于官僚主义,而不着重封建,则见于 Science and Civilization in China,vol.2(Cambridge,1956),p.212。

已将近百年。当日译者对中国封建的设施已经含糊不明,而对欧洲之 feudal system 不可能更有深切的了解。因为欧洲 feudal system 之被称为 feudal system 起源于法国大革命之后。当日学者以此名词综合叙述中世纪一般政治及社会组织的特征,并未赋予历史上的定义。[1]而缕列这些特征,也要待许多专家如 Carl Stephenson 及 Marc Bloch 的多方考证,他们的著作也仅在第二次世界大战前后问世。所以以前称中国社会为封建,或为 feudal,都只有概括笼统的意思,未可作为定论。

本文作者于1972年于剑桥与李老博士面谈之后,才知道他以前提及"封建官僚主义"乃是于1940年间留华时期,根据中国一般学者常用的名词袭用;有时也将此名词倒置称为"官僚封建主义"(bureaucratic feudalism)。所称封建,也只涉及当日君主专制的背景,带有守旧及落后的意思。在《中国科学技术史》先提出此一体系的存在,以待日后的研究搜索。并未附和若干学者所谓人类历史无可避免的阶梯,尤未认为中国历史一定要和欧洲历史相提并论,也未曾预测封建这一名词,会在中国如此滥用。

1973年,笔者尚在剑桥,前任宾夕法尼亚大学现已退休之卜德教授(Prof. Derk Bodde)来访李老博士。(兹后卜德教授也择居于剑桥两年余,对《中国科学技术史》作有实质上的贡献。)他也曾对此封建

---

[1] Carl Stephenson, *Medieval Feudalism* (Ithaca, N.Y. 1956), p.1.

及 feudal 一问题,下过一番工夫。[1]他们商谈之后,李老博士已决定卷七不称"封建官僚主义",则另将创造新词。但是李老博士对笔者称,其为"官僚主义",则为确凿,已无可置疑。

《中国科学技术史》卷七问世有期,而笔者觉得如在此时阐扬李老博士的立场,在学术界及出版界必能引起领导作用。本文作者在1972年至1973年居剑桥一年,和李公日夕磋商之外,也于1974,1975,1977,1978及1980年间多次聚首。而尤以1974年联名发表 The Nature of Chinese Society: A Technical Interpretation 一文[2],在研究全文结构及措词用字的时候,亲临謦欬,得益至多。可以说对李公的了解,较一般人为周密。可是这篇文字的写作,并未经李老博士同意,虽称洞悉李老旨意,仍是笔者窥测。所用资料也是笔者自己搜索,从明代史着手,只能代表笔者专注的兴趣,不足以网罗李老的渊博。可是也惟其如此,更能"借花献佛"。作寿辰文集的主旨,一方面在表扬受贺者的成就,一方面则由作者加以局部的创作,以代酒馔。这篇文章的旨趣如是,读者鉴之。

严格言之,欧洲之 feudal system 是西欧历史上的特殊创物,当时罗马帝国的遗泽犹存,若干中央集权制的机构,仍被后人袭用。但是

---

[1] 卜德教授的论文为 Derk Bodde, "*Feudalism in China*", in *Feudalism in History*, ed. Rushton Coulborn (Princeton, N. J. 1956), pp. 49—92。并参见卷内编者介绍。

[2] Joseph Needham and Ray Huang, "The Nature of Chinese Society: A Technical Interpretation", *Journal of Oriental Studies* (Hongkong), 12: 1—2 (1974), pp. 1—16; *East and West* (Rome), New Series, 24: 3—4 (1974), pp. 381—401.

日耳曼民族，以武力征服西欧，他们也有他们部落间的习惯制度，这两者在地域间折衷重叠，遂成 feudal system。[1]其译为"封建制度"，已属勉强（愚意早应译为日文之"谱代"，发音为 fudai，与法文之 feodal 更为接近）。

如即以 feudal system 为中国之封建，则其间共通的特点，更不容忽视。这些共通的特点经过多数专家的集体研究，大约可以综揽于以下三点：[2]（1）威权粉碎（fragmentation of authority）。即封建制度行时，虽仍有中央王室的残型，其实税收之征集与支付，民法与刑法之裁判，以及兵役之区处，全由以下地方首脑就地作主。也可以说是集"地方分权之大成"。（2）公众事宜成为私人产业（public affairs becoming private domains）。裂土封茅，必经过遗传，才能固定。所以中国传统，以"桐叶封弟"。西欧则由为君者以泥土一块，执于为臣者之手中。两方都象征方域内的土木，全部成为受封者的家产，通过遗传，永为恒业。这样一来，所谓政府，必为私人政府。皇帝的宝座以家传的不算，而是要下至各乡邑，全部出诸遗传，全部成为私人家业，而且这样以私为公，以公为私的办法，并非短时间的违法，而是长期间的合法才算是封建制度。也就是要做到《左传》里所说"君子小人，物有服章，贵有常尊，贱有等威，礼不逆矣"，才算发扬了封建

---

[1] Marc Bloch, *Feudal Society*，英译本，译者 L. A. Manyon（London, 1961），p.443. 此书为研究欧洲史者必读，特请王毓铨先生回国之便带回一部，希望早日译为中文出版。

[2] 详40页注[1]内 *Feudalism in History*。

精神，以致全民都处于不平等的地位，都有尊卑上下的序次。所以封建（feudalism）必有"次层封建"（subinfeudation）。（3）武士传统（warrior tradition）。根据以上所述，全民都在一个金字塔的形式下保持其固定的身份，则其社会组织，已近于军事机构。武士的活跃，是为必然趋势。这种武士身份，有其社会价值，并非普通的职业军人，也无平时与战时的区别。[1]

基于以上三个条件，中国历史之可以称为封建社会的阶段，至为短暂。卜德教授认为古代商周之间为一个封建阶段，魏晋南北朝间又为一个封建阶段。[2]还有人认为他引用这名词过于广泛。因为汉末统一的帝国已不存在，只有天下分裂，动荡期间，不成其为制度也。

所以将汉、隋、唐等统一的大帝国，与欧洲中世纪的feudal system相比，已属不伦不类。而中国固有的名词，"封建"亦与"郡县"对峙。前者出诸遗传，着重地方分权；后者则凡人事派遣任免，全不受遗传之限制，完全出于中央集权。称郡县制为封建，更是滥用名词。

至于明朝，中央集权已登峰造极，重文轻武，也史无畴匹，而且除皇位之外，凡遗传之官职则无实际之权责，有权责之官职则不遗

---

[1] 中国在先秦，毫无重文轻武现象。"军事部分不仅在政治机构中被尊重，而且认为有高度价值。"见于 Frank A. Jr. Kierman, "Phases and Modes of Combat in Early China", *Chinese Ways in Warfare*. eds. Kierman and John K. Fairbank (Cambridge, Massachusetts, 1974), p.63。

[2] 同40页注[1], p.50。

传，可谓与以上三个条件，完全相反。即明儒顾炎武之《郡县论》也称当日政治制度，放弃封建精神过多，矫枉过正，不合实际。[1]而今人三百多年后，仍称朱明王朝为封建，是即以皇位继承为封建。如此则今日英国，尚未脱离 feudal system 矣。滥用名词，容易改变观感，发生错觉。笔者所专攻者为明代史，最近十余年来，发觉中外著作，滥指朱明为封建，以致引用史籍，不假思考，以讹传讹之处，重见叠出。姑举二三例如次：

万历帝朱翊钧中年之后荒惰成性，最为现代学者指斥为封建威权的代表。1599 年，他因为三个皇子的婚礼，手令户部进银二千四百万两，作为大礼及采办珠宝的费用，与以上所述公众事宜成为私人产业的条件符合，被研究明史的专家，研究货币金融的专家，以及为专题论文的作者引用，不止一端。[2]其实当时户部每年的收入，以白银在北京收受者，不过四百万两左右。这二千四百万两数目之庞大，即有蹊跷。如果读者细阅《明史·沈一贯传》，即可见："时国本未定，廷臣争十余年不决。皇长子年十八，诸请册立冠礼者益迫。帝责户部进银

---

[1] 顾炎武曰："封建之废，自周衰之日；而不自于秦也。"又曰："今之君人者尽四海之内为我郡县，犹不足也。"以上见《亭林文集》（中华书局《四部备要》本），1.6. 顾之反对矫枉过正，由杨联升简单地介绍于英文读者。见 Yang, Liensheng, "Ming Local Administration", in *Chinese Government in Ming Times：Seven Studies*, ed. Charles O. Hucker（N.Y.，1969），p.10。

[2] 认为此二千四百万两白银业经万历使用者，有李光璧，《明朝史略》（武汉，1957），页135；彭信威，《中国货币史》（上海，1954），页463；龚化龙，《明代采矿的发达和流毒》，（《明代经济》，包遵彭编，台北，1968），页127。类似者尚多，也有记入西文资料中者。

二千四百万为册立分封诸典礼费以困之。"[1]其故事重点在"以困之"三个字。当时户部无此庞大之款项,万历亦无意动用此庞大之款项。只是廷臣一定要他立皇长子朱常洛为太子(万历自己属意皇三子朱常洵),他就要廷臣进银二千四百万两作为要挟。站在廷臣这一方面的,还有户部尚书杨俊民,接到皇帝手令日内,死于任所。廷臣报告皇帝,即称"本官亦因之而毙"。[2]可见问题在于君臣不和,而非罄国库数年收入为皇室一朝花费。此白银亦未缴拨。

后来万历屈于众议,立常洛为太子,常洵被封为"福王",建藩府于洛阳。皇帝手令湖广山东河南三省,拨田四万顷,作为福王庄田。四万顷为田四百万亩,为数千万人民衣食的来源,其拨为一人家业,确有封建制度的趋向。如果此事属实,则若干历史家称明代为封建,不容置辩。

可是福王如领有此庞大的产业,势必按照封建制度的办法,将其领域实行"次层封建",裂土封茅的给予亲信掌握,并以遗传的方式,使巡视庄园者即为武士,才能永保无虞。事既如此,则私人财产以私人军队巡卫。李自成造反时,福王麾下必有组织的抵抗,决不会无声无响,束手就擒。至此事已可疑。

因此研究明史者,又必追索原始资料,访查真迹。其实万历指派四万顷,是和群臣讨价还价的办法。万历自己就减为二万顷,为原索

---

[1] 《明史》(中华书局1974标点本),218.5756。
[2] 《神宗实录》(台北,1966影印本),页6207。

之半。而福王也再三"推辞"。而真正的问题,又不在田土,而是佃金。缘河南在明初,地广人稀,以后数世纪后,开垦之地称为"白地",其主权常有问题。地方官勘察之后抽税若干,既未并于一般田赋,也难说是官田的租金。山东亦因黄河改道,淹没后又变为干地而开垦的田土,情形亦复类是。湖广地形变化,开垦更多。昔日湖沼成为"圩田";以前河岸瘠土,仅征"芦课"者,至此也有增进为良田的形势。[1]根据不完全史料,可以看出这些土地的税收,纵未全部饱地方官之私囊,也未完全公开交代。皇帝也不直说,而总是漫天要价,责成这三省官员,在他们出进之间,每年以银46000两交福王,以作王府用度。各官员口称无田时,福王派人在河南侦查与地方冲突,事诚有之。但是将十多个县份的田土,划为一人的产业接管,则技术上亦不可能。迟至1617年湖广官员只承认每年缴银3659两。因之笔者估计,福王掌握极少数田土之外,所谓庄田,实为现金津贴,年入不过20000两。[2]虽说数目浩大,和四百万亩的田地比较,则不可同日而语矣。

又崇祯时堵允锡奏疏称:湖广之"长(沙)善(化)两邑,旧额百万亩,今入藩封者,且七八十万亩"。今日仍有人摘此作为明代为封

---

[1] 笔者所著 Taxation and Governmental Finance in 16th Century Ming China (Cambridge, 1974), pp.107—108; 254。

[2] 《神宗实录》,页 9771, 9773, 9825, 9881, 9901, 9920, 9924, 9942, 9946, 9957, 10089, 10339, 10526, 10611, 此实情亦摘录于笔者所著 1587: A Year of No Significance (New Haven, Conn. 1981), p.77。中文版为《万历十五年》(台北,食货,1985)。

建社会的例证。[1] 其实堵允锡所称亩数，全无实据。日本学者清水泰次终身研究明代土地制度。他在1928年即作文指出事不可能，堵信口开河，"无数字观念"。[2] 又如两县百分之七十至八十割占为庄田，又有王府旗校巡逻征税，则满清入主，势必有极大的冲突，此亦与实际情形不符。

以上三数事，即可以看出不顾客观条件，只从原始资料断章取义的摘录若干文句，无学术价值。因其只能对当日的事实真相，作无实际贡献的参和，以表白作文者本人说有根据。而其实将16世纪白银流通状态，土地占有情形，地方官之行政效率，皇帝与廷臣的关系全部混淆，使以后治史者，不知如何下手。其所褒贬，倒与今人无关。只是旧社会的弱点，今日亟需避免及改革之处，则因此名词错用，以讹传讹，反被掩饰。

李老博士所称"官僚主义"，非仅官僚作风。既称主义则必有思想上及信仰上的凭借。笔者根据李老著作及谈吐，综录这些思想上的因素，约有下列数端：(1) 官僚主义自视自然法规，业已被其网罗无余。如以"褒贬"写历史，作为千古定论，墨守"原始的假说"，即出于这种自满的成分。和古希腊思想家认为自然法规，须不断的研究，

---

[1] 1979年冬，笔者见傅衣凌先生的《明清土地所有制论纲》排版，页25, 38，仍有这段记载。特与友人James Geiss君造访傅先生于旅舍，告知以下见本页注[2]情事，但不知《论纲》出版时曾修正否。

[2] 清水泰次，《投献考》，载在《明代土地制度史研究》(东京, 1968)，页404。原文登载于1928年7月，《东亚经济研究》，12卷3号。亦见 Taxation and Governmental Finance, p.326。

不断的发现，才能不断的展开，迥然不同。（2）与中国君主制度不能分离。中国君主制度带有宗教色彩，和欧美的"政教分离"的宗旨不同。如群臣称皇帝的文书为"圣旨"，皇帝的面目为"天颜"，发言则为"玉音"。也就是假借自然法规的至美至善，作人间组织的主宰。因之君臣务必合作，融和为一体。强有力的君主，以官僚为其工具；柔弱的君主，则成为群臣的工具而不能自拔。因其如此，文官组织的权威，才有道德的陪衬，官僚的措施，也不容辩驳，相当于自然法规。（以上万历与群臣不协，才成为朝代的危机，以致两败俱伤。）（3）此种制度施行时，必借力于思想上假设的成分。例如十岁儿童的皇帝，被耆老重臣称为"君父"，在明朝亦不设摄政。皇帝为愚顽，群臣仍称之为睿智，皇帝为暴虐，群臣仍称之为慈爱。这也就是说：理想的至美至善，尽力使之可能，如真不可能时，则假设其为可能。有时宁可在实质上打折扣，而不放弃其形式。甚至以仪礼代替行政，以表面文章代替实质。（4）这制度总以上级的理想为准则，不以下级实际情形为准则。如实施困难，则由上级向下级施加压力。因之其整个制度上不尽不实之处，通常经年累月，积滞于下端。其最需要发生作用的地方，反成为顶不实际的地方。有时整个制度因之崩坏。传统历史家，惯称这局势为"腐化"。其实所列举证据，多无关大局。有时所列者实为结果，而非原因。其主因则系本身机构设计欠周全，环境变化，上层无法继续以压力强迫其下级，掩饰其组织上不合理之处。（5）基于以上条件，中国官僚主义有其独占性。因在思想上这种制度声称"天无二日"，亦即是自然法规的至美至善，不容第二者为表率。而其行政效率,也无力与较为合理的机构竞争。因其要保持其"非竞争性"(non-competitive)的立场,总是希望能闭关自守,如禁止人民出国,对外接触则以外夷进贡的方式管制都是。[1]甚至永乐帝朱棣,以遣派郑和下西洋闻名,早在1404年已经通令民间之海船,全部改造为平头船,以防止其泛海,[2]都不出这种闭关自守的姿态。也即是其心理上为内向(introvert)。

中国官僚主义在对付此际问题时,起先已产生两种弱点。其一是思想上带有宗教色彩,先有唯心趋向。其二则其理想行不通,不能在立法上针对下层实况改革。而自称"体"与"用"不同,承认不合体制为当然;亦即是姑息违法。今日中国仍有此现象的遗型,是为传统习惯作祟,与社会主义无关。

以上所述,抽象的辞句为多。必须举出例证,以实际情形阐述,才能得其真髓。笔者在阅读《明实录》时,发现《太宗实录》内年终统计数字,可以解释前说官僚主义的真象,并可以揭露统计数字在明代史料中的实际意义。和以上理论陪衬,尤足将李老博士的见解,广泛介绍于一般读者。

《明实录》为朱明王朝根据原始资料撰集。明朝十六个皇帝,除建文帝朱允炆,景泰帝朱祁钰,被后来继位的皇帝视为非法,无庙号也

---

[1] 见费正清 John K. Fairbank, *Trade and Diplomacy on the China Coast* (Cambridge, Massachusetts, 1953)。

[2] 《太宗实录》(台北,1963影印本),页0498,参见《太宗实录》,页0149。

无实录外（他们朝中的事迹则附录于继任的实录中），最后的皇帝崇祯朱由检，身死国亡，也无实录。其他十三个皇帝，共产生了十三部实录，合称《明实录》。现在通行的台北版，共133册。如稍为留心地阅看，即需要两年半以上的时间。

实录的撰修人虽想保持前后一贯的作风，这事实上无法办到。除以上所综叙的官僚主义思想在这133册文献中表现无余外，各部实录叙事有详简，着眼也有差异。有如初期以极严峻的态度，组织其帝国，中期以后，行政多显捉襟见肘的状态，作史者概须自圆其说，即不能贯彻始终。

实录内引用行政上统计数字，也因官僚主义的关系，前后不一贯，取舍无定则。例如《太祖实录》列有1381年及1391年全国耕地的面积，当系造《黄册》时的统计数目。此后各朝实录，即未继续。又例如全国军屯在1487年至1504年间，所记载的屯粮，每年都不出2700000石左右。而1505年至1518年前后十四年，则每年都是1040158石。七位数字，毫无增减。自1519年后即或记或不记；至1571年后即不再记。而自1522年至1571年间前后五十年，每年数目都在3700000石上下；而1567年一年，则只有1800000石。[1]其所记载含糊不明之处也很多。例如明代所铸铜钱，较各朝为少，较北宋为远甚。全汉升先生估计，全明铸钱"一共不过千把万贯"。本文作者估计只有八百万

---

［1］ 全部数字表列于王毓铨《明代的军屯》（北京，1965），页215—216。摘录于 *Taxation and Governmental Finance*, p.286。

贯左右。[1]而《世宗实录》则称1533年皇帝"谕工部铸洪武至正德纪元九号钱,每号一百万锭,嘉靖纪元号一千万锭"。[2]而《明史》及《大明会典》,又针对上文注释:"每锭五千文。"[3]按一千文为一贯,则上述共九千五百万贯。亦即嘉靖帝朱厚熜一年一次之内,发令铸钱数量,超过以上估计朱明王朝276年前后所铸十倍以上。其不可能已经货币史专家彭信威先生指出。[4]笔者更可加注,如此浩大的铸钱,其成本则为当时北京现款收入二十年的数量。而当日铸钱的厂局,也必扩充到一百倍以上,成年工作,才能达到所述的数量。[5]

然笔者作此文的目的,也不是劝说读者,将所有数字,全部视为具文。而是指出统计数字间表现其官僚作风之处,官僚作风追根到底则起源于官僚主义。因此证实李老博士所称有根据;而不是对前人所措施令人不如意之处,滥称其为"主义"了事。

朱棣于1402年取其侄朱允炆之帝位而代之。自1403年称永乐元年,至1424年去世,是为永乐二十二年。除最后一年之纪录列于《仁宗

---

[1] 全汉升《中国经济史论丛》(香港,1972),页364。笔者《从〈三言〉看晚明商人》,《香港中文大学中国文化研究学报》7:1(1974),页135。现收入本书,见页1—34。

[2] 《世宗实录》(台北,1965影印本),7063。

[3] 《大明会典》(台北影印,1957年司礼监本),194.9。《明史》81.1965。

[4] 《中国货币史》,页426,444。

[5] Taxation and Governmental Finance, p.77.

实录》外，其他二十一年的年终数字统计见于《太宗实录》。[1]是《明实录》中形式上最为详尽，而形式上最为前后连贯的一套统计。兹将其中最重要的七项数字列表检讨如下，以追溯其来源与出典。

(A) 赋税粮 《太宗实录》中最重要的数字，为"赋税粮"。其单位为"石"，米麦不分。永乐朝内，其纪录通常保持在三千一百万石至三千三百万石之间。特别的例外为1407年，为数不及三千万石，1412年超过三千四百万石，1419年的数目则在《太宗实录》的原始抄本有两种不同的记载。一本作22248673石；另一本作22428673石。虽其第三位与第四位数字次序排列不同，两者都较前后各年之三千万以上的数字相差极大。

按其实"赋税粮"系中央政府向各省府州县摊派之数额，理不应如此骤增骤减。学者考究之余，认为1419年之低额，应系抄写错误。其原始抄本即有两种不同的说法，可能由于档案上字迹模糊，而抄本的校对未精，更无话说。所以多数日本学者，在和田清博士领导下集体作《明史食货志

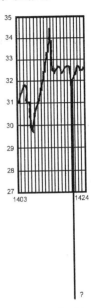

图表一 永乐年间赋税粮数额（单位：百万石）

---

[1] 年终统计见《太宗实录》，页0488，0637，0743，0898，1027，1149，1301，1426，1554，1651，1723，1812，1907，1974，2051，2117，2182，2244，2300，2363，2421，及《仁宗实录》(台北，1963影印本)，页0193。

译注》,须要引证1419年数字时,即径改前数为32248673石,[1]大刀阔斧的为之添入千万。

至于1407年的突然降低,则有事实上的根据。因为1405年及1406年,永乐曾三次下令开豁地主户绝的赋税,据计算影响的田地达7345097亩。[2]而所在地区全在长江以南,以富庶的府县占多,全国赋税因之降低5%,至为可能。1407年下降之后,又逐渐上升。至1412年乃突破三千四百万石的纪录,以后才稍稍下降。据考证乃由于明帝国此时征服安南,并交阯为中国行省之一。永乐并于1408年派黄福前往定赋。[3]以后或觉得所定太高,才修正于图表一所列。

可是上面的解释,仍不能阐明赋税实情。永乐年间数字,必须与明代全期数字一并研究,才得其真相。

永乐之赋税粮,继承于洪武数额。洪武开国未久,即于1381年酌定全国税粮为二千六百余万石。至1393年增至三千二百余万石,[4]永

---

[1] 和田清等《明史食货志译注》(东京,1957),页145。
[2] 《太宗实录》,页0636,0689,0895—0896。
[3] 《太宗实录》,页1043。
[4] 《太祖实录》(台北,1962影印本),提出赋税米数于次:
   1381年:26,105,251石
   1385年:20,889,617石
   1390年:31,607,600石
   1391年:32,278,983石
   1393年:32,789,800石

以上见《太祖实录》,页2218,2673—2674,3078—3079,3166—3167,3370.何以数字有上开的变化,尚未获得确切的解释。

乐间曾有数次调整诸如上述。其调整率仍不算过剧。在明代赋税粮额有最大的减削者，则为宣德帝朱瞻基。宣德年间明帝国内外交逼，征安南既骑虎难下，而南直隶各府县亦逋赋。苏州一府，赋额二百七十余万石，积逋至七百九十万石，近于三年额数。[1] 宣德既放弃交阯，又派周忱巡抚江南，作大量的减税，于是全国赋税由以前之三千二百余万石，减至二千七百万石左右。自兹之后，全朝代二百余年再未有剧烈的增减。如《大明会典》所列1502年为26782259石，1578年为26638412石[2]是也。

然则此二千六百万石或二千七百万石数字，仍只有相对的价值，而无绝对的价值。因其既不能代表赋米入仓，为国家收入之数量，也不能代表税粮之缴纳，为人民担负之数量。明代税制，赋税粮应由付税人缴纳于指定之仓库。此仓库或为附近之仓库，或为几千里以外的仓库，因之计及运费及加耗"米一石"，实质上因时不同，因地不同，其价值千差万别。有时也可以折布折银，其折换率不因时价而高低，而系由政府凭己意而增减，如原定税率过高，地方政府无力征收，则以低于时价的折换率折银。反面言之，如果政府拟局部增税，亦不必宣扬增税，只是将其折换率提高。中国官僚政府，行政上及经理上缺乏体系。此为一最大原因。如在司法独立之国家，决不容官僚上下其

---

[1] 顾炎武《天下郡国利病书》(四库善本丛书)，6.11《明史·周忱传》作八百万石。见《明史》153.4212。

[2] 《大明会典》24.14；25.12。

手。据笔者估计，16世纪末叶，江南苏州、松江一带，其赋税粮"米一石"，最轻者，值银0.26两，最重者值银1.91两，亦即最重者为最轻者7.3倍以上。[1]

而任意增高或降低折换率，亦不始自明朝，如《宋史》内所称："既以绢折钱，又以钱折麦。以绢较钱，钱倍于绢，以钱较麦，麦倍于钱。辗转增加，民无所诉。"[2] 可见这办法已行于宋代。因之行政及经理的统计，也多名不副实。

此种现象可以认为官僚主义之作风者，则因为文官集团，有皇帝支持，自视其代表天意民心。只要行政设计为大局打算，对于纳税者个人，不负法律上的责任。而欧洲中世纪虽称"封建"，其座主及附庸之间，有合同关系（contractual relationship），这种物质条件，既有历史成例，不容一方片面更动；更不容以仁义道德的名目，作为更变的张本。两方如有争执，势必请法官及律师裁判，如此才能培养司法独立的传统，中国长期受官僚主义的垄断，可谓未曾经过这种阶段。

永乐之征收田赋，表面上照此三千余万石的数目作准则，其实征数量则必较此数目远甚。因为永乐派兵入安南，征漠北，又大兴土木，全面创建北京为帝都，令郑和率艨艟巨舰下西洋，更开凿徐州至临清间的大运河，不可能以洪武年间的用度作标准，亦不可能较宣德

---

[1] Taxation and Governmental Finance, p. 101.
[2] 《宋史》（中华书局1976 标点本），174.4213。参见李剑农《宋元明经济史稿》（北京，1957），页221。

年间的用费，只有少量逾额也。即如其使用民夫，可为证鉴。洪武所定"均工夫"，农民应于农隙时应政府征召，作工三十天，工匠则于三年之内服役三个月。[1]永乐于1406年将所有匠役全部延长为六个月，而1410年政府报告内亦即承认应召的匠役"逾年未归"。[2]《天下郡国利病书》称"自永乐北都，挽输道远，加耗滋多"。[3]均可见其额外加征之耗巨。本文之旨趣，不在称叙其向民间勒索之多寡，[4]而系表明其税收施政，全由上级作主，对下级之权力，可以完全漠视。永乐一生经历，虽可以"君主专政"概述之，但其专政必须透过文官集团长久的习惯，有其思想及信仰上的根据。此种习惯及根据，则为李老博士所称官僚主义。因其存在，自宋至明以至现代，国家之统计数字，因未经过独立的司法机关的"照磨"（这系明代名词，其字义不言而解）与留难，无确切的价值。

(B) **馈运北京粮**　馈运北京粮，亦称"漕米"，即系田赋征实内的米粮，经过海运或由大运河内漕运到达北京的数目。其记入《太宗实录》始于1409年。自此至1414年，其上下有限，每年在二百万石至二百五十万石之间。1415年之后，则波动较大。如1415年超过六百万石，1417年超过五百万石，而1420年则不及一百万石是也。

---

[1]　《太祖实录》，页1060，1671；《大明会典》189.1。
[2]　《太宗实录》，页0836，1435。
[3]　《天下郡国利病书》，6.11。
[4]　明代田赋收入见于官方账目者，一般均低。Taxation and Governmental Finance 已详言之。一般所以称赋重者，乃赤贫者不得免税，无法推行累进税制。贫农无从借贷。经手人额外多征，则更在税率问题之外矣。

此纪录虽有数目上的上下，其正确性反而可靠。明代的粮运在 1415 年以前为海运，因之运数经过统筹，极易固定。1415 年后经过新开凿的大运河行"支运"，也就是"接力运送"，以淮安、徐州、济宁及临清为接力站，各设米仓，以便囤集。于是"支者不必出当年之民纳，纳者不必供当年之军"。[1]也就是供给与分配，不必在一年内两造对销，而可以在次年内交替。所以一年在途中囤集者多，则入北京者少，与其总运数无关。1420 年馈运数少，显系以前多年京仓囤集有余，而 1421 年元旦，永乐正式迁都于北京，其

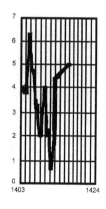

图表二　永乐年间馈运北京粮数额（单位：百万石）

筹备须要大量的人力和船舶，以前一年馈运粮少，也是必然趋势。

今将 1415 年至 1424 年共十年的馈运数平均，则每年运数为三百二十余万石，此数亦与漕运历史符合。明代以田赋征实的米粮运北京，供给官员军匠，从二百万石左右逐渐增加，至 1472 年后固定为每年四百万石。[2]上述平均每年三百余万石，是为逐渐增加中的一个阶段。

以上数字之比较可靠，因其会计制度有法律的监视。漕粮北运，由运军为之。自江南水次由纳税的县份交兑，至北京仓库缴纳销差，运军的总旗小旗（等于排长、班长）责无旁贷，如有差失，此辈须卖

---

[1]《明史》，79，1916。
[2]《明史》，79，1918。

儿鬻女筹款赔偿。[1]这种立法,不近人情,令人发指。但是财政责任,反比一般官僚作事者分明,所以凡上级能确切加压力于下级时,其会计则可置信。

(C) 屯田子粒 屯田子粒在《太宗实录》中有一直下降的趋势。自1403年之二千三百余石降至1424年之五百余石。在永乐之二十二年之内,只有三次次年之数超过前年之数;而只有一年,此超过之数目,数量尚为可观。而前后三次,每增之后又降,且降至以前更低之数额。

实录原文未叙明所称数目出自"军屯"或包括"民屯"。但是明代军屯,全是"一笔糊涂账",则无可置疑。王毓铨先生作《明代的军屯》,还只轻描淡写地说出数目上有夸大之处,[2]而实际上其夸大到难于置信的地步。图表三的每况愈下,即无法解释。何以永乐初年,子粒几与田赋等量齐观?何以后来会退缩数倍?如果以前有剩余,此剩余作何去处?以后如有减缩,又曾作何法补救?明代文献中不能寻出适当的解答。

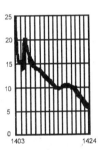

图表三　永乐年间屯田子粒数额
(单位：百万石)

此间应注意者,明代之军屯与民屯,始终无中枢之行政机构负责掌管。工部之屯田清吏司掌理柴炭名不副实。在国防边境之卫所,奉

---

[1] Taxation and Governmental Finance, p.55.
[2] 《明代的军屯》,页217。

命利用所在可以耕种的田土是否可行，上级毫不闻问。在内地之卫所，所拨为军屯的田地，也不是集中于一处，而是此处数亩，彼处数亩，与民间田土，互相错综。《明史》所称每军受田五十亩，交纳子粒二十四石，[1] 只能代表中央设计者理想中的原则，与事实完全不符。《春明梦余录》指出四川省在明代初年称有屯田65954500亩，而当时军则只有14822人，如全数屯田，则每军应耕田4500亩矣。[2] 其不足信可知。而这种谎报，迄明代未止。如嘉靖年间各边区仍有屯田子粒数，而户部尚书潘璜即奏称"十数年并无一处通关奏缴"。[3] 庞尚鹏奉命清查军屯，其报告辽东情形，则称"兵荒相寻，尺藉消耗，耕作之业，率归舍余，屯军已尽废矣"。及其至大同，则称"或据册有数，而纳粮无人"。及其至甘肃，则称其经理为"操纵收缩，莫知端倪"。[4] 而官方统计，仍称屯粮收入每年三百七十万石，其虚冒情形可知矣。

何以《太宗实录》内屯田子粒几成直线下降，只好猜测系当时上级冠冕堂皇的责成各部队屯田，自五军都督府至各卫所，不得不尽量报告，全部赴事，于是按照人数计屯田子粒。永乐既好大喜功，经常征集卫所员兵远征。每一差派，负责官员才有所借口，将子粒数剔除。这是我们暂时的结论。（除非更有新发现之资料提供新说法，并指出这猜测谬误外，目前情况不明，更无其他方法，足以解释此中

---

[1] 《明史》，77.1884。
[2] 孙承泽《春明梦余录》（香港影印古香斋袖珍本），36.3。
[3] 徐孚远等编《皇明经世文编》（台北，1964影印本），198.19。
[4] 《皇明经世文编》，358.21，24；359.3；360.10。

奥妙。)

(D) 征收盐引 盐引数目，在永乐年间之初期，每年一百二十万引增至中期之一百五十万引，兹后即逐渐下降，至低于一百一十万引。(1411年数目不见于实录。)但其伸缩，事实上尚为可能。当时除有少数"小引"外，标准大引，每引四百斤，粗率计算可供成人四十人一年之所需。如年产盐一百二十万引至一百五十万引，即可供六千万人口一年之所需。此与当时官方报告之人口数，亦算相符。

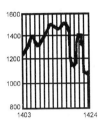

图表四　永乐年间征收盐引额数（单位：千引）

永乐初期所得食盐，用于"开中"，亦即商人纳粮草于边军，边军的经理者给予"仓钞"，商人凭仓钞赴盐场请领盐，但盐场又须经过南京户部给发"盐引"。盐引即为路票，无引食盐不得通行，亦不得售卖。虽其管制多端妨碍输运，明代中期之后食盐官卖之积弊丛生；[1] 但是在会计制度上言，其账目经过多方核对，尚不易产生无中生有、本末颠倒的现象。

永乐年间，一部食盐，亦由政府直接卖并分配于民间。当时因纸币之称"宝钞"者，发行过多，希望"回笼"，亦以食盐兑换民间之宝钞。浙盐则用之支持征安南之军费。1418年后统计显示盐引数额下

---

[1] Taxation and Governmental Finance 有详细的记载。食盐公卖在 pp. 189—224。

降,想系由于以上诸项支出;而非制造之减少。[1]

(E)**收入银两** 银两收入数在《太宗实录》中表示初年逐渐上升,至1421年后则下降。但整个数字对国库收入,无重大影响。因其最高额只三十余万两。

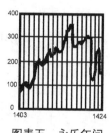

图表五 永乐年间收入银两数额（单位:千两）

永乐期间民间仍不得以金银交易。政府所得银,一部向云南边境土司征集,称为"差发银",一部由政府开矿所得,谓之"闸办"。即根据矿工人数,责成管理者,应按预定之产额交银也。图表五所列或高或低,想系实情。政府银两收入后,用于制造首饰,铸作银柜嵌装重要文献,塑为银印,并携出海外采购珍宝,赏赐于外国贡使。宣德登极时,曾以白银一百万两,作为赏赐。[2] 总而言之,白银之用途,以仪礼为主,其经济意义至微。

(F)**课钞** 《太宗实录》显示宝钞收入数在1412年有重大变化。前此各年,每年之收入罕有超过五千万贯者。从兹之后,则每年均近于一亿。而1412年之收入亦为全纪录中最低数额。

迄今此1412年之突变,尚无法解释。但明初滥发纸币,为数令人

---

[1] 永乐期间食盐收入作为政府其他各项费用之事例甚多。见《太宗实录》,页0176—0177,0249—0250,0280,0589,0590,0622—0623。

[2] 《宣宗实录》(台北,1964影印本),页0095。

骇然。笔者根据《太祖实录》中所列六十九项记载计算,1390年内洪武帝朱元璋曾以赏赐、赈灾、购买米麦名义发出使用宝钞达九千五百万贯,而同年宝钞收入则仅20382990贯。[1]收支相抵,多发七千五百万贯。当日官定价格,钞一贯值米一石,多发之数相当于两年半之田赋。其实此时市价米一石已售钞四贯,而上数亦等于半年田赋。一年如此,数十年情形可想而知。

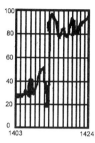

图表六　永乐年间课钞数额（单位：百万贯）

永乐年间之通货膨胀,仍变本加厉。虽政府亦尽量使宝钞回笼,1404年广东之食盐官卖以宝钞为代价。1407年全年田赋之"夏税"(与"秋粮"分别)收宝钞。1413年后刑赎得付宝钞。而最重要者,则为1404年所订之"户口食盐钞"条例,希望以食盐分配于全国人口,而收钞作盐价。[2]但是以上多方措施,均无显著效验。食盐名为按口分配,而实际又拨作他用(见以上D),以致民间虽缴纳户口食盐钞,而政府无盐周转,纳钞徒成一种人头税(head tax or poll tax)。

---

[1]　此六十九项记载见于《太祖实录》,页2981至3078之间。亦有一项记载跨越两页者,亦有两项记载见于一页者。页次过多不及缕举。收钞数见于《太祖实录》,页3079。

[2]　《太宗实录》,页0509,0589—0590,和田清等《明史食货志译注》,页608。

1425年米一石实售宝钞四十贯至七十贯,依地区情形而定。[1]是以永乐末年政府虽年收钞近一亿,亦只值米二百万石左右。与国家支出比较,仍为数至小。

(G) 纳马 《太宗实录》内纳马数缺1407年数字,1419年数字记载错误,应照《校勘记》改正。图表七所载,其中除一次例外不计,所有数字近于直线式之上升。1403年只有马37933匹,至1429年达1736618匹。

笔者推测,此项数字,并非出于实际的统计,而系官方根据预定之繁殖率计算。实录所载1421年较1420年增21%,1422年又增10%,1423年又增33%,1424年又增10%。如此循环不绝,事实上不可能,因当日官方民间均无法供应如此大量之繁殖也。(以上百分率均近整数,亦属可疑。)又即可能时,政府调查审核机构,亦不能将一百万以上的马匹登记无误也。

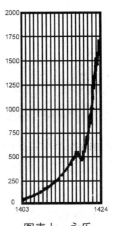

图表七 永乐年间纳马数额(单位:马千匹)

按明初马匹由进贡及购买之方式,取自朝鲜、辽东、云贵各地,永乐又向撒马儿罕(Samarkand)等处收购。所得马除官方使用外,即"寄养"于民间。北直隶、河南、山东若干府县列为"养马地"。"五丁养马一匹,免其

---

[1] 《宣宗实录》,页0175。

粮草之半"。即系减轻田赋，以作养马代价。凡种马倒死，"孳生不及数"，民间均须贴补。[1] 15 世纪末叶事例：种马三年须生二驹。陆容作《菽园杂记》，自称于 1477 年奉命"印马"，所见马均孳生不如额，由养马民间，出资赔补。[2] 永乐年间之马匹数量大概出自纸面计算，更可由继任洪熙帝朱高炽登极诏书之辞语揣得之。洪熙之与民更始，继位时宣称："各处军民有因追赔孳生马匹，为官府所逼，不得已将男女妻妾典卖与人者，诏书到日，官府悉为赎还。"[3] 其辞句以仁慈为怀，可以保全官僚主义之道德立场。但所谓悉为赎还，恐难于事实上办到。而且逼后则赎，赎后则逼，则在陆容书中见之。

在研究官僚主义的立场言，则此项统计数字，纯依上级之理想，强令下级照办。其逼迫过度之余，所记载数目恐难成为事实。朱棣为暴君，但谥为"启天弘道高明肇运圣武神功纯仁至孝文皇帝"。仍以宇宙间之至善至美，作其威权之背景。因文官集团除自称奉行仁义道德掌握自然法规外，不能自圆其说；是以引用思想上假设的成分，作为其行政工具。只是时日愈久，其不尽不实的程度愈积愈深。有如 16 世纪，各处卫所，名存实亡，有些单位的兵力，低于原额 5% 以下。[4]

---

[1] 《太宗实录》1667，《大明会典》，151.6，*Taxation and Governmental Finance*, pp.104—105。

[2] 《菽园杂记摘钞》（记录汇编本），181.25—26。

[3] 《仁宗实录》，页 0015。

[4] 笔者，"Military Expenditures in 16th Century Ming China", *Oriens Extremus* (Hamburg, Germany), 17: 1/2 (Dec.1970), p.40。

有此诸种弱点，朱明王朝只能在"非竞争性"的情况下存在。至17世纪此条件不能维持时，则人口一亿以上的帝国，竟无法抗拒人口一百万而不及的满清。其远因俱在，亦不可以后人不肖，一朝腐化论之也。

以上《太宗实录》年终统计所列数字并非全部虚构，而更非全部属实。官僚主义施政之设计，端在"闭户造车"。实行之程度，视其向下级施用压力是否有效。虽其标榜之道德不足信，吾人亦不能指斥其用心设计，旨在背叛道德。[1]笔者与李老博士商讨之余，认为中国之产生官僚主义，实因地理需要。中国因须治理黄河，大规模的赈济经常发生的水旱诸灾，防卫北方游牧民族的内犯，在公元前3世纪即革除封建制度，构成政治上的统一。其去青铜器末期未远，以后相次须要维持统一，中央集权的程度，超过当日技术能力足可资支持的程度。于是即索性不顾技术，而以道德名义，强迫执行。才发生以上名实不符，体用背离的现象。[2]

事实俱在，中国历史的发展，与欧洲近代史的展开迥异。中央集权既非封建特征，而中国之官僚主义，更不可能作为发育资本主义的

---

[1] 李老博士受英国历史学家 Herbert Butterfield 影响，觉得历史上重大的冲突，很难认为是一方的道德战胜对方。很可能的，其结果是综合两方之所长。见 Grand Titration, p.131. 笔者已摘要纪入1578 "Acknowledgments"。这篇文章李老博士于1944年作于滇缅公路途中。

[2] 此理论见于李老博士与笔者合作之 "The Nature of Chinese Society"，见上列40页注[2]。

背景。[1]因之李老博士及笔者均信今日中国之现代化，既不可墨守成规，也不能模仿西方。采取历史上的长处，仅可在局部；其重要关头，则在创造。

中国之具有创造能力，无可置疑。官僚主义虽为中国历史上及文

---

[1] 资本主义之成为一种主义，亦有其思想上的根据。譬如 Adam Smith，就觉得如让所有私人凭他们的经济利益打算，社会秩序反有条理，社会风气，也会臻荣向上。马克思虽不同意这种想法，却也承认资本主义的思想家有这种观念。这显然不能为中国官僚主义容纳。

过去二十多年来"资本主义"这一名词，也在中国滥用。甚至明代吏部尚书张瀚在《松窗梦语》内以寓言的姿态，叙其祖先由"神人"授银一锭，因之买机织布致富。王世懋在《二酉委谭摘钞》里埋怨景德镇制窑，"凿穿地脉"，都被写历史者收集，作为"资本主义萌芽"的例证。

1978年，笔者与李老博士合谈，觉得资本主义，必需以下三个条件，才能展开：（1）私人关系的信用借款，广泛的通行，于是资金流通。（2）产业所有人以聘请方式雇用经理，因之企业组织扩大，超过本人耳目足能监视的程度。（3）技能上的支持因素，如交通通讯等共同使用，才是企业之经济力量超过本身活动范围。以上以英文简述之，即 Wide extension of credit, impersonal management, and pooling of service facilities。而三个条件，都须要有法律上的保障，因为其重点为"信用"。如果没这信用的功效，则其成为资本家，也是"小贩资本家"。我们如承认资本主义的展开是一种社会现象，则不能否认法制支持信用的功效。

马克思在《资本论》卷二，"资本主义的推销方式"用 C-M-C 公式，讲述资本家必以 C（即商品 commodity）换为 M（即货币 money）。如是川流不息中，公众制度授权于私人，让他无限制的发展。

所以讲来讲去，资本主义必须有法律上的保障（因为货币也须支持），而立法能替资本家着想，则是整个国家政府已接受前述 Adam Smith 的思想。欧洲资本主义初行时，即是政府承认私人财产的绝对性。这绝对性超过皇权，也超过传统的道德观念。

给资本主义作以上的定义，有两种意义：一即是显示以上与中国传统思想相去过远，中国传统社会无产生资本主义的可能。一即是认识资本主义的特征，避免对这名词作过于泛义的解释，以致因害怕资本主义之故，视一切经济的发展均为畏途。

化上的缺点，却也不能因之而抹杀中国历史上及文化上的长处。况且我们批判一种制度，也要着重其时间性。中国官僚制度，在明末之后和西欧社会的治理与设计比较，才显得相形见绌。但是在唐宋之前，于一个广大地区之下，造成统一的局面，首先做到"文治"的地步，也不是在历史上无一是处。我们今日批判官僚主义，针对其"空妄"（make-believe）的成分。因为这种想法在"了解"（亦即康德所谓 verstand）上无中生有，淆乱黑白，是非不明，妄称技术上的缺陷为精神伟大。指责之余，却无意非论道德，或否认意志力（will power）之重要。（后者已与康德所谓"理解"vernunft 接近。）如此才不会与李老的旨趣相违。

前已言之，李老博士是科学家，故能小处精细；但是他也是哲学家，所以觉得宇宙的渊博，足以包含尘世的矛盾。笔者研究明史多年，一切从小处着手，也带唯物观，平日作文以客观为主。在写完这篇带有技术性的文章后，破例效法李公风度，一方面遥祝其"寿比南山"，一方面胆敢作个人性、主观性、感激性的结论：

中国实行现代化时，必能摆脱官僚主义的遗风，不再以道德的名义掩饰科学技术之不及，因之顺利成功，足以促进全人类的富强康乐！

明代史和其他因素
给我们的新认识

中国明朝的历史，经过海内外学者几十年的积极研究，已经有了充分的发展。我写的一本小书《万历十五年》，能够将16世纪末期的情形，作侧面的解剖，即是因为各种文献，已经大量的翻印传播，专家的著述，也层出不穷，给我们一种综合各种资料的机会。

虽然史不厌详，我们现在对16世纪中国社会的情形，总算已经有了一个大概的认识。如果学者不怕文词粗俗的话，则是这社会形态，有如美国所谓"潜水艇夹肉面包"（submarine sandwich）。上面是一块长面包，大而无当，此即是文官集团。下面也是一块长面包，大而无当，此即是成万成千的农民，其组织以纯朴雷同为主。中层机构简单，传统社会以"尊卑男女长幼"作法治的基础，无意增加社会的繁复。上下的联系，倚靠科举制度。今日我们看来，无法避免它守旧落后的观感。

但是这种评论是否公允？这是不是因为我们对20世纪的情形不满意而借题发挥？假使我们认为旧社会亟应改造，那改造的程度应当到达什么限度？我们既称革面洗心，是否对中国文化全部否定？如果明朝历史不对，那么是否"反明"的思潮和趋向，即可以导我们于正轨？这都是有待于历史学家解答的问题。

我们也知道，最近二十年来，明代史已被滥用。指槐骂桑或指桑骂槐是中国文人恶习。16世纪的人物与言行，一经渲染立即可以改头换面，成为政治上的工具。我们既不赞成这样的学术歪曲事实的办法，但是如何可以避免别人对我们作同一批评？

这些问题，不能在明代史本身上得到完满的解答。最好的办法，是将我们认作真理的环节，和外间侧面的事务印证，要能前后衔接，方为可靠。有些明史内的问题，其明显的答案尚不在明代史范围之内。这些因素的重要性，却只有经常和明史接触的人，才可以一眼看穿。这篇文章建议我们互相越界窥察，也希望明史外的专家，向我们作同一提示，因此彼此的研究更和真理接近，庶不致各造空中楼阁，反以学术上分工合作的办法当作个人规避责任的张本。

以下是我个人在这程序下尝试的初步结果。

第一，我们指责明代人事时，不能忘记大明帝国本身是亚洲大陆天候地理的产物。

明史里有两点地方，极易引人注意。在政治史上称中央集权，非常显著，全国一千一百多个县，每个县令的任免，全由朝廷号令行之。地方政府的税收与预算，也不能就地斟酌，而中央政府有很多管理限制的办法。在社会史上讲，则以伦理观念代替法律，其程度之深，超过其他任何朝代。

这一方面固然是明朝人的眼光狭窄，但是另一方面也是由于环境使然。中国文化大部肇始于黄河流域，因为河水经过疏松的黄土地带，夹带着大量泥沙，容易阻塞河床。冲破河堤，常有酿成巨灾的趋向，局部治理无济于事。这情形在春秋时代已然。如公元前651年齐桓公会诸侯于葵丘,即有盟誓;在各种经传有不同的传说,诸如"无曲防"、"毋曲隄"、"毋雍泉"和"无障谷"都是。《孟子》一书中提到治水十一次之多。他对白圭说:"禹以四海为壑,今吾子以邻国为壑。……洪水者,仁人所恶也,吾子过矣!"秦始皇统一全国后,他颂秦德的碑文,录于《史记》,自称"决通川防"。可见因为大规模治水的需要,中国政治上的统一,在公元前即超过时代上其他条件,也不能闻问技术上是否合理,这在中国两千多年的历史,前后皆然。

而季候风给中国农业的影响,也是强迫造成全国统一,逼成中央集权的重要原因。中国夏季的季候风由菲律宾海的方向吹来。这气流中带有水分,但是并不能保障下雨,而需要由西至东,及至东北的旋风将这气流升高,以致温度降低,其水分才凝积为雨。这也就是全国农民的耕作物,全靠这两种气流适时碰头。假使它们彼此错过,则成旱灾;要是它们在一个地区经常碰头,则此地必有水灾,而有时水旱并至。只有庞大的帝国,才能对付这种问题,这情形也始于公元前。假使我们打开《左传》一看,内中有许多因灾荒而发生战事的情节。《汉书·食货志》所说:"世之有饥穰,天之行也。"姚善友从《图书集成》及其他资料计算,中国历史里2117年,曾有水灾1621次,旱灾1392次,其程度之高,值得朝廷注意[1]。这种情形与《孟子》里面经

---

[1] Shan-yu Yao, "The Chronological and Seasonal Distribution of Floods and Drouth in Chinese History", *Harvard Journal of Asiatic Studies*, 6(1941—1942), pp. 273—312. And Yao, "Flood and Drouth Data in *Tu-Shu-chi-chr'eng* ", *Harvard Journal of Asiatic Studies*, 8(1944—1945), pp. 214—226.

常提出的"老弱转乎沟壑"及"若大旱之望云霓"有关。而孟子的低水准平等思想，为明代人士所讲习，也不可能与这种情节分离。

对付北方游牧民族的侵逼，也使中国不能施行地方分权，造成彼此不相顾盼的趋势。传统中国的国防线为"万里长城"。实际上因时代的不同，筑城的地点前后移动，但是总与十五英寸的平均雨度线相去不远。这也就是说在长城以北以西的地方，每年的积雨量低于十五英寸，无法耕种农作物，是游牧民族驰骋的地区，他们遇有灾荒或者趁中国分裂之际可能大规模来犯。中国即取攻势也不能解决这地理上的问题，只能加强向地方政府的控制，以均一雷同的姿态取防势。

这些地理上的因素，对中国文化的发展，尤其在近代史上讲，甚为不利。中国人经常说："如欲攘外，必先安内。"但是其所谓安与攘都是大规模的工作，数量重于质量。其用心设计之余，只能维持政治上超时代的统一和雷同，不能在技术及经济上讲求功效。因为后者的增进，总是参差不齐的。明朝加强中央集权，用伦理的社会力量保持各地均衡，防止各地方政府产生特色的趋向，也可以从它的科举制度看出来。科举制度肇基于隋而确定于唐。初时遇有明经明法等科，到宋时运用策取士，也仍有经义词赋。到明季中叶之后则只有八股文。邓嗣禹说：科目日趋简单，方法日形复杂[1]，也表现整个文官组织逐渐单元化，它不能掌握社会多元的情形，更不会鼓励这样的发展。

然则"打破沙锅璺到底"，则我们不能不相信天候地理的力量可

---

[1] 邓嗣禹，《中国考试制度史》(台北，1967)，页73。

怕。而今日去明代覆亡又已341年，这种力量虽然没有以前的厉害，也还没有随朱明王朝而全部消灭。

第二，在中国传统历史上讲，明朝的收敛性和唐宋帝国的扩张性相反。

钱穆作《国史大纲》时，称唐朝"政权无限制解放；同时政府组织亦无限制扩大"。[1]其实这趋势也相次继续于宋代。

唐朝继承杨隋、北齐、北周，及北魏拓跋氏之后，在中国历史上自成一系统。其立国精神，受《周礼》的影响甚大。如魏之"三长"、"均田"，以及各朝的"府兵"，都系用"间架性的设计"（schematic design）作基础，也就是先造成理想上的数学公式，广泛的推行于各地区，行不通时，互相折衷迁就，只顾大体上在某种程度上的可行，无意以条文作主，凡事认真[2]。这种办法行至公元755年安禄山叛变时，已不能继续。以后所谓"藩镇之祸"，乃系各地军阀自行抽税募兵，与日本之"大名政权"相似。

按：其实这种有效的地区政府，不一定比有名无实的中央政府低劣。只是中国士人习于官僚政治，没有朝廷合法及道德的名义陪衬，

---

[1] 钱穆，《国史大纲》（台北，1966第十版），上册，页312。
[2] 均田制及租庸调制，只代表一种理想，实际施行时，又待当时当地的"活用"。所以崔瑞德（Denis C. Twitchett）作 Financial Administration Under the T'ang Dynasty（Cambridge，1963）时，以《旧唐书·食货志》为蓝本，虽然引用了很多参考资料，仍称其所叙不过是"理想上"的制度。有些在敦煌"活用"的地方，可参考韩国磐，《隋唐的均田制度》（上海，1964）。以公元755年为唐代财政的分水岭，是崔著的重点。

就感觉得不安。而五代十国间，契丹之辽进据幽燕十六州，包括今日的北京。中国之外患，迄西夏、金、元以至朱明王朝之建立，历四百年未止。

这中间的经过无法凡事缕刻比较，只是和明朝作风颇相针对，而对明朝颇有决定性的影响者，则为北宋，而且王安石的试行新法更是宋史中的一大分水岭。明朝之采取收敛及退却的态度者，也可以说是在王安石新法失败后的一种长期的反动。所以研究明史者注意新法实施的经过，并且将宋朝虽在经济高度发展下而仍不能替中国打开出路的原因仔细琢磨，将来再回头读明史必可事半功倍。这两者一经比较，更能增进读者了解能力，也容易看出西欧后来居上，在明清之间超过中国的原因。

最简单的说来，则是现代的金融经济，有商业型的独占性，它必须在政体、思想、法治、社会生活间全部被接受才能顺利的展开。中国在宋朝及明朝都没有具备上述这些条件。

上面说过，宋朝继续李唐王朝扩展的趋势，乃是自"租庸调"到"两税制"，外表上好像是全面改革，而实际上是放弃已经行不通的虚文，接受现实。况且所谓"两税"，也还不是中央政府的制度，其赋税的税率和抽税的程序早已落入各藩镇的掌握中，也就是各地军官自动抽税，自动供应他们的部队，因之他们的地盘成为世袭。然则政治上的分割，无碍于经济上的发展，这些地方和日本初期近代史相似。唐宋之间的五代，只经过五十四年，并没有长期间的大扰乱。以后赵宋王朝统一全国，也是将各藩镇间的兵权税权接收过来，用不着对社会体制作全面改革。[1]

宋朝创业之主赵匡胤自己就是五代时的军官,由部下将领拥戴登基。他的宋朝很像有替中国另开门面的趋势。国都汴京就是一座商业城市。这新帝国提倡商业,在造船、铸币、开矿、榷税、专卖酒醋各部门下功夫,不以重新分配耕地作创立新朝代的基础,自始即不行征兵制,而袭用五代以来的募兵。

简而言之,这是一个注重实际不务虚名的国家。从制造兵器到筹设仓库带兵作战,好几个皇帝都亲临其事,而不是和很多中国传统帝王之家一样以仪礼代替行政,嘴里歌颂仁义,而实际争夺皇位屠杀功臣。他们又已看清当前使命是规复中国版图之内疆域,即驱逐契丹之辽及羌之西夏;他们自问以南方的生产能力对付这问题绰绰有余,其方针以经济动员为前提。

但是其结果则与想像完全相反,不仅契丹不能驱逐,即和西羌作战也受了大规模损失,好几次丧师辱国。1060年间王安石的新法行,原来希望将财政税收经过一段整理,就可以增加军事力量,无奈事与愿违,新法一颁布就发觉行不通,弊病百出,又等于骑虎难下,难能立即取消成命。经过神宗(赵顼)、高太后、哲宗(赵煦)、徽宗(赵佶)的左改右改,起用王安石、罢王安石、用司马光、罢章惇、用蔡

---

[1] 王赓武(Gung-wu, Wang), *Structure of Power in North China During the Five Dynasties* (Kuala Lumpur, 1963)。周藤吉之,《五代节度使の支配体制》,《史学杂志》61(1952),4: pp.1—41; 6: pp.20—38。五代在中国财政史上的贡献,也可以从各地方志中看出。

京,所谓"熙丰小人"、"元祐党人",正符合"宋人议论未定,金人兵已渡河"的评论,一直闹到北宋覆亡。

今日看来,这"王安石问题",主要的是技术问题,不是道德问题[1]。中国传统理财的办法,培植无数的小自耕农,以低税率广泛的全面征税,无独立的司法机构,足以保障执行法律时,全部不折不扣。其利用监察制度,也只能希望施政时大体符合民心众意,所以以道德为标榜。如果照现代商业型的理财办法作基础,则必须尊重私人财产权,不能法律条文上已经有成例的时候又半途加入道德问题而添削增减。而且只希望政府人员守法仍不够,一定要使尊重私人财产权的观念,成为社会风气。北宋的财政集中,本来就有现代化的趋势。王安石的措施,更有骤进财政商业化的宗旨。如果新法行,纵使政府不立即成为一个大公司,也有大公司的业务,它不能在动员供应军民时大小事项全部由衙门吏役自办,而必须民间服务的机构作第二线和第三线的支持。那么它们的公司法、破产法、继承法等等,至少也应有现代民法的雏形,这些条件不能在当日文官组织行得通,也不能在中国社会里行得通。

所以我们批评王安石,不应因他的思想目的和我们今日经济见解是否相符而预作结论,一定要看当日社会组织结构才能定夺。这样看

---

[1] 刘子健(James T. C. Liu),在 Reform in Sung China : Wang An-shih (1021—1086)and His New Policies(Cambridge, Mass.1959)书中提及新法可能在社会上有不合实际的地方(p.115)。

来记录俱在;他的"方田法"在汴京附近二十年还不能完成。"免役钱"先在农村里强迫实行金融经济,这金融经济在城市里反行不开。"市易法"不能集中于批发业务,以致执行者成为零售商,到街上去卖果卖冰。"青苗钱"无银行在后面做根本,无法监视借贷者的权利义务,县官以整数借款,交给若干农户,而责成他们彼此保证,也不管他们愿借与否,而强迫他们秋后连本带息一并归还。有些地方并未贷款,也责成交息,即系无名目的加税。[1]

总之,赵宋以经济最前进的部门作为行政的根本,而下层的农村组织赶不上。王安石的中层机构,不可能现代化,只是官僚政治,发生大规模虚冒现象。《宋史·食货志》提及:"自熙宁以来和籴入中之外又有坐仓博籴、结籴、俵籴、兑籴、寄籴、括籴、劝籴、均籴等名。"司马光说兵数十万,"虚数也",[2]这种情形至南宋未止。所谓"经制钱"及"板账钱"不知系收入还是支出?系预算还是决算?系按固定税率征收还是责成包办?又发行大量票据,只有庞大的数字,而缺乏现代的会计制度去厘正考核,最后的结果,则是通货膨胀。这样一来,反不如北朝以落后的经济作基础,反能将大批人员给养装备交付于战场。

元朝入主中国,也不能解决这问题,只好让华北成一系统,华南

---

[1] 这些地方可以从《宋史》中看出。参阅《宋史》(北京,1976 标点本),册 13,卷 127,页 4200;卷 128,页 4244;卷 129,页 4281;卷 130,页 4303;卷 139,页 4549;册 29,卷 312,页 10227;册 31,卷 338,页 10810;卷 344,页 10927,10930。

[2] 《宋史》,册 13,卷 175,页 4243;册 14,卷 190,页 4708。

又成一系统，提倡大量减税以收拾人心，实际很难达到预期的效果。其缺乏政策上的一贯方针，是元朝政局不能稳定的一大主因。[1]

1368年朱明王朝成立，这在唐宋帝国发展背景上看来，实系"大跃退"。唐宋是外向的，明朝是内向的。唐宋是"竞争性"的，明朝是"非竞争性"的。朱元璋曾谓："宋神宗用王安石理财，小人竞进，天下骚然，此可为戒。"又谕户部，称汉朝的桑弘羊、唐朝的杨炎都是坏人。他的经济眼光可以下面这段"圣谕"概括："我国家赋税，已有定制，撙节用度，自有余饶，减省徭役，使农不废耕，女不废织，厚本抑末，使游惰皆尽力田亩，则为者疾而食者寡，自然家给人足。"[2]

这种传统保守的经济观念，也由实际的政策使之具体化。朱元璋借"胡惟庸案"、"蓝玉案"、"郭桓案"及"空印案"，大量打击官僚缙绅、巨家大族，以至如《明史·刑法志》所云："民中人之家，大抵皆破。"1397年户部报告，全国有田土七百亩以上者只14341户，其全部名单都可以送呈"御览"[3]。商贾之家则不得穿绸纱。全国居民不许

---

[1] 元代经理南北不同的情形，经《元史·食货志》综述。参阅《元史》（北京，1976标点本）。而尤以"税粮"一项，称："其取于内郡者，曰丁税，曰地税，此仿唐之租庸调也。取于江南者曰秋税，曰夏税，此仿唐之两税也。"文见册8，卷93，页2357。Herbert Franz Schurmann, *Economic Structure of the Yuan Dynasty*（Cambridge, Mass, 1956）对于元代财政缕述周详。元朝的南北分制，遗留的影响，至明代未止。日本学者山根幸夫曾对明代华北的情形，作过一段研究，其特征显为明代遗物。

[2] 《明实录·太祖实录》（台北，1962影印本），页2141，2681—2682。（卷135洪武十四年正月丁未条及卷177洪武十九年三月戊午条。）

[3] 《明实录·太祖实录》，页3643（卷252洪武三十年四月癸巳条）。

下海。政府所用一部吏员，以及衙门里的斗级皂隶都系民间差役，即器皿弓箭、文具纸张也系无代价向里甲征来。行兵役之"卫所"，则系向元朝制度仿效造成。一方面禁止民间以金银交易，一面不去铸钱，只好滥发纸币。唐宋政府人员参与物资的制造与转运，明朝的户部则是一个庞大的会计机构。

总而言之，明朝的政策，缺乏积极精神，虽然严格的执行中央集权，却不用这权威去扶助先进的经济部门，而是强迫它与落后的经济看齐，以均衡的姿态，保持王朝的安全。朱元璋承接宋元的历史背景，对王安石新法又有这样强烈的反应，并不是完全没有他立场上的着眼之处。但是他的历史观与世界潮流相悖，则显而易见。明朝的社会，也不是所谓"封建制度"。封建集地方分权之大成。[1] 朱明王朝在经济方面退缩收敛，但是政治上仍变本加厉的行中央集权。说到这里，我更要提及上述天候地理因素，朱明王朝也都与它们有关。我们读吴晗的《朱元璋传》，劈头第一页第一段就看到元至正四年，即1344年，淮河流域的旱灾蝗灾加上瘟疫就给朱元璋创造大明帝国的一种机会。我们提到治水的重要，而元朝末年贾鲁在黄陵岗修筑黄河动员大量河工，又没有适当的供应，就酿成元末群雄起义的可能。而蒙古色

---

[1] 参阅卜德（Derk Bodde），"Feudalism in China", in *Feudalism in History*, ed. Rushton Coulborn（Princeton, N.J. 1956），pp. 49—92。注意卜德提出中国的封建只有先秦的一段。魏晋南北朝间虽有若干封建因素，已不成为封建制度。又可参考笔者所著《明〈太宗实录〉中的年终统计》，载于 *Exploration in the History of Science and Technology in China*（Shanghai, 1982），pp. 113—130。内中也有明代社会非封建的分析。

目人歧视汉人,也是给汉人反抗的一种动机。归根结底,则游牧民族军事的组织强迫中国政治体系作相似的一元化。地理的因素决定历史,虽未直接言明,这是中国二十四史的一贯要旨。

然则今日我们读明史及二十四史,却不可能继续这种要旨,因为鸦片战争以后,这种广大的帝国,以"黎民不饥不寒","七十者可以食肉"等低水准平等思想作基础,已经无法维持。五四运动之后,我们更已经看出传统单元的组织,早已使中国在人文上也赶不上时代。这给研究历史的人士,尤其是我们研究明史的人士还有一个更大的警觉。则是我们必需了解西欧经济发展的经过,这也是我将提及的第三点。

第三,西欧的"现代化",包括文艺复兴,及所谓资本主义的形成、宗教改革和科学技术的展开,时间上和明代近三百年的兴亡吻合,这更给明代史一种特殊的意义。

1972年夏天,我去英国剑桥逗留一年,协助李约瑟博士(Dr. Joseph Needham)搜集《中国科学技术史》的资料。他一见面,就嘱咐我注意以上四件事情相互关联之处,我至今还觉得在这里他的见解有独到的地方。*

欧美社会因为科技发达,分工繁复,所以说某些问题是经济问题,某些问题是社会问题,还讲得通,可是要用这种大学堂里分工合作的办法(collegiate division of labor)去分析历史上很多大问题,就

---

* 可是这篇文章不在与李博士合作范围之内,作者必须申明,文责自负。

容易费力而不讨好。比如中国的"食货"二字，它代表的是经济思想还是政府的法制？还是与政治经济有关的社会问题？就很难解说。我们的目的，是要阐述何以中国的单元社会不能成为多元社会的原因。在还没有综合比较之前，阐明事理的人就先采取多元的立场，当然容易将因果关系前后倒置。李约瑟认为以上四件事相互关联，也就是利用"超过学院门系"（inter-disciplinary）的办法，去直接检讨问题的本质。

在"资本主义"之前，加上"所谓"两个字，也是因为这名词没有固定的定义。很多学者及作家，还没有解释它的立场之前，先已对它预作"好"与"坏"的看法。很多人还没有认识清楚的"资本主义"（capitalism）这一名词，初在19世纪中叶以后间常提及，仅在本世纪后成为家喻户晓的常用口语[1]。我们不得已引用它，采取英国历史家克拉克（Sir George Clark）的立场，认为资本主义是一种组织和一种运动。我们又认为它要以下三个条件，才可展开：（一）私人关系的信用借款广泛的通行，于是资金流通。（二）产业所有人以聘请方式雇用经理，因之企业组织扩大，超过本人耳目足以监视的

---

[1]"资本主义"（capitalism）这名词似在19世纪首为蒲兰克（Louis Blanc）所用，20世纪初年又为桑巴特（Werner Sombart）所用。马克思虽称"资本家时代"，及"资本家的生产方式"（capitalist mode of production），但未曾称之为资本主义，见 Fernand Braudel, *Civilization and Capitalism 15th—18th Century*, Vol. II: *The Wheels of Commerce*, Sian Reynolds 译（New York, 1982), p.237。克拉克（Sir George Clark）则称用"资本主义"一名词去笼括"现代经济制度"系19世纪中叶社会主义者所"发明"。见 Clark, *The Seventeenth Century*, 2nd ed.（New York, 1947), p.11。

程度。（三）技能上的支持因素，如交通通信等共同使用，于是企业之经济力量超过本身的活动范围。以上三个条件，全靠信用支撑，而信用不能没有法律作保障，法律之能将私人的事当作公众的事情看待，乃是两者之间，有利害共通之处。可见这种作法，既成社会风气，必有思想上的根据，而不受宗教信仰的束缚。所以资本主义的展开，必定要牵涉很多很多的因素，而也不是所谓"生产关系"或是"资本主义的精神"可以网罗无余。

这种解释是技术上的检讨，近于史密斯（Adam Smith）在《原富》里面说的以商业组织的办法代替农业组织的办法去"加强人民的财富"。

以这样的眼光看历史，资本主义的先进，为意大利的自由城市，而其中的翘楚则是威尼斯。这些城市的自由，乃是因为教皇与神圣罗马帝国（本身在德奥，不在意大利）争权，两方顾盼不及，很多城市就在实际上取得独立的地位。威尼斯城在海中，大陆领域的农业生产不甚重要，城中咸水又不便制造，中世纪贵族，多已变成绅商财阀，劳工问题，则以奴隶及移民解决，对于天主教内不许信徒放贷生利的教规，就装作没有看见，也没有人提出抗议。这样一来整个国家就是一个城市，整个城市就是一个大公司。所有商业法律，也就是民法；全部商业船只也就是海军。1380年威尼斯打败热那亚，成为欧洲海上霸王，去明代创立才十二年。它的精悍，乃是因为它组织之简单。可是因为它没有生产基础，所以它的霸力不能持久。土耳其占领君士坦丁堡，葡萄牙航行于好望角，使威尼斯力量降低，事在明代景泰、天顺、成化、弘治年间。可是16世纪文艺复兴时,威尼斯仍是欧洲最辉煌的城市,它仍执欧洲商业之牛耳。直到16世纪及17世纪之交,这地位才为荷兰获得。

荷兰正式国名为"尼德兰王国"(Koninkrijk der Nederlanden)(历史书中或称 The Dutch Republic 或 United Netherlands)。荷尔(Holland)不过为其联邦内七个省之一省(今则十一省)。但是这个国家在17世纪初年获得独立地位时,荷兰人口占全国三分之二,又供应联邦经费四分之三。尼德兰因抗拒西班牙政府及参加宗教革命才联合全体荷民成为独立国家,过去无统一国家和社会的经验,经济发展尤参差不齐。显然荷兰因阿姆斯特丹成为工商业先进,尼德兰境内也有很多省份保持中世纪形态,为落后的农村机构,不能以同一法律在全境施行,是以乃行联邦制,大事由联邦决定,其他由各省自理,开现代国家双层政治的先河。初时荷兰这一省还坚持它有独立的外交权;新国家的海军也是由五个海军单位拼成。[1]虽然全国皈依新教的卡尔文派(Calvinists),初独立时很多教徒对于这派教义所谓"定命论"(predestination)者作特别的解释,以便支持他们个别的政治活动。教堂里仍不许放贷者参加他们的"圣餐";大学里也不给他们学位。可是荷兰和弗黎斯兰(Friesland)宣称宗教不能干预民政。执政慕黎斯王

---

[1] Clark, *The Seventeenth Century*, pp.36, 55, 119. Rowen, Herbert H., ed.*The Low Countries in Early Modern Times* (New York, 1972). pp.191—197.

子（Maurice of Nassau）则称："我也不知道定命论是蓝是绿。"[1] 尼德兰终因对外激烈的竞争及本身高度的经济发展下将其中内部矛盾渐渐解除，成为世界上最富强国家之一。这联邦宣布独立时在1581年，为万历九年。

接着荷兰为资本主义国家的先进则为英国。英吉利及苏格兰称"联合王国"。大于荷兰五倍至六倍之间。今日我们看来面积小，在18世纪之前的欧洲则为大国，又有坚强农业的基础。这国家在商业组织没有展开之前，常为其他国家掣肘。如银行业，首为意大利垄断，以后保险业，也被荷兰操纵。意大利人在伦敦的住区，称伦巴德街（Lombard Street），他们也享有领事裁判权。英国对外贸易，以输出羊毛为主。意大利人即先垫款于畜牧的农场，将羊毛预先收买，又掌握其海外市场。

英国整个17世纪，可称多难之秋。起先英皇与议会冲突，财政税收成为争执的焦点，又有宗教问题的扰攘，司法权也成问题，对外关系又发生疑忌。曾发生过解散议会、内战、弑君、革新为民国、行独裁制、复辟、第二次革命，此外还有暗杀、发政治传单、排斥异教徒、与外国成立秘密协定与英皇受外国津贴的情节。而它的人口，则不外四百万至六百万之间，其与中国在本世纪初期不可治理的情形说来大同小异。当然这一段历史，可以产生不同的解释，有时同一作家，也可以作两重论调。有如艾诗立（Maurice Ashley），就自己指责

---

[1] Rowen, *The Low Countries* p.116.

以前立说不对。这情形也和中国明朝同时。克伦威尔在马斯顿荒原（Marston Moor）击败查理一世时，为公元1644年，亦即是中国所谓"崇祯皇帝上煤山"的一年，岁次甲申，也就是明亡的一年。

我今天极想提供中国读者参考的，则是针对中国大历史（macro-history）言，英国的历史应以1689年的"光荣革命"（Glorious Revolution）为分野。在此时期以前，英国是一个"不能在数目字上管理"（mathematically unmanageable）的国家。法律就有不同的见解，法庭也有三四种不同的种类。所谓"普通法"（common law）者，乃中世纪遗物，绝对的尊重成例，凡以前没有做的事都不能做，对地产注重占用权（seizin），对所有权倒弄不清楚；缺乏适当的辞章足以解释动产的继承权；不动产的押当，也不符合社会需要现款的情况；也没有将地租按时价调整的办法；农作物只能推销于本地，限于历史上有根据的市场。其他如组织公司，宣告破产，防制侵盗，或者全未提及，或者与现状牛头不对马嘴。简言之，这种法律以旧时代欧洲封建制度的农村作背景，无意改革。一到17世纪初期，也即是明朝万历、天启年间，大批白银由西班牙自西半球输入，引起欧洲物价陡涨，英国内地情形也受国际战争及对外贸易的影响。地主则不能保持他们的产业，商人则不愿付额外之税，皇室则因军备增加而无法筹饷，一般贫农及小市民为生计所迫，有时感情冲动，宗教上教义抽象之处更给他们火上加油，所谓君权民权的冲突，两方各以成例为自己辩白。而实际上则成例已无法概括现状。即克伦威尔代表议会派军事上胜利，其标榜的方案仍行不通，因为社会本身还没有改革，上层机构不能以理想方式将其法令下达于农村的下层机构也。

1689年不流血革命之后，即无此现象，以前的问题，掀动了半个世纪，至此渐渐销声匿迹，宗教派别的冲突，也好像被遗忘了。其中最大关键，则是兵戈扰攘之后，土地所有已渐渐规律化。英国在17世纪，当然谈不上平均地权，只是内部较前合理，以前地主不知道自己产业在何处，大佃户（chief tenant）不知何在，以及种田的人不知道自己是短期赁户或者倒是半个业主的糊涂情形，也随大时代的大动乱而扫除，很多地界不明的情形经几十年的斗争也弄得清楚了。[1]这经过的情形使唐尼（R.H.Tawney）幽默地指出，地归业主，以打仗的方式执行，要比法庭告状诉讼便宜得多了！而普通法庭至此能接受公平法（equity）也是一种进步的征象。公平法本身非法律，只是一种法律观念，等于习俗说"照天理良心办事"。在英国初行时只限于英皇的"特权法庭"（prerogative courts），有格外开恩之意。在这种安排之

---

[1] 关于英国17世纪地产与革命的影响，下述两篇论战文章，为初学者所必读。此即R.H.Tawney, "The Rise of the Gentry, 1558—1640", *Economic History Review*, 11（1941）, pp.1—38. And H.R.Trevor-Roper, "The Gentry, 1540—1640", *Economic Review Supplement I*（1953）。其背景则可见Lawrence Stone, *The Cauese of the English Revolution*（London, 1972）, pp.26—31.关于战前地产无法规律化的情形，见*The Agrarian History of England and Wales*, Vol.4, 1500—1640. ed. Joan Thrisk（Cambridge, 1967）, pp.280—285.阅于1692年土地税，见J.S.Bromley, ed., *Cambridge Modern History*, Vol.6（Cambridge, 1970）, pp.285—286。但直到18世纪初封建性的地产关系仍若干待肃清的例子，见G.W.Southgate, *English Economic History*（London, 1970）, p.108及G.E.Mingon, *The Gentry：The Rise and Fall of a Ruling Class*（London, 1976）, p.173。

下,普通法庭逼于情势,起先对公平法让步一二,以后积少成多,公平法不顾成例的办法也自创成例,于是两种法律观念对流。1689年贺尔特(John Holt)为首席法官,他命令普通法的法庭兹后与商人有关的案子,照商业习惯办理。[1]这样一来,英国内地与滨海、农村与工商业的距离缩短,资金对流,实物经济蜕变而为金融经济,前述资本主义的三个条件,都行得通。一方面这可以说英国已进入资本主义的时代,另一方面则是一个这样相当大而有农业基础的国家,能够使公私利害凝合为一,以操纵金融的办法管理全国,和自由城市的型式一样,已经史无前例。所以它能够以这些条件作本钱,称雄世界几个世纪。至于资本主义的弊病,则不在本文讨论之内。

从以上各国历史的摘要看来,资本主义的形成,不是预订计划、按部就班地完成,而是世界的交通通讯进步,商业展开后,这种需要用数目字管理的趋势,从小国推展至大国,从海上的国家推展到滨海的国家,从没有农业基础的国家推展到农业基础甚坚固的国家。这种情势所至,内外兼逼,以致每个国家都要照自己历史地理的情形,作必要的调整,然后社会组织法制思想宗教等等也会作同样的调整。

从欧洲历史上来看,这推动资本主义的主要力量是商业,而不是

---

[1] 关于公平法与普通法的情形,可参考基本著作,如 Theodore Plucknett, *A Concise History of the Common Law*, 5th ed.(London, 1956), Edward Jenks, *The Book of English Law*(reprint, Athens, Ohio, 1967).在光荣革命后的影响,可见 Plucknett, pp.245—248, 664. 亦见 Clark, *The Wealth of England from 1496 to 1760*(London, 1946), p.114。

工业。工业发达是以后的事。英国在 1694 年设立英格兰银行（Bank of England），为资本主义的中流砥柱，[1]事在清朝康熙年间，但是英国的工业革命，则展开于 19 世纪上半期，已在中国的嘉庆、道光年代。并且资本主义形成的条件，在历史上讲，有不可逆转（irreversible）的趋势。这也就是说资金广泛的流通、企业在所有人之外雇用经理、技术上的全面合作三个条件一经展开，还没有任何一个国家可以把它们向历史里退化的推回去。社会主义可以视为修正资本主义的办法，但是在技术上讲，仍是接受这三个基本条件，只是所有权不同，私人资本受节制而已。

这些历史资料，可以给我们治明史的人相当的警觉。中国是一个大陆国家，中央集权的传统强。国际贸易不容易给这国家以重大的压力，促使它改变传统的组织和习惯。明代嘉靖年间的御倭战事，即表现传统的农村经济，仍能抵御新兴的商业组织。万历年间中国已经与新兴的西班牙和葡萄牙的军事力量直接接触，虽然没有节节战胜，到

---

[1] 关于英格兰银行组织的情形，以及立即吸引欧洲大陆各处的资本，支持英军对法战事见 John Giuseppi, *The Bank of England: A History from Its Foundation in 1694* (Chicage, 1966), and R. D. Richards, *The Early History of Banking in England* (New York, 1965). 也可以参考 Phyllis Deane, and W. A. Cole, *British Economic Growth : 1688—1959*, 2nd ed. (Cambridge, 1969), and P. G. M. Dickson, *The Financial Revolution of England: A Study of Development of Public Credit* (London, 1967). 马克思曾说英格兰银行是"放高利贷者，不再假装伪善"，又说它"到底使商业得到活动的自由"。美国经济学家介博兹（John Kenneth Galbraith）曾说："英格兰银行在金融界的地位，有如罗马圣彼德教堂在宗教上的地位。"见彼著 *Money : Whence It Came, Where It Went* (Boston, 1975), p.30。

底闭门自守，仍力有裕如。一直要等到两百年后，西方资本主义的国家在工业革命已经展开的情况下，挟着轮船和新式武器，才能够以技术补助长距离之不及，以极紧凑的组织克服数目上的劣势，使明朝以来所提倡的内向性格和非竞争性的组织，无法存在。我们谈及帝国主义侵略中国，其基本原因，无非这力量的不平衡。

所以我们指出明朝组织的守旧落后，是针对这种缺点而言。倘使不顾它以后的后果，写历史的人也可以把明朝的社会写得值人赏羡。例如朱明王朝的276年间，没有一个带兵的将领拥兵造反，读书人一登仕途，中等生活容易维持，其优闲世无其匹，所以晚明文人写的小品，称"冲淡"。但是这和我们的处境相去太远。反过来说，我们也不赞成传统的习惯，认为外国有的事物，中国不假思索的"古已有之"。西方在这两三百年既有资本主义的成长，中国明朝，也来一个"资本主义的萌芽"。现在看来，以这样题材发表的文字给人印象无非"有好几多人赚了很多钱"。作者既不了解资本主义为一种组织和一种运动，那他们搜集的资料也难能与以后发生的历史事物相联系了。

第四，在大历史的观点看来，清朝因袭明朝的成分多，而溯本归原的改革少。所以我们研究中国现代的很多问题的时候，可以追根究底的追究到明朝去。

明朝的覆亡，乃是财政破产，例如1632（崇祯五年）年，有340

个县欠缴国家税粮达半数以上,其中134个县全部拖欠。[1]这情形不是全国没有担负这赋税的能力,而是因为用兵加赋之后,这国家在技术上已无法管理。原来朱明王朝的财政组织,不以银两为基础,而以实物为基础。税率低、公费少,军队又用卫所制度自己供应一部分消费,一到16世纪,很多地方情形已与朝代初期的情形不同。又苦于没有一种庞大的政治力量,足将全国大规模的改组。其实行"均徭法"及"一条鞭法"都是各地以迁就的态度作局部的更革,不过再度增加最低纳税人的负担,不变更中央法制的形式。这种组织,本来脆弱,而全国银两,总数有限。16世纪下半期张居正撙节公费在内外仓库积银逾一千二百万两,各地即有银根紧缩、物价降低的趋势。何况17世纪初用兵于辽东,银两原应流行于南方,至此搜括使用于极北,而北方不是用银的地带。从熊廷弼的报告看来,各项物资不足,大量银两入境更只使物价陡涨。[2]监察官的报告,也是说明大批银子送到前线,还没有发生功效就立即内流。而西北流寇作乱,更增加备兵筹饷的困难。

明代的文官组织,也达到了无法管制的程度。万历(朱翊钧)的不亲朝,天启(朱由校)的信用魏忠贤,和崇祯(朱由检)的刚愎自用,只更使是非不明,人心离散,造成地方政府质量全面降低的趋势。

满清入主中国,在外方面纠正了明朝的缺点。在华北实行"圈

---

[1] 《崇祯存实疏抄》(1934版),2,72—89。
[2] 见程开祜编《筹辽硕划》(1620版),44,24。

地",当事者受害,却以八旗代替了明朝的卫所制度,减轻明末募兵供应的负担。用兵于前后"三藩",军饷浩大,但是银两流行于南方,不与民间经济相冲突。而且明朝的宗室和捐监,一朝罢废,也节省了很多无益的浪费,而大量的肃清了阻挠地方行政的恶势力。17世纪白银又继续不断地流入中国,更造成有利的形势。满清君主以尧舜自期,在政治上有澄清吏治的成就。而他们以征服者的姿态入主,利用"薙发"及"文字狱"的威吓及修明史、征"博学鸿儒"的利诱笼络人心,都有实效。这样一来,在中国体制简单的情形下,各项措施,都打入重点。而康熙帝(玄烨)在1661年(顺治十八年)的江南奏销案大量打击各地区"赖粮"的缙绅,并且又在朝代之初各地修编《赋役全书》,把明末税收上很多不尽不实的地方,经过一番切实的整顿。所以17世纪下半期以后,中国又有新兴朝代欣欣向荣的样子。

然则满清的改革与整顿,纪律与技术上的成分多,组织与制度上的成分少。开国以来各部尚书侍郎满汉各半,康熙帝以1711年的丁额为永久丁额,以后丁田归并,雍正(胤禛)帝执行"火耗归公",[1]以其收入"养廉",并成立军机处,使皇帝与重要官员经常接触,对重要事件迅速处理,除了这几项措施之外,我们找不到更多的事例,算是清朝的创举。

---

〔1〕 在这问题上的最近新著为 Madeleine Zelin, *The Magistrate's Tael: Rationalizing Fiscal in Eighteenth Century Ch'ing China*(Berkeley, Calif., 1984)。

而且在社会上讲，清朝人口更多，领域更大，生产力比明朝高，只是它的本质不能够和明朝有重要的差别。它的文官集团仍是以四书五经为精神团结的依归，社会组织仍是以尊卑男女长幼为纲领，上层机构与下层机构的联系，也全靠科举制度维持。鸦片战争时，道光（旻宁）帝对林则徐的指示和驳斥，仍表示中国官僚制度的习惯，真理由上至下，不容辩白。耆英对皇帝的报告，以及后来倭仁反对设立同文馆的奏折，也仍表示传统的内向及非竞争性之所在，不但明与清无异，即汉满蒙也没有根本的差别，因为这些文化的性格是长期历史上的产物，不是民族遗传的产物。

那么我们是否可以把清史全部摈弃不要，从明史就直接跳到民国史？话也不能这样说，当然清史中也有它很多特别的地方，譬如广州的十三行贸易，就是明代所未有；清朝与各边区少数民族的关系，也是值得注意的地方；18世纪以后山西票号在中国金融史中也是很重要的节目，这种题材，俯拾皆是，史不厌详，这篇论文开始就已提及。清朝的267年间，必定有很多事故，值得历史学家考虑，也还可能有若干被作家忽视的情形，将来一朝发现，可以改变我们对历史的观感。没有人敢狂妄的说清史不重要。

只是以目前的眼光看来，中国的秦汉帝国是一个阶段，隋唐宋帝国是另一阶段，而明清帝国已是第三阶段。中国近代史中间有很多的问题，都须要将历史的基点推后，用长远阶段的眼光看，才容易解释得清楚。本文一开头就提到"潜水艇夹肉面包"及"尊卑男女长幼"的组织，这种形态，以明朝最为显著。要是我们采取大历史的眼光，则可以从社会形态上看出道光帝与耆英的"筹办夷务",糊涂中仍有他们的逻辑,此乃因中国的简单体制,无法容纳西方的另一炉灶。十三行的贸易已经将例外的情形,扯开到最大限度。事实也证明,兹后签订《南京条约》,不仅是丧权辱国,而是使传统组织更无法维持。同样我们也可以想像太平天国的失败,不仅由于林凤祥的北伐不彻底,或是杨秀清的狡诈巫术坏事,而是在潜水艇夹肉面包的组织内,"良心上的自由"(freedom of conscience)没有本身存在的价值,太平天国的滥用,更给曾国藩以口实,他就因之利用这机会,去增强尊卑男女长幼的社会秩序,完成"中兴"大业。同时我们也可从这简单的结构中,看出康梁"百日维新"没有出路。康有为的想像,近于"乌托邦主义",他主张以发公债支持新政,又完全没有把自己的脚跟点看清。总而言之,在很多近代史的题材中,明史的了解,可以使我们从基本的技术角度上把问题看穿,也可以把当事人的贤愚得失都视作次要的问题看待。

在历史教学上讲,我们也可以减少史迹在人事上的各种重复的资料,避免以漫骂作解释历史的坏习惯,直接而又冷静地说明传统社会不符合现代需要。中国在1905年废除科举制度,这一来就断绝了高层组织与低层组织间的联系,各地区田赋的底账,却仍用明朝的纪录作根据。[1]民国成立后,国家自国家,社会自社会,也难怪立宪运动没

---

[1] Sidney D. Gamble, *Ting Hsien: A North China Rural Community* (Stanford, Calif., 1954), p.170. 可为例证,其他不能在数目字上管理的情形见同书,pp.166—167。

有成效。法律必须有社会的强迫性（social compulsion）才行得通。民国初年的政客，都是社会上的游体（foreign body），军阀的割据，今日看来，势必为无可避免的形势。因为农村经济关系，无非土地的租赁及高利贷的借放。这些来往都在极小规模内实行，政府也无从干涉，此外社会上的尊卑男女长幼，更无法可以改造利用。逻辑上只有私人军事力量，才可以控制这青黄不接的时代；而私人军事力量也很难在三两个省区外有效。这几句话，也可以概括五四运动前后国民革命尚未展开时中国的一般情势。其症结就是无法在数目字上管理。

结　　论

明朝是中国最后的一个"内在的朝代"（indigenous dynasty）〔和外族入主的朝代（alien dynasty）有别〕，受外间干预的成分少，内在的性格强。我们发觉它对我们当今问题的解释，经常有决定性的影响。而且照前述设计的排列，即使将它与唐宋帝国的扩张性比较，和清朝与民国初年的事物作因果的分析，又把中国传统政治所受天候地理的影响拿来作侧面见证，更和同时期西欧资本主义的生长成育对照，就产生了一个综合的看法，有如中国传统所谓，"中前左右后"。但是我们注重各种因素互相牵连的关系，自信可以避免过度主观的成分。用这样的方法掌握明史，并不是抓住偶尔相似的地方作讽刺性的批评今人今事，也不是受各种"主义"的框框格格的限制，先入为主。

这研究的成果，则属于"大历史"的范畴。其中列入的因果关系，以在长期历史上的合理性为主，对其他细端末节，不过分重视。甚至每个历史人物的贤愚得失，都认作次要。

因为如此，我们也顾虑这种立场会遭物议。作史者似乎缺乏评议的中心思想。好像只说会发生的事情都会发生，伦理道德可以全部摈弃不顾。然则这也非作者的本意。

我们在20世纪的末期，写作最大的困难，不是缺乏道德的标准，而是各方标榜的道德标准过多；各种道德体系的冲突，尤其可以危害人类的安全，归根究底，我们要认清所谓道德，仍是一种抽象的观念。它必定要透过真人实事，才有具体的价值。以今日世界变化之大，道德的标准也不得不随时修正。一个显明的例子，即是孟子所提倡的低水准平等思想，它在本世纪初期，还有相当高的道德意义，今日我们虽对他用心钦佩，却不能照他的立说行事。它的用心设计，对其他人的关切是一回事，而不假思索，横蛮的强迫执行这种思想，则是另一回事。

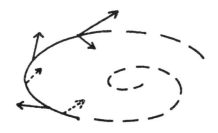

上面这一图说，可以解释我们提倡大历史的立场。这弧线上的实

线部分，代表人类的历史，我们的道德思想和意志，以向空间扩大的箭头表示之，但是它不是实际历史所定的路线。很显然的，就是所有的人都是圣贤，也不可能一个国家、一个朝代所做的事统统与人伦物理无亏。所以我们用向内的箭头，表示各人私利观所打的折扣，没有存心的错误，以及历史往事牢不可拔的坏影响。在这关头，我们不能像宋明以来的理学大儒一样，认为"人欲"一定要洗磨得一干二净，才能皈依"天理"。我们不妨接受基督教徒的想法，认为"最初基本的过失"（原罪，original sin），无可避免。历史是这两种力量的合力，它是好坏的掺和，也是阴与阳的折衷。它吸收了人类的过失，也能继续让他们改造进步。

我们无法把前人做的事，全部扬除。在大历史上讲，"一切重来"，不可能全部兑现。世间上重要的事情，一事只发生一次；但是后一代的人总要在前一代人的脚跟点开始。这也可说是"定命论"（predestination）。而新旧接替，也等于印度婆罗门教和佛教所说"因果"（karma）。

大凡我们处理人类大问题时，在检讨生命的真意义之际，不期而然的就产生了近乎宗教的思想。但是我们的出发点不是神学。只能说是在明史里钻出来，看到它与中国通史的关系，更联想它在 20 世纪末期，与世界史的关系，就逼出一个哲理的观点，用它作综合历史的工具，倒很合适。

这种观点也和所谓"历史主义"（historicism）相近。我们既认为历史是前后连亘不断的事迹，则在以技术观点品评王安石、朱元璋和康有为之后，实无再向他们及和他们类似的大人物拼命以道德作非难的必要。他们每个人都有他自己的道德立场。这立场既受他的时间和空间限制，则其道德标准也不是自然法规（natural law）面前的绝对标准。反面来说，我们自己也创造不出来这样一个绝对标准。既有这种领悟，我们更要相信道德是一种绝对性的品质，它是人类最高的理想，我们写历史的人不要轻率的把它提出。因为用它的名义，则必须评判是非，再无妥协转圜之余地。在大历史的范围内，我们宁可以长期历史上的合理性作评议的标准。

大历史有什么好处？答案乃是它的大范围能容物，有"大而化之"的意思，它能吸收、革新、感化、调和并升华各种道德的标准。说到这里，读者也须想到儒家之"恕"，仅次于"忠"，道家则连"有"和"无"都当作同出而异名。如果学历史的人以这样的眼光工作，则虽没有用道德作口头禅，也用不着害怕自己在漠视道德了。

大历史和天文相似，它在长、宽、高之外，另有第四尺度，此即是时间。历史上的事迹因最近的发现而推陈出新；历史上的解释也因为我们观点改变而推陈出新。人类以文字纪录的历史，不过几千年，用这短线条去窥测生命宇宙的真意义，大部仍靠猜想。人类的旅程在历史经验之外的部分，我们用虚线。我们用虚线在图上表示，有如康德（Immanuel Kant）所说 noumena，可谓为"事物的根源"或者"根源的事物"。我们只能假设它们的存在，不能决定判断 things in themselves 的真实性格。

今天我们提出这段历史观，有一种双重意义：第一，这提醒我们：我们做事，总要出自前人留下的脚跟点，不能天马行空。有些年轻人要求中国立即变为美国，他们忘记了西方的自由（liberty）以中世纪城市的特权（municipal franchise）作基础；美国开国时即已得到了英国的经验，已经使农业和工商业合为一元，也经过各种奋斗，最重要的是内战四年，而它在一个空旷地区内发育成长，迟至 1862 年的"自耕农屋地法案"（homestead act）还能够让一般公民以极低的代价向政府购地，每家 160 英亩。今天美国公民的自由，就出于经济发达，高度分工，法律上对各种不同的社会经济情形的一种保障，没有人可以全部抄袭。而且美国也仍有它独特的问题。第二，又有些像我一样的人，早逾中年，自己年轻时的理想没有达到，又要坚持下一代照他们的路走，甚至效法苏联，称好多理想上的空计划为"人类历史上无可避免的阶梯"。这现在看来，也是同样不实际。中国传统历史和帝俄历史相差很远，而且从今日大历史的眼光看来，十月革命后的很多措施也没有离开"在数目字上不能管理"的一时权宜之计，更不容抄袭。

  图解上的虚线向前的部分，也似如杰弗逊（Thomas Jefferson）所说"世界属于生存者"（Earth belongs to the Living）。我们只能说历史的发展有它一定的规律，但是实际情事展开时，仍有无数意料不到的因素，这样才能使生活保持它的神秘和它的兴趣。我们教历史的人至少还可以对下一代的年轻人说：潘多拉（Pandora）的盒子还没有完全打开，你们仍旧有你们的希望！

我对"资本主义"的认识

中国的历史,有很多不能令人满意的地方。旅居海外的华裔学者,大都已经领会到。但是它的组织结构之庞大,却又要令人叹为观止。我们翻阅二十四史里《食货志》的时候,发现有些朝代用《周礼》那样"间架性的设计"(schematic design)去组织亿万军民,先造成完美的数学公式,下面的统计,又无法落实,就硬将这数学公式由上向下笼罩着过去,等于"金字塔倒砌"(a pyramid built up-side down)。其行不通的地方,则传令用意志力量克服。我们虽不能欣赏这蛮干的办法,对当时作事人的气魄雄伟,却又要叹为观止。

还有一点则是中国思想的体系,并不是主静的,而是主动的。[1]要是我们把二十四史倒看,更可以看出各朝代间,以及一个朝代的两三百年中,仍有它"直线式的发展"(linear progression)。要是我们忽略这些特征,就率尔去检讨中国近一个半世纪与欧美的冲突,其结果是不会满意的。纵使就在故事之间加入马可·波罗、佛郎机与吕宋,也

---

〔1〕 二十四史中的《食货志》,铺陈"食货",实际是将国计民生综合的解释,也有时间上流动的意义。如《明史·食货志》提到明代"役曰里甲,曰均徭,曰杂泛"就牵涉到不同世纪的制度,只是缺乏逻辑上的紧凑,容易使学者误解。英国学者中强调中国思想系动态而非静态的,有 A. C. Graham,他从宋代理学的辩论和唐诗的修辞里看出来这种特征。李约瑟之评朱熹,说他:"没有达到牛顿的宇宙观之前,先来了一个爱因斯坦式的宇宙观",也和这所说的特征相映证。文见《中国科学技术史》各种不同版本的卷二。

无济于事。因为这检讨的问题，是一个庞大的组织和另一个庞大组织的磨擦冲突。要是历史家不顾这问题的重心，则所叙也会和顾炎武写西洋人"喜食小儿"一样；作史的眼光没有参透到事物内的本质上去，已先被旁人片言只语迷惑。

我之闯入这问题中，事在1972年。这时候我全家去英国剑桥住一整年，以便襄助李约瑟博士搜集有关《中国科学技术史》的材料。我的一部工作属于此书卷七节四十八。其检讨的目的，在解释何以近代科技的突出，发生于西方而不发生于中国。李博士已经在他的书里讲过中国和西方的科技在1450年到1600年间仍有并驾齐驱的样子，兹后西欧突出，才使中国望尘莫及。我和他通信交换意见，始自1967年，所以我和他第一次见面时，已经有了五年以上的笔墨接触，也大致知道了他对历史的看法，而我自己所作的《16世纪明代的财政与税收》也脱稿不久，总算对当时中国社会经济的情形，有了一些了解。但是如何能将我的一段知识，用于李公的问题上面去，就不是一件容易的事。

我们也可以附和一般人所说，李公提出的问题过于散漫；但是反面的情形，则是现有的书籍文字缺乏综合性。每一个作者，将一个小题目，分析之后又分析，博士论文，也以偏僻的题材为尚，又不顾与其他论文侧面正面上的联系，所以很多资料加不起来。

在这情形之下，我们只好自己去作一段综合工作。在中国的这一方面，只有从二十四史下手。这时要看整套全书，是很吃力而不讨好的。譬如现行书籍中最容易购买和阅读的版本，是后来中华书局出的标点本。全套 233 册 76815 页。假使一个学者每天看 50 页，也要四五年。况且二十四史前后文字语气不同，内中又有很多天文地理以及孝子节妇诸种详情，更无法作卡片索引。我们的方法是先看各书的《食货志》。二十四史中有食货志的计十二。此外《史记》的《平准书》和《货殖列传》性质类似，也可以凑算是当中的一篇，一共十三篇。其中六篇已有现代作家以外文摘要解释（此即 Swann 之汉，杨联升之晋，Balazs 之隋，Twitchett 之唐，Schurmann 之元，与和田清之明）。这些资料是一个很好的线索。要是一个读者将以上五部书和杨氏论文一并仔细看过一遍，又翻阅原书各食货志，再参考各史中其他志传，更和今人所作各种通史和断代史以及各种专题论文摘要比较，虽然仍是挂一漏万，囫囵吞枣，总算是尽到一个读书人最大的力量了。

其实西方历史资料之不易掌握，也是大同小异。我和李博士第二次见面时，同到剑河（Cam River）旁边去散步，他就和我说，以他多年读书的经验，深觉得欧洲的文艺复兴、宗教改革、资本主义的形成，和现代科技的发展，是一种"成套的"（package）的事迹，一有都有，四种情事前后发生，彼此关联。我至今还觉得这是有识者之言。一个显明的例证，则是现代银行出现的次序，首先于 14 世纪的意大利开始，次之则于 16 世纪盛行于北欧，传播于今日的荷兰与西德，再次一步则于 17 世纪行于英国。我们提到欧洲文艺复兴时，也有 Italian、Renaissance, Trans-Alpine Renaissance 和 English Renaissance 的层次，时间上和上述商业银行的展开大致符合。李约瑟成套的观念，已给他书中结论赋予方针。我们可以说，西欧在 14 世纪至 17 世纪之间，产生了一个剧烈的变化，影响到哲学思想美术建筑宗教经济和社会组织，其中各种因素，互相关联，并且这运动一经展开，就不可逆转（irreversible），兹后欧洲再也不能回到中世纪里面去。因之相形之下，中国的更换朝代，反可以看为小事了。可是至此这还是一个极笼统的观念，和我们想一针见血地指出两方为何这样不同，其具体不同的地方在哪里，是否有一个基本的原因，还是相去至远。

1974年我趁学校里给我带薪休假的机会再去欧洲，这次又在大陆游历一次。李约瑟所收藏的书籍中，已有很多关于欧洲资本主义形成的文章，我也照他的指示，阅读了一遍。我们既已决定前述大规模、长时间、又不可逆转的变化已经牵涉了各种人文因素，则资本主义的形成，不过是这多面体之一面，而它又与卷七节四十八所揭橥的经济因素最接近，也和中国历史里的"食货"有关，照道理这些资料应当给我们的问题作爽快而直接的答复，事实上却又不然。我看过李公的文献，又到剑桥大学图书馆里翻阅，更经常到凯易思学院（Gonville & Caius College，简称 Caius College，时李公任院长）贴邻的几家书店里寻觅新书，翻来覆去，虽说增长了不少的见识，竟始终找不到一种解说，可以作节四十八理论上的根据。

1975年，是我第三次到剑桥，这时候我们对资本主义的形成，还没有一个具体的看法，就不免开始感觉到焦急了。

陶蒲（Maurice Dobb）作《资本主义的形成之研究》（Studies in the Development of Capitalism），说明写资本主义的文章大略有三类。一类注重生产关系的转变。资本主义一行，生产者开始出卖劳动力，兹后对制成的商品无法过问。(我们也可以根据一般习惯,泛指之为马克思学派。)一类注重资本主义精神。〔我们也可以说韦伯(Max Weber)正面支持这精神,唐尼(R.H.Tawney)在支持之中提出疑问,而桑巴特(Werner Sombart)反面讥讽这精神,同出于这畴范。〕还有一类则注意自然经济之蜕变为金融经济,资本主义授权于批发商,使他们干预零售及制造事业。(我们也可以说,大凡不属于以上二类的,都有接近第三类的趋势。)

为什么这诸子百家的学说,竟没有一个让我们心悦诚服,足以依赖采用呢?

说到这里,我们也可以引用经济史家熊彼德(Joseph Schumpeter)所说,历史家铺陈往事,无不要把今人现在的地位解释得合理化。以上写作的专家或赞成资本主义,或反对资本主义,或者有些地方欣赏资本主义,有些地方否定资本主义,都不出于"内在人"(insider)的立场,这就和我们准备采取一个独立的外间观点有很大的出入。因为着眼的不同,也影响到技术上对材料的取舍,尤其对它们的综合程序可以彼此相径庭。

比如说李约瑟和我对于法国历史家布罗代尔(Fernand Braudel)有相当的景仰,他和第二次大战中丧生的蒲拉克(Marc Bloch)等提倡"全面历史"(total history)也和我们写作的大历史相似,又不带政治成见,而他搜集材料的丰富,使我们的轻率简陋自愧不如。但是布教授采取欧洲的观点,认为资本主义的各种因素早已落地生根。我们则觉得在世界历史上讲,资本主义仍是一个方兴未艾的运动,并且这运动由海洋性的国家作先锋，它的组织和大陆性的国家不同。所以布罗代尔将中国和其他大陆国家商业上的习惯因素分成小条目，编插在欧洲事物章节之后，和我们所说"时间上的汇合"，亦即是 timing 完全不同。我们采取最简捷的解说：中国明朝万历年间一个商人有一千两银子的资本和同时间一个荷兰商人有一千两银子，在资本主义形成的历史上讲，因两方社会结构不同，可能有霄壤之别。

我们也知道，关于资本主义形成的这一问题，马克思的著作予后人的影响极大。今日我们读《共产党宣言》，仍觉得好像欧洲封建制度一崩溃，资本主义即取而代之，其实这两件事相差好几个世纪。现在伦敦北部，有一个叫圣阿班司（St. Albans）的地方，今日已和大伦敦连成一片，以前曾为庄园。黑死病（Black Death）之后，人口突然减少，当地的穑夫（英国的 serf 译为"农奴"极不妥当，英文中这字与 villien 并行，实际为"村民"和"鄙夫"。今音译为"穑夫"，因与以下说及英国土地制度有关）乘机将庄园纪录销毁，这件事情被视为庄园制度（manorial system）崩溃的具体化，时为 14 世纪中叶，等于中国的元朝末年，而英国的封建制度（feudal system）之瓦解则较之还更早。

下面又有一个例子，即是剑桥正西约二十英里的地方，有一个叫圣尼亚兹（St. Neots）的小镇，地处欧士河（Ouse River）河滨。在伊莉莎白一世的初年，这地方一个有力量的乡绅，曾投资将土地填平，装设栅栏，盖成了一个农作物交换的市场，鼓励附近的农夫来此交易，他就按产品入场抽税佣。一时生意鼎盛，也没有人问他是否拥有地产主权、获得市场的执照,只因为这还是青黄不接的时代,这两件事也是可有可无之间。这位乡绅也赚了一些钱,又将这市场顶租与人,直到接替人的第二代才有人告状,说是在该处抽税佣无历史的成例,事属违法,叙此事的书,也未提及诉讼下文。[1]我们都知道当日这种事例尚多,也就是以前农作物以平价公买于本地固定的市场这一习惯,业已发生动摇。然则私人交易〔(Private marketing)和公开交易(open marketing)相对〕及城市资本(urban finance)的侵入,却刚才发轫,还没有成为普遍的风气。李博士和我对这事感到兴趣,曾开车到欧士河边眺望,以满足我们对历史的好奇心。只是此事发生于16世纪的60年代,在中国已属嘉靖末年和隆庆初年,和前述圣阿班司在中国元朝的事迹,相去逾两百年。而圣尼亚兹和圣阿班司两地的距离,又只有五十多英里。一事是封建制度早已崩溃,另一事是资本主义尚未登场,其间的酝酿,有这样长的时间,也可以想像资本主义的形成,一定还要透过很多的因素,采取相当曲折的途径,马克思派学者过于简化历史,不能对我们作有益的指导。很多中国作家受他们的影响,还要一再缕列中国经济在某方面特殊的发展,也不顾后面有没有组织系统,勉强说成一个"资本主义的萌芽",等于小孩子不叫做小孩子,提升为"预备成人"(preadult),以便更加速的缩短这段时间上

---

[1] 关于黑死病与英国土地制度的关系见 Theodore Plucknett, *A Concise History of the Common Law* 5th ed.(London, 1956), pp.32—33, 311. 圣尼亚兹的事迹,见 Joan Thirsk, ed., *The Agrarian History of England and Wales*, Ⅳ, 1500—1640(Cambridge, 1967), pp.502—503。

的距离。

如果用"资本主义的精神"作研究的起点,这对我们更觉得抽象而浮泛了。中国思想中有无数的例子,要是不顾社会结构的共通关系,可以和外国思想家前后几百年几千年随便乱比,有如"杨朱为我",可以当作唯物主义和个人主义的开山老祖,这对我们讲更不足为法了。

要是我们对旁人的解说如此吹毛求疵,难道我们自己的特殊立场不会被攻击?这批评是无可避免的。可是本文一开始就提及,我们牵扯到资本主义这一题目,实因与中国科技的发展(或是缺乏进展)有关,起先也没有顾及资本主义是好是坏,完全是站在中国的立场,采取了一个"无"的心情,去观摩一个"有"的境界。有很多学者,在这题目内起居了好几十年,他们认作当然的事,我们却认为奇特;他们认为无关宏旨的地方,对我们却有实践的意义。我们觉得他们对资本主义的解释,总是太局部。这当然不是我们心智灵巧,或者是道德高尚,所以能用新解释作工具,去"罢免"已有地位的作者。

1975年夏天,李博士从加拿大讲学后匆匆回英,他还没有摆脱现代飞行的劳倦(jet lag),我就跑去告诉他,从现有文献中,我们无法直接的引用有关资本主义的文字去解释中国科技发展与否。如果我们仍要在这问题上下工夫,只能以很多作家的引用书目作线索,倒看回去,完成我们自己对欧洲资本主义演进的看法。表面看来,这和《中国科学技术史》卷七节四十八想做结论的目标越扯越远了,也只有知道李约瑟习性的人,才能向他作此建议。此公富于幽默感,有小孩子脾气，我们孩子培乐小时，李公常弯腰蹲在地上用食指在他鼻子上从上至下摸擦数次，也让培乐在他鼻子上如法炮制。可是他做事看书的认真，却又连他的至亲密友都觉得凛肃畏惧。因为他从小严格的训练自己，不仅一部书和一张纸片有一定的地方，甚至他的肢体筋肉都要照工作的程序发生最大效用。工作的时候不开玩笑，耳目都不旁顾，对时间绝对重视，他常常对我说："要是我还有五十年就好了！"

另一方面是一个问题没有找到适当的解决，李博士是决不罢休的。有时他会像中国人所说的"结绳为记"一样的把他的手巾打一个结，直到问题解决才解松它。他对上开问题也不是没有切身的经验。前述的陶蒲，也是他的朋友。对这问题写了一部书。现在牛津大学执教的伊懋可（Mark Elvin），在做学生还没有成名的时候，就经过李公赏识。他们几十年前的通信，还在他的档案中。我和他谈论的时候，安德生（Perry Anderson）新著一本《极权国家的世系》（*Lineages of the Absolutist State*）也和这所讲的大问题有关系，书中也一再提到李公。此公对于节四十八的重视，是不言可喻的。这次我和他的谈话不长，但是李约瑟对我全面撤退，重新再来作有系统搜索的建议衷心的支持，以后我回美之后，他还一再由英国寄给我应看的书籍。

只是这样一来，以前对我们作经济支持的两个文化基金，对我们要求继续资助的请求，就不能通融了。过去他们对我们联名的著作，还很热心，现在听到我们要在研究中国科技之间顺带的牵涉到英国土地制度和法庭程序，就觉得这种建议，总有些荒唐。而且我们的建议也要由专家评议，这些专家无法体念我们的困难。他们总是说：你们是汉学专家，要是你们做你们份内的事，我们甘拜下风；要是你们溜出你们专长之外去班门弄斧，那我们就不敢领教了。我们又解释我们的目的无非用一种不同的看法，去重新安排已有的材料，庶几所得的结论，平易近人，符合实况，与《中国科学技术史》的作风一致，并不是重新开矿，自炼钢铁，另外设计的去制造机器。况且李博士也曾发表过讨论英国历史的文章，而我在密歇根大学念书的时候，也选读过十六门有关近代欧洲史的课。更不说李约瑟的凯易思学院也有好多专家，可供我们的咨询，他的贴邻现已去世的罗宾生教授（Joan Robinson）是世界闻名的经济专家，也曾看过我们的文稿，提出过修正的建议，可见我们并非完全铤而走险，异想天开。只是这种解说终于没有用。这时候我得到了古根罕基金（John Simon Guggenheim Foundation）的奖学金，让我去完成明末社会侧面的一本书，这就是以后的《万历十五年》。所以我这次从英国回来之后，除了教书之外，约一年半专注于我自己的写作。李约瑟和鲁桂珍博士于1977年夏天来美，在我们的家里住过一晚，我们稍微提到没有完成的研究工作，此外我们彼此都把这问题暂时搁置了。

我们所做的工作，纯靠经常接头，在剑桥，我们每周讨论一次，连引用书目和写文章应用的字眼（vocabulary）都是在喝茶和散步之间决定的，这就不容易在横隔大西洋的距离下继续了。

布罗代尔教授在他的著作里提及："资本主义"这一名称，虽经无数学者再三争驳辩论，却从来没有产生过一个公认的定义。首先对这名词作有意义的使用，似为蒲兰克（Louis Blanc），事在1850年。马克思，即从未提及资本主义。（马克思用"资本家"、"资本家时代"和"资本家的生产方式"等。）这名词被广泛使用，还是本世纪的事。已经有些人，觉得这个充满政治气氛的字，一再滥用，实在是不成体统，主张凡是"有自尊心的学者"，应当将这字摈斥于他们字汇之外，永不使用。布教授就此也说明，这建议虽好，其困难就是找不到适当的替身。此字若被禁止，则会在历史上留下一个大黑洞。

我们在1975年，还没有看到布教授此段解说，却早已看到英国历史家克拉克（Sir George N. Clark）所说："用资本主义这一名词去笼括现代经济制度，是19世纪中叶社会主义者所发明的办法。"[1] 至于这名词没有适当的定义，我们既不能抄袭前人，又无法避免这一个题目，则早已目睹而身受。我离英返美的前夕，曾根据我和李博士以前发表的文章延伸而写下这么一段：

> 现代商业习惯，注重资金活用，剩余的资本必须通过私人贷款的方式才能此来彼往，因之得广泛的流通。产业所有人又以聘请方式雇用经理，因之企业扩大，超过本人耳目足以监视的程度。而且技能上的支持因素，如交通通讯，还要共同使用，这样商业活动的范围，才能超过每个企业自己力所能及的界限。

---

[1] Braudel, *Civilization and Capitalism 15th—18th Century*, III, *The Wheels of Commerce*, Sian Reynolds 译自法文（New York, 1982）, pp.237—238. Clark, *The Seventeenth Centry*, 2nd ed. （New York, 1947）, p.11。

这三个条件以英文节录则成 wide extension of credit, impersonal management and pooling of service facilities。其重点当然是着重于商业资本。现代欧洲商业资本的发展,远在工业资本之前,这是显而易见的,即使马克思和恩格斯写《共产党宣言》,仍重视国际贸易给"资本家时代"形成的影响。我这一段没有直接指出的,则是上三个因素能够继续展开,全靠信用,而信用则不可能没有法律支持。法庭的维护还不算,甚至警察权(police power)的行使,也仍要保障私人合同里处理这上面三个条件的安排。所以这法律的后面即有一个国家的阴影。很多中国和日本的作家,写到资本主义的形成时,不顾及成文法和不成文法保障商业的作用,好像资本主义可以单独由商人一手造成,这样就把中国近代史和欧洲近代史里一个显著的差别一笔勾销了。

我们这样的解释,也不是不重视思想。资本主义之成为一种主义,则必有其意识形态。只是"资本主义的精神"务必透过真人实事,才能算数。以上所说政府耗费自己的人力物力,去强迫执行私人签订的合同,可见社会的风气业已改变,也就是大多数的人,认为这信用一事,不仅是订约两方的利害,也直接影响全社会的福利与安全。所以韦伯一方面阐释资本主义的精神认为赚钱不是坏事,而是好事。在这精神之下,赚钱不仅是手段,而且是人生的目的;也不受传统"适可而止"的警惕所限制,而是越多越好。可是韦伯并没有忽视社会组织。他提到资本主义的特征,曾缕述企业和家庭分离,记账有组织和条理,公司财产与个人财产在法律面前分割,货币和信用经常联系。讲到资金活用,他又直接地说出:"你付一年六镑〔的利息〕可以拥有一百镑的钱存在手头活用,只要你有诚实谨慎的声名。"他更牵涉到法律的重要。法律不仅要确实,而且要彻底。在这时候韦伯更立竿见影地指出:"现代合理化的资本主义,不仅要有技术上生产的能力,而且还要有能让人预为筹算的法制,并且又能经理正式的规则。"他又提出警告:"过于麻烦的法律和无法强制执行的法律,必沦为死法律。"〔1〕

这些条件已和我们以上草拟的一段没有实质上的区别。何以麻烦的法律和不能强制的法律要沦为死法律?法律的实施,必有社会的强迫性(social compulsion)做张本。也就是十之八九的情形,人民已自动愿意照立法做事。所行的事,要不是已有成例,可以算做合法(legal),则是两方认为公平(equitable),其关键则是立法已和一般人民的日常生活吻合,有时纵要法官评断一二,也只算特殊情形。倘是凡事都要开庭审问,追究成例,派法警,出传票,贴封条,那也就是国家体制和社会情况脱节了。长期如此,则这国家必陷入内战的状态中去了。

韦伯用清教徒的文字作基础,清教派则为16、17世纪英国历史上的产物。从他的写作中,我们也可看出在资本主义这一个大题目之

---

〔1〕 这些要点见于 The Protestant Ethic and the Spirit of Capitalism, Talcott Parsons译自德文(New York, 1930),p.22, 48 括号内二段依次序见于 P.50 及 p.36,以及"作者自序",p.25。

下，思想、宗教与法制及经济互相衔接。我们觉得单独用思想作研究资本主义的线索，容易误入迷途。但是有了这样一个互相关联的观念回头去看思想史，同时又将16、17世纪大思想家的写作综合的看去，则又可以对资本主义的体系，多一层认识。

从这些观点看过去，马基雅弗利（Machiavelli）、霍布斯（Hobbes）和洛克（Locke）对资本主义的形成，都有相当的贡献。我们虽不能称他们为资本主义的思想家，但是他们的唯物主义、个人主义和历史主义（historicism）反映着16、17世纪的思潮。这思潮透过文艺复兴、宗教改革和建立新兴国家（formation of national states）的阶段结晶而为"劳力价值论"（labor theory of value）。初看起来他们的思想有互相冲突之处，而骨子里，却有能前后衔接的精髓。

马基雅弗利首倡唯物论，人类历史只有已经存在的事物才能算数，要是不能生存，纵你说得道德高尚，仍是镜花水月。霍布斯相信人性为恶，你也不能勉强把它说得为善。自存自荣既是天赋于人的一种本性，那也不能怪继续这种功能是违反天意了。洛克纠正了霍布斯的悲观，认为天赋民权仍可以在经过公意而组成的国家内保全，不一定要暴权政治。但是他的私利观，却和霍布斯的很少区别，他的劳力价值论认为天生万物以养人，原来是全世界的资源，供全人类自由采用，只是某一个人将他自己的劳力与天生的资源混合，则成他的私产。私人财产与天赋民权互为表里，那也就不应当受皇权的侵凌和中世纪传统道德的拘束了。

我们站在局外人的立场，仅只用三两句话把这些思想家的观感概括说出，也感觉得到这样一个思想系统的轮廓庞大，它提到自然法规、人的性格和政治生活的真意义，而后面却又挟带着个私人财产权不能侵犯的宗旨。三位作家发表著作的时间前后亘二百年，却又还保存着这样的一个直线式的发展（linear progression）。这也就表示资本主义非一时突发的冲动，中国的思想史里就没有一个类似的运动。不仅"杨朱为我"只有昙花一现不能相比，好多近代中国作家找到明末清初有些思想家偶尔发表的文字，提及经济政策应当稍微开放，商人对社会的贡献不可全部抹杀，个人的私利无法洗刷得一干二净，都不能和西方同时的革命思想相比拟。讲得彻底一点，此时西方资本主义的思想是通过"正心诚意修身齐家治国平天下"的大范围之下，有组织有系统的提倡资本主义，而不是偶尔的、稍微的，或昙花一现的提倡资本主义。

读者看到这里，也可以想像我们在 70 年代的中期，给我们自己找来的麻烦了。我们还没有把自己的立脚点看清，就冒失的溜进了这个"资本主义"的大黑洞里去了。我们看到马克思埋怨一个伦敦面包烤房每日工作十六小时还不算，竟要工作二十小时。我们也看到桑巴特的论文有如贺阁兹（Hogarth）的油画，也像萨克雷（Thackeray）的小说。我们虽已知道资本主义这个东西是一个连亘几个世纪，产生剧烈的变化，牵涉到好多国家的大怪物，甚至已经看到它的大轮廓却又无从说明它到底是飞禽，还是走兽。主要的困难则是这大题目不受学院门系的限制，而是 inter-disciplinary 的一种题目，所以不容易找到适当的程序，将这千头万绪的因素综合起来。

现在事后想来,我们把这一段研究暂为搁置,在时间上不算是一个完全的损失。恰巧在这时期之中,尤其是 1976 年,周恩来和毛泽东相继去世,"四人帮"被拘禁,中国开始反省"文化大革命",这是给历史家看清局势的一个绝好机会。写历史的人也像游山水的一样,要是顺江而下,看清了河流入海的过程,回顾上游的山脉形势,则对其组织结构,更多了解。这也就有如前述熊彼德所说,把今人现在的地位解释得合理化是同出而异途。我们观摩欧洲资本主义的形成,是从中国的立场出发。倘使我们对中国更了解,同时也在观察欧洲的时候增长了眼光的纵深。总而言之,我们既已纠缠于一个历史上的大题目之间,则我们身处其境的情势愈澄清,我们的自信心会更坚固。

而且我写的《万历十五年》,也并不是有些人认为的一本明史专书,而是传统中国尚未与欧洲全面冲突时的一个解剖。书中说明中国的朝廷和社会,包括法制和思想,自有它的组织和系统,做起事来,也有它特别的作风与节奏。间接上就表示与同时期的欧洲相比,这些组织与作风,与西方的系统与节奏,有很大的差别。因之也是在"有"和"无"之间,反面的检讨同一问题。

在这几年之间,我也常想到欧洲资本主义的事。要是资本主义的形成,不能离开法律,而法律须要有国家作主宰,则我们应该先分就国家的畛域看,不应当先把中国的万历十五年看成了欧洲的 1587 年,或者把法国、荷兰、比利时的事和英国的事笼统叙述。我已经看清了资本主义是一种组织和一种运动,而且它又有一个直线式的发展,并且到了某一阶段,就变成了无可逆转的形势,可见"时间"是一个很重要的因素。李约瑟和我,又认为资本主义的形成和文艺复兴及宗教革命有关,有前面所说的银行出现的次序为证,那我们何不也将资本主义的形成同样分作三段,从意大利到北欧再集中眼光于英国?这样一来,我在1975年写下的一段,说到现代商业组织的三个条件,可以当作我们的检查单(check list)用。只要我们把这三个地区达到这商业组织的程序按时间记下来,就应当对资本主义的形成,有一种明确的线索了。

1978年我第四次去英国的时候,在行李中带着三十多本书和一大堆草稿。这时候李约瑟交卸了凯易思学院院长的职务,他的新办公室乔迁到剑桥火车站不远的波克兰兹街(Brooklands Avenue),称东亚科学史图书馆〔编者注:这图书馆现属"李氏研究所"(The Needham Research Institute),新地址在剑桥雪尔威斯特路8号(8 Sylvester Road)〕。我们综合欧洲资本主义形成的未定稿,由我起草,每周读过,经他批评后修订。事实上意大利这一部分,只用了威尼斯做代表,北欧的一部分,则用荷兰共和国(The Dutch Republic)的情形概述,但是我们觉得这样已经符合我们的目的。只有英国的这一部分才比较详细。1981年9月23日李博士在上海演讲,说到我们对这问题已有新看法,后经当地《新民晚报》提及。

我最近一次看到李公,还是1983年在纽约。据他的计划,这批材料将来还是要收入《中国科学技术史》卷七里面去,至于如何收纳,现在还没有决定。我从第一次遇到李公，就主张只用我的草稿做根底，要他自己订正重写，因为《中国科学技术史》虽然是一种学术上的著作，其写法仍有个人风格。他的英文长达四五行一句，却又念来流利，也是没有人可以效尤的。只是李约瑟收集了此书的材料卷五、卷六部分，越来越多，原来一卷是一本书，现在有的一卷四本，一卷六本，还仍在继续膨胀，连他自己也说，"有几何级数的姿态"。最近甚至书数倒出，节三十三出版于节三十二之前，他又说"这是道家的自然而然"。

  我和李公有约，则是我也可以利用这草稿，作我个人出版和演讲之用，但是总要申明其原底稿出自《中国科学技术史》。事实上我和他在1972年开始每周星期六下午在剑河旁边散步，至今已十三年，也很难说哪些意见是他的主意，哪些由我参入。所以在写这篇文章的时候，就觉得把我们这段奋斗一并写下，才容易让读者看出这问题的复杂。并且在评介之间，也可以说明我们自己达到未定稿的思想层次。也算是在贡献一个不同意见之前，对我们自己的立场有了一段交代。但是未定稿仍是未定稿。我这篇文章虽用1978年的资料作底，也加入了一些新意见，所以仍是文责自负。这样我有《中国科学技术史》的洋洋大观撑腰，却不受其作者的拘束。但是一个明眼的读者，在叹赏李约瑟博士慷慨之余，也一定会了解到一个突破环境首先著书的识见度量，和兹后搜集资料，解决技术问题的工作，迥然不同。只是我既作后者的工作，现在又因时间上的需要，为这篇评介的文章，就在已经复杂的场面中添入更多的复杂了。

提到资本主义形成的作家，虽说意见分歧，却有一点共通的看法。从马克思到桑巴特，从皮永恩（Henri Pirenne）到布罗代尔，都承认它归根溯源始于14世纪前后的意大利。其间的原因很多，如罗马法受了早期商业的影响，不受欧洲中世纪封建社会所束缚就是。但是事实上一个更重要的因素，则是教皇与西罗马帝国争权，意大利半岛上好多城市，在此两方顾盼不及之间获得自由。其间取得一马当先的地位者则是威尼斯。

这城市处在亚德里亚海的末端，构成西欧大陆和东罗马帝国间的一个枢纽。又因为它在一个"海沼"（lagoon）之中，和大陆有两英里半浅水之隔，所以受大陆的影响小。简略的说来，威尼斯的人口从14世纪以来至现代，长期的稳定，总在十万内外。虽然黑死病使这数目急剧的减少，却又能有计划的招募移民抵补，后来纵有现代生活的条件，也不像别的地方一样，会成直线式的上升。[1]

威尼斯的贵族，有些能追溯族谱，算是大陆上的大地主。但是在13世纪之后，都是岛上的巨商大阀，沿成例操纵城中政治。并且他们又常与平民结婚，子孙的社会地位，由父系决定，这样造成了社会地位的流动性。有时平民也能因军功提升为贵族，譬如1381年在打败热那亚之后，一次就有三十个平民因各种勋绩成为贵族，内中也包括小商人和工匠。此外威尼斯政府，又特别提出一项公款，去津贴没有经

---

[1] Frederic C. Lane, Venice: A Maritime Republic（Baltimore, 1973）, pp. 20—21.

常收入的贵族。[1] 所以威尼斯的贵族，通常在一百家至两百家之间，虽然有时也分派系，发生冲突，大致上仍是一个很稳定的集团。

迄至15世纪，威尼斯没有农业的基础，它的粮食来自意大利南部、西西里岛，甚至远至小亚细亚和黑海之滨。它宁愿做粮食的转运商，无意自己经营农业，所以后来虽占领在大陆的领土，却不受大陆农业社会的影响。通常在大陆用兵以雇佣的军队（condottieri）为之，占领下的城市，也让他们自组公社式的政府。但是海外殖民地与商业攸关，则全力经营，不遗余力，也不让本地人预闻。克里特（Crete）岛为威尼斯参加十字军东征的"战利品"之一。威尼斯人在这里经营了几个世纪，他们也经常与本地人冲突。

欧洲从中世纪转变到近代的时候，一个妨碍商业发展的因素，则是天主教会对"高利贷"（usury）作极广泛的解释，12世纪之后，连一般信徒也受限制。但是威尼斯的商业习惯，早已奠基于此时之前，所以对这些禁忌，置之不顾。名义上教会仍受教皇约束，但是威尼斯的天主教堂则依据传统屏声息气于本地政府羽翼之下，各市区的神父尚是由居民推举。教皇曾数次与这自由城市冲突，也曾将全市"开除教籍"（excommunication）不止一次，但是始终无法改变这城市的独立作风。

---

[1] Lane, pp. 252—253; John Julius Norwich, *A History of Venice* (New York, 1982), pp. 257—258; Jacob Burckhardt, *The Civilization of Renaissance Italy*, S. G. C. Middlemare 译自德文 (New York, 1958), Vol. I, p.86。

威城的主要工业限于造船业、食盐的煎晒和玻璃工业。本地的纺织业曾一度出头。但是因城中缺乏不含盐分的清水，制造不便。15世纪以前出口的织品，多为米兰（Milan）及路卡（Lycca）所制，而非土产。[1]

这城市里的各种手工业，可以组织工会，但是海员却不许有这样的组织。而且海军的兵员征集于全市的市民。征兵的方法，预先将壮年的男子组成十二人的集团，并且早已编排了被征召的次序，有需要的时候就按次序的应召入伍。威尼斯最强盛时，经常维持了一部有力的海军，其舰只之galley，在中国俗称"蜈蚣船"，因为每船有150人至200人为划桨手，两舷桨数之多，有如多肢的爬虫，取它的行动迅速，而且作战时这些人员也投入战斗。我们一般从电影小说得到的印象，则是划桨手都是奴隶及囚徒，但是在威尼斯，这种办法开始于16世纪中叶，其时这自由城市，业已中衰。在它最强盛时，所有的水手，都是自由公民。我们要如此不厌其详的讲到这些细节，目的是要强调这自由城市举国皆兵的形态。而且威尼斯最重要的商业又是国营，商船又经常组成护航队，所以商业舰队与海军的关系，极为密切。

我们研究资本主义形成时，如果先用欧洲大陆的资料作基础，则看到市民向封建君主要求自由，有由一个单元的社会嬗变到多元社会

---

[1] M. M. Postan and E. E. Rich, ed. *The Cambridge Economic History of Europe*, Vol. II, (Cambridge, 1952), p. 351, 393.

的趋势。但是从地中海内资料着手（事实上这也是资本主义发生的正确历史程序），则可以从威尼斯的历史中，看到一个商业的组织，在一种特殊环境下独立自主的成长，而且它罢斥与它不相容的因素，用不着革命，也自成一个单元社会，凡事以商业为始终。

　　写威尼斯历史的人经常提出两点好像自相矛盾的特征。一方面是它的民主制度，如"统领"（doge）由选举而诞生，有选举权的四十一位贵族，自成一集团（electoral college），执行此特权时用秘密投票（secret ballot）。又有参议院（senate）和众议院（general assembly）。而经常获得公意的办法，是幕后征集意见，有如 caucus 或利用 streering committee。另一方面则是实施特务政治，密探的活动广泛，对谋反的立法严格。其实两点都可以用威尼斯单元的商业组织解释。威尼斯的民主，并不是以民主为目的。而是在商业眼光下，凡事都可以用数目字计算，所以只要集思广益的征得与这城市商业共利害的人士参政，权力的分配又和财力的分配相似，则政局可望稳定。然则在扩充商业，掌握制海权，和动员作战间，不见得所有的决策都符合十万人的公意，所以政府对一般民众，不免疑忌，而最怕敌国煽惑。好在威尼斯最大的工业——造船业——始终受政府密切监视，其他工业如五金业、肥皂工业，员工分散可以通过工会管制。而且社会流动性不算，匠工寡妇，只要稍有积蓄，也可以用他们的本钱，以股份（colleganza）的方式投资于贸易，海员也可以附带经商。所以过于夸张威尼斯的民主，和当日情形不能相符；过于强调它的特务政治，也与事实相违。

有一位现代作家称历史上的威尼斯是"一个没有领域的城市"和"一个商人共和国"。"它的政府即是一个股份公司。他的统领就是它的总经理。它的参议院，就是它的董事会。它的人口，就是它的股票所有人。"[1]虽然比喻得过分，却可以让读者立即窥见到这组织后面的真性格。这种性格也可以代表初期资本主义的精神。

威尼斯的做法，不是其他意大利自由城市可以仿效的。以佛罗伦萨（Florence）为例："它的经济基础，在许多方面较威城占先。它在1300年之前，就成为一个纺织工业的制造中心。它的银行业，也很发达。在1422年，这城中的新市场就有七十二家货币交换的商店。它的银行家也在欧洲各国家内为皇室贵族和各地主教作财政的经纪人。一部业务，即是将教会的收入汇划与教皇。但是佛罗伦萨为陆地所包围，因地主则牵涉到农业社会的因素，因制造业就牵涉到很多工业社会的因素，所以起先就有制造商与当地贵族的冲突，在教皇与神圣罗马帝国争权之时也不能采取中立。"兹后佛罗伦萨被投入"政治的试验管"，曾经体会到"贵族掌政、暴权政治、中产阶级与无产阶级的冲突、有限制与无限制的民主、假民主、一家专政、萨沃那洛拉（Savonarola）的政教合一、混合政府，终至于美第奇（Medici）的独裁"。[2]

在这情形之下，没有人能说佛罗伦萨已进入某种"主义"的体制

---

[1] Edward P. Cheyney, *The Dawn of Modern Era* (New York, 1936), p.11.
[2] Cheyney, p.42; Burckhardt, *The Civilization of Renaissance Italy*, p.99, 102; Oliver C. Cox, *The Foundation of Capitalism* (London, 1969), pp.143—144; Leonardo Olschki, *The Genius of Italy* (Oxford, 1949), p.169.

内,它既有"资本主义"的因素,也更有"共产主义"和"国家社会主义"的因素。[1]可见单是有商人和商业资本,不能构成资本主义的体制。纵使生产关系超时代的发展,在14、15世纪之间,就有了资本家与城市无产阶级的对立,也不一定能构成资本主义的体制。在这时候,我们才更领会布罗代尔所说,"资本主义之成功,在它与国家互相印证,它〔本身〕即变成了国家"。[2]这中间有一个"全牛"(whole hog)的观念。

再回到威尼斯的历史上,我们更可看出,初期资本主义的形成,不是由于构成国家的因素繁复,而是由于它的简单,所以一切能用数目字管理。

欧洲从中世纪进展到现代的时候,当中有一个重要的关键则是以前的"朝代国家"(dynastic state)逐渐嬗变而为"民族的国家"(national state)。在财政的组织上讲,朝代国家的世袭君主不须向全民交代,而是他们自己对国计的盈亏一身担当。因之他们常向商人借债,有时甚至将皇家珍宝作抵押。要是可能,他们即独断的向臣下勒索,或者赖债不还。这些情形都不能在法律上稳定私有财产权,同时也是妨碍资本主义发展的一大障碍。现代的新式国家,则行公债。政

---

[1] 参见 Lauro Martines, *Power and Imagination: City States in Renaissance Italy*(New York, 1979), pp.251—254. 他的解释是指出佛罗伦萨各种复杂的政治思想与文艺复兴的关系。

[2] Braudel, *Afterthoughts on Material Civilization and Capitalism*, Patricia M. Ranum 译自法文(Baltimore, 1977), p.69。

府的盈亏，不必由君主个人负责。

威尼斯的政府在1160年向市内商人借得十五万银马克，开世界各国政府发行公债的先例。十一年后威尼斯银行成立，政府即承认该行得以公债的债权作发行信用票据的张本，较英伦银行（Bank of England）同样的安排，要早五百多年。[1]两方面的情形都和上述布教授所说"capitalism triumphs only when it becomes identified with the state'when it is the state"的情形相符。在历史上讲，这就造成一个不可逆转的形势。因为政府既成为了一个公司性质的机构，则民法也可以商法作基础。举国如是，整个社会已向资本主义的方向进行了。

只是威尼斯以一个捕鱼制盐的村落，还要等到造船业进步、十字军东征、商业基础展开之后，才彻底表现它成熟的资本主义性格。它的法律是在13世纪前期翟波罗（Giacomo Tiepolo）做统领时制定的。从1300年之后威尼斯进入了它的黄金时代，我们也可以看到这时它的法制大备，虽然永久性质的股份公司，还是以后的事。这时一宗生意的投资，或是牵涉到三两个人，或是牵连很多人，或是几个月结束，或者几年结束，都可以照成例安排。现代商业的技术，如海上保险、信用票据（letter of credit）、复式簿记、提货单（Bill of Lading）和长期驻海外的经纪，都已产生。到1400年之后，威尼斯已有现代性的进出口商场，就是外来的人，也可以和本地商人订立合同。生意如有纠

---

[1] Cox, *The Foundation of Capitalism*, p.81; Charles A. Conant, *A History of Modern Banks*, 4th ed. (New York, 1909), p.10; Norwich, op, cit., p.108.

葛，则有商业法庭之 curia di petizion 作主，律师由法官指派，但是也可以用私人律师，所有账簿信件可以被传送法庭阅核。[1]

为什么在谈到资本主义的形成，我们要扯上这么多技术因素？这就是以前所讲的，一项法律要行得通，必有思想信仰和社会力量在后面作根据。威城这样的做法，有参议院在后面支持。这和欧洲中世纪的习惯和道德观念大相径庭，而它的思想信仰又能通过真人实事而行得通，这才造成了一种"主义"。这也就是说威尼斯通过了人的性格、自然法规以及治国平天下的前提下提倡资本主义。

威尼斯的弱点，则是它没有生产的基础做它商业技术的后盾，它的范围，受岛上人口的限制。后来就有 1453 年土耳其人之占领君士坦丁堡，和 1488 年葡萄牙人之通航于好望角。这两项事情，习惯上为历史家认作威城中衰的里程碑。其实地中海商业之衰退，并没有立即开始。在人文上讲 16 世纪才是文艺复兴最好的时光，威尼斯和佛罗伦萨同占有极优越的地位。以后威尼斯衰微不振，终被拿破仑交给奥国。这也不能说是它的制度落伍，而是一个自由城市，单靠一个海岛上的商业组织作本钱，到底不能长期与大陆上数量的优势抗衡。

我们读欧洲史的时候，常常觉得奇怪，为什么意大利人这样的商业组织，不能立即为西欧大国如英法等照抄。在仔细追究幕后原因的

---

[1] Norwich, pp. 155—156; Lane, pp. 51—52, 414—417; Braudel, *Afterthoughts*, p. 22; Lane, *Andrea Barbarigo, Merchant of Venice*, 1418—1449(Baltimore, 1949), p. 18, 98, 112.

时候,才知道有关经济的问题,必定要牵扯到社会上很多其他的因素,要改革也必须全面改革。其范围之广,有如一个走兽之蜕变而为飞禽,倘使没有内外剧烈的压力,也组织不起来。而且身当其事的人,在酝酿的局面下活动了好几十年,还不一定明白他们活动的真意义。甚至要等到历史家在几百年后,把全部经过和以后事迹对照,又和类似的问题印证,才能"发现"这些变动在历史上的因果关系。

比如英国在 1300 年后,对外贸易已受意大利人操纵。来自威尼斯、佛罗伦萨等地居留于伦敦的人,称为"郎巴德人"(Lombards)。他们开设银行的市街,称"郎巴德街"(Lombard Street)。一方面他们已有相当雄厚的商业资本,另一方面是宗教改革之前,教堂拥有很多的地产,就是不属教堂的地产,耕种人也有向教堂缴纳"十一捐"(tithe)的义务。内中一部即须贡献于罗马的教皇,其实各地的收入早已有承办人顶包,得款也不直接缴解,而系由这些银行发给汇票,其现金则由意大利人通过英国寺院购买羊毛运至弗兰德斯(Flanders,即今日法国、比利时一部及荷兰一小部)织成布匹,销卖牟利。这买卖通过不同的体制,所以意大利人享有治外法权。如果诉讼两方都是意大利人,则由其领事受理;如果牵涉英国人,才组织混合法庭。[1]主要的原因是两方社会生活习惯相差过远,况且又涉及信仰。如果英国

---

[1] M. M. Postan, E. E. Rich & Edward Miller ed., *Cambridge Economic History of Europe* (Cambridge, 1963), Vol. III, p.102, 117; Cheyney, op cit., p.16, 29. 但治外法权似系两方互用,英国领事也在意大利裁判案件,详 E. Lipson, *Economic History of England*, 11th ed. (London, 1956), Vol., p.590。

能在这时候采用新时代的商业法律，那它也决不会让郎巴德或意大利人去垄断它的商业和农村经济了。

后来的事实显示，能够在16世纪之末和17世纪之初，开始采取新体制的国家，是较意大利自由城市大，但又较英法为小的国家。尼德兰联邦（United Netherlands），普通一般人称为荷兰（其实荷兰为这国家初独立时七省之一，今日之尼德兰王国则有十一省），不像意大利的自由城市一样的缺乏宗主，却也不像英法等国一样的受坚强王室的管辖。所以资本主义在这国家获得第二步的立脚点，也可以证明历史在它长期的发展中，仍有它合理的程序。

尼德兰或低洼国家（Low Countries）包括今日之荷兰、比利时和卢森堡，因为地处北海之滨，在欧洲形成封建社会的时候，是一个不大值得注意的地方；因此到中世纪之末，本地市镇居民自治力强，很多封建的宗主，承认这些市镇享有特权。12世纪之后这些市镇普遍的建立城垣，封建诸侯在这些市镇以"自动贡献"的名义获得一些财政上的资助之后，仍让他们保持司法的自由。当日不成文法，一个稽夫逃出庄园，在城市里住了一年或一百天，即成为"市民"（burgher），在低洼国家之内有时只要四十天，就可以获得这种特权。[1]欧洲货币普遍的流通之后，物价成直线的上涨，很多封建制度上的力物义务，

---

〔1〕 J. A. Houtte, *An Economic History of Low Countries*, 800—1800（London, 1977）, p.29. 低洼国家内封建力量薄弱可见同上，pp. 74—75；M. M. Postan, ed., *Cambridge Economic History of Europe*, Vol. I,（Cambridge, 1971）, p. 337。

已经以金钱折代的,无法调整,只引起庄园贵族的力量更为薄弱,而市民的力量更为高涨。同时各市镇的成文法和不成文法以它们自己的习惯做主,也展开了一个千差万别的情形。

15世纪时,低洼国家全部为勃艮第(Burgundy)所得,而勃艮第的领域又牵连到今日德法间的一部分。在地图上看来,也很有在德法之间,造成一个第三王国的趋势,所以它的主持人,希望在全境实施中央集权,于是组织新法庭,遣派法官,全面抽税。只是开创伊始,大公爵战死。1477年留下一位女公爵玛琍年方二十,于是低洼国家很多市镇,集会于根特(Ghent),向玛琍提出一种文件,叫做"大特权"(Groot Privilegie)。内容与英国之"大宪章"(Magna Carta)比美。其中规定最高法庭对各地有能力自行裁判的案件不得过问,女公爵不得于未获取各市镇同意之前对外宣战或对内颁发新税令,不得派遣非本地人为地方官,甚至女公爵本人的婚姻,也要经过市镇代表的同意。[1]当时玛琍出于无奈,只得接受。这样更增强了各地区自治的趋向。

一到16世纪,低洼国家经济的发展,有了更显著的进步。弗兰德斯的毛织业和阿姆斯特丹之成为主要的港口,已经增加了这地区的重要性。此时神圣罗马帝国的查理第五,一心要掌握全欧,也认为低洼国家是他祖传家产,又揭开了反宗教革命(Counter Reformation)的

---

[1] John Lothrop Motley, *the Rise of The Dutch Republic* (London, n.d.), Vol, I. p.51.

旗帜，于是以排斥异端的名义，增强对各地方的控制。这样就把低洼国家的政治、法律、经济问题和一个思想信仰的问题，连成一串了。

查理第五在1550年发出的敕令，至今仍能令读者感到战栗。内称凡印刷、抄写和传播路德、卡尔文、茨温利（Zwingli）等离经叛道的文件的人，一律处死。即未经批准，私自阅读圣经，或在公开及私人场合之下讲解圣经的也处死。如果触犯这罪条的人表示忏悔，则男子斩首，女子活埋，要是不忏悔的即绑在木桩子上烧死。查理第五还说是因为他被其他政事羁绊，没有将这敕令全部付诸实施。但是一个目击其事的人提出，在1546年，即敕令尚未颁布之前四年，仅在荷兰（这是荷兰省，不是尼德兰国）和弗里斯兰（Friesland）两省，因触犯异端的罪名而丧生的，已逾三万人。[1]

查理退位之后，菲力普第二继承，他立即重申前令，并且于1560年在低洼国家设立新主教区（bishoprics）。所谓"西班牙的大讯问"（Spanish Inquisition）已经开始。以后的事经各种教科书载明。当阿尔瓦（Alva，或 Alba）被任为军事总督之后，他在低洼国家内有执掌民事之大权。在他恐怖政治之下，丧生的又有一万八千人，也包括了当地一部贵族。因为西班牙军队需用给养，则就地增设物品销售税，值

---

[1] Motley, Vol. I. pp. 113—114, 254—257；其实查理第五已于1529年发出类似通令，惟其时尚未任皇帝，见 Emile G. Leonard. A History of Protestantism, Joyce M. H. Reid 译自法文（London, 1965—1967），Vol. II, pp. 77—78。

百抽十,一件物品转手十次也被抽十次。于是激起普遍的抵抗。荷兰于1581年宣布独立。因为英国的资助和同情,菲力普即派遣舰队征英。大陆上的战事缠绵,直到1609年才签订停战协定,至是西班牙已事实上承认荷兰的独立。而正式的承认,则要在三十年战争之后,去荷兰之宣布独立已有六十八年,距他们开始武力抵抗则有八十二年。

从一个研究资本主义形成的角度上看来,这一段历史,有数点值得考究之处。荷兰成为一个独立的国家,以后确实进入了资本主义的体制。但是这独立战争之间,阶级斗争的成分淡薄,或者根本即不存在。低洼国家尤其是荷兰,不是封建制度根深蒂固的地区,当抵抗西班牙战事发生的时候,当地贵族与平民一齐参与,实际成为一场民族战争。只是根据一个目睹者的报告,战后幸免的贵族,家产荡然无存,虽然想保存昔日的派头,实际上他们已成为城市里绅商的雇员。[1] 而荷兰之能向工商业跃进,大半由于战事所赐。安特卫普(Antwerp)的港口既为西班牙军所破坏,阿姆斯特丹的地位,因之增高。大批技工员匠,又在战事期间北迁,于是荷兰的纺织业及冶金业获得显著的进步。这些因素摆在市镇居民地方自治的背景上,就已造成资本主义体制之典型。况且荷兰的农业向来专业化,畜牧重于耕耘,更有增进水上交通发展商业的必要。

至于宗教思想与资本主义形成的关系,不易论断。只是认为卡尔

---

[1] Herbert H. Rowen, ed., *The Low Country in Early Modern Times* (New York, 1972), pp. 221—222.

文派提倡的"定命论"(predestination)立即可以构成资本主义的思想,考之于荷兰独立战争的事迹,不尽符合。低洼国家之抵抗菲力普仍有天主教徒参加。西班牙的大讯问,也不是纯粹在信仰上的虔诚着眼,而是准备设立新主教,以天主教的纪律钳制居民,实行中央集权。与新教的冲突,主要在后者提倡"凡信徒即是神父"(priesthood of believers)的说法。领导荷民抗战的威廉(William the Silent)即由天主教徒改为路德派后才再改为卡尔文派,荷兰独立的形势甫告稳定,卡尔文派内即因定命论的解释发生争执,他们的教堂(Reformed Church)仍不许放债者参加他们的"圣餐"仪式,大学内仍不给予这些人学位。而且各种神学家,也可以把定命论作不同的解释,以支持他们的政治思想。直到荷兰和弗里兰两省宣称教堂不能干涉银行之事,而执政慕黎斯王子(Maurice of Nassau)也说:"我不知定命论是蓝是绿",这种纠纷才渐告平息。[1]

从这些情形看来,并不是先有了一个宗教观念,才因之造成了资本主义的体制。而是各种因素的汇集,使荷兰民国先已造成一个由资本家作领导的胚胎,定命论才因之被解释得强调人生之富贵荣华实由天赋,而一个信徒更要勤俭致富,才能证明他自己既虔诚,又有神佑。如果我们对这方面的论断缺乏权威的力量,则可以引证一位荷兰史的专家。他说:"关于对上天问题之解释,很多人可能因威迫利诱而

---

[1] R. H. Tawney, *Religion and the Rise of Capitalism* (New York, 1926), p. 238; Rowen, p. 116.

放弃了他们的宗旨。提到宗教上的事,人性经常是可以揉转混合的。一到物质上和财政上的事,抵抗强权,才会众心一致毫无异议。"[1]他还没有说明的,则是对利害的考虑,有时尚能不自觉的决定个人的意向,连宗教思想在内。

荷兰人过去没有组织国家的经验,他们也没有向大陆扩展的能力和志趣,只有航海及经营商业则是他们之所长。况且他们需要的矿砂木材来自瑞典,治肉的香料(spice)来自远东。此时汉撒同盟(Hanseatic League)缺乏政治体系作背景以保障船舶的安全。荷兰民国补救了这缺陷,立时成为海上保险的中心,吸收了大量国际资金(过去阿姆斯特丹亦为盟员)。阿姆斯特丹银行接受不同的存款,发行统一的收据,实际成为一种交易场的筹码,也就是一种有使用限制的国际货币,已为亚当·斯密所称羡。以上措施都是别开生面,并无成例可援。我们称之为资本主义,则是荷兰民国广泛的以商业组织作立国的基础,除了增进全民财富之外,没有更好的逻辑,作它存在的理由。这种体制也必定要保障私人财产的不可侵犯,同时担保私人资本会在公众事务内有一种硕大无朋的影响(a disproportionally more influential role)。读者看到这里,也可以用这些成果,加上我们前面说的三个技术条件(wide extension of credit, impersonal management, and pooling of service facilities),算作我们对资本主义的定义了。

由于上述的原则,荷兰不能放弃既有的市镇的自治,因之也表现

---

[1] Motley, Vol.II, p.277. 此文系针对反对西班牙之物品销售税而言。

出资本主义之另一特征。即对外虽进取,对内则相当的保守。这新民国内部组织的公式是联邦制度 (federal system),大事由联邦决定,小事各省自理。民法的实施,大致尽量依各地既有成例处置。好在荷兰这一省,拥有阿姆斯特丹,占全国人口三分之二,又供应联邦经费四分之三,[1]所以联邦内部的参差不齐,不至于使关系重大的问题完全陷于无法在数目字上管理的状态。

继荷兰之后,英国为其次完成资本主义体制的国家。

英国在 17 世纪,可称多难之秋。起先英皇与议会冲突,财政税收成为争执的焦点。又有宗教问题的扰攘,也纠缠于内部对付苏格兰、爱尔兰,向外须应付西班牙、法国、荷兰等等的复杂情形。也发生过内战、弑君、革新为民国、行独裁制、复辟和第二次革命的事迹。至于行暗杀、发政治传单、排斥异教徒、对外成立秘密协定及英皇受外国津贴的情形还未计算在内。其时英国的人口,不过四百万至六百万之间,不及 20 世纪中国人口百分之一,其不能管理的情形,也和中国 20 世纪初期大同小异。

写这些问题的专书,当然是汗牛充栋。读者所感觉的困难,即如一位专家所说"假说之多,远超过对真人实事的研究"(fertility of hypothesis was running far ahead of factual research)。[2]还有一位

---

[1] Rowen pp. 215 — 216; Harold J. Grimm, *The Reformation Era* (New York, 1954), p.443.

[2] Lawrence Stone, *The Causes of the English Revolution*, 1529 — 1642 (London, 1972), p.29.

专家，在指斥旁人错误之余，一定要把对方骂得体无完肤。更有一位专家，著书指斥他自己过去著书带有偏见。他甚至将自己旧著，列入新书之参考书目内，而称之为反对派意见。在这种情形之下，我们以局外人的立场，半途中插入意见，很难在各方讨好。

但是骂人的文字很难成为历史，怕人骂也难能写得出历史。我们有了中国近代史的经验，却觉得因为眼光不同，英国 17 世纪的事不难综合提要叙述。

凡是一个国家必定要有一个高层机构（superstructure）和一个低层机构（infrastructure）。当中的联系，有关宗教信仰、社会习惯，和经济利害，统以法律贯穿之。总要做得上下合节，首尾一致；要是当中联系不应命，政局必不稳定。补救的办法，或改组高层机构，或修正低层机构，再次之则调整中层机构，有如重订税制，颁行新法律。只是英国 17 世纪有如中国 20 世纪，高层机构与低层机构同时与时代脱节，中层的社会宗教经济法律各种支持因素都受到重创。所以我们应该把英格兰当日面临的问题，当作在"时间上"的一个大问题看待，而不应当视作一撮小问题看待。

空说无益，就是牵涉的因素多，讨论也要有线索，不能上下古今一齐来。此中关系最广泛的当然是低层机构，而其中问题的一个核心，则是土地制度之缺乏稳定性。

英国土地，承袭封建社会的体制，照理应该极难转让。但是即在中世纪，已经有各种巧妙的办法去利用法律上的漏洞。要是一个男人，想把自己领有的地产与他妻子领有的归并，则可以将这地产"封"与第三者，而要他转封回来，再封时他自己夫妇二人同时为"被封人"。要是另一个人，想出卖地产又无主权，则不妨在收取价款之后，将地产"封"与买方，但是在接收"被封者的义务"上从轻处置，甚至"每个夏天采办一朵蔷薇花"也能算数。一到17世纪，普通法的法庭（common law courts）已经体验过无数如此事迹，一位法制史家的观感，则是他们"用虚构的事迹堆砌在虚构的事迹之上，以规避历史上的重担"。[1]

我们一般印象，一个"自由产业人"（freeholder）即如今日之业主，但是迟到17世纪中期自由产业人仍有幕后业主，也还付赁租。他们的自由，不外可以将地产自由买卖，自由承继。而这时纠葛极多的尚是"抄本产业人"（copyholder）。此类土地占有人祖先为稽夫，只因为以前庄园法庭档案中有他们祖先名下的文件，他们执有抄本或者据称有此抄本，则成为法律上的证据。考诸成例，一个人虽为稽夫，确实仍可以领有财产，只是仍对庄园有应尽义务，各处不同，差别很大。况且一部庄园文件又在14世纪黑死病时焚毁。事隔三百年，有些庄园主人也接收了一些代价让抄本产业人成为自由产业人。又有一些庄园则仍普遍的当他们为佃户，即使庄园业经解散，庄园主人的承继人仍可以追究稽夫的子孙对他的义务。一般即收取一些赁金。这赁金又不称为租赁，而称为"罚款"（entry fine）。也就是不愿斩钉截铁的承认居民有权占领这些土地，乃假设他们祖先进占这土地，必有虚冒

---

[1] Plucknett, p.159, 539.

名义情事。17世纪的趋向,是增加罚款,而且有些地主强迫抄本产业人径称"租赁产业人"(leaseholder)。其背景则是西半球白银流入欧洲,物价上涨,加以交通进步,商业展开,英国农作物价格自1500年至1600年,一般上涨四倍,仍不可遏止。土地关系改为租赁,期限自七年至二十一年不等,地主可以期满退佃,并且按时价加租。16世纪之末抄本产业仍在各地占多数,有如约克县(York-shire)即占农夫全数三分之二。这时候追究土地主权,也涉及一般小自耕农,有如一般传说,"一个小自耕农要是不小心防护他地产的主权,立即可以荡产倾家"。[1]

圈地(enclosure)在过去被认为是使小农流离失所成为社会骚动的原因,据最近的研究则事不尽然,圈地有利有害,各地区情形不同,好坏都有。而且圈地开始于16世纪之前,经过整个17世纪,至本世纪初期才完成,为人口增加、土地使用合理化必须的步骤。17世纪的问题大都由于庄园拆散分割买卖,所买卖的特权又含糊不明,佃户又将土地分割的遗传。普通法庭只能支持现今占有人的使用权(seizin),无法澄清所有权。这样一来,一般农民惶惶不可终日,有些也被退佃。有些庄园主人,则不知地产究在何处,承佃人也找不到。按固定收入的地主可能入不敷出,更可能江河日下。此时又有投机的地主或以经商做官起家的地主,倒在混乱场合之中繁荣,成为新的缙绅(gentry)。总而言之,法制已与时代脱节。

---

[1] Thursk, p.304; 参考 Plucknett, p.538。

农村经济不能与新兴商业合流,也是使社会陷于上下不得的一个原因。普通法的成例,农作物只能通过在历史上有成例的市场以"公平价格"出卖,不得私自交易,市场的组织不准重复。其实此时城市人口激增,各地供求关系与物品价格与以前迥然不同。16世纪及17世纪的流动商人(wayfare merchants)对各地区间的沟通,有显著的贡献。只是他们的生活极不安定,生意也没有保障。主要的原因是普通法没有应付现代商业的经验。它既不承认动产能够遗传,典当也须将产业交付贷方(mortgagee),借方(mortgagor)即失去使用权。破产与保险当然还谈不上,即使控诉对方违约,也须证明本身实际亏本,因违约而贻误的机缘不能算数,而且还有一个极长的等待时间,动辄七年。[1]

英国这时的高层机构,是英皇与议会(parliament)间牵强的平衡。封建制度间的安排,英皇平时以他自己土地的收入供应他政府的开销,只有特殊情形才能召开议会请求津贴(subsidy),不能随便抽税。17世纪的冲突一开,双方都用成例作借口,其实则目下的发展,早已超过成例之外。亨利第八别出心裁的宗教改革,使英皇成为英国教会的首长,已把他自己和他的继承人吹成半个教皇。一到17世纪,民间的趋向则是信男信女做主的一种集会性质的教会。17世纪初期的使用司法权也发生争执。因为普通法不能对付新社会的问题,一个补

---

[1] Plucknett, p.665, 677;参考 Edward Jenks, *The Book of English Law*, 6th revised ed. (Athens, Ohio, 1967), p.268, 285。

救的办法,则是英皇的"特权法庭"(prerogative courts)。这些法庭的取舍,各书所叙不同。但一般包括皇廷牧师的法庭、财政大臣的法庭、英皇巡行法庭、高级委员会(High Commission)的法庭(管宗教事宜),和"星房"(Star Chamber)法庭(管刑事)。这些法庭不用普通法,而以"公平法"(equity)为准绳。公平法本身非法律,只代表一种法律观念,以天理良心做主,也受罗马法及教会法影响,在它裁判之下,案情处置以合情理(equitable)为原则,对于是否合法(legal)倒没有提及(合法务必遵成例)。足以打破普通法凡事推宕,坚持以前没有做过的事统统不能做的习惯。这程序已开始于16世纪,只是一到17世纪,英皇已因税收和宗教两桩大事不孚人望,议会派更怕皇室用公平名义自作主张,去支持寡头政治。所以内战前夕,议会通过法案,将当中最犯众怒的两个特权法庭即高级委员会和星房撤销。

从1642年到1689年近半个世纪,政治上纷至沓来的事迹不在本文叙述范围之内。好在介绍这段时间的历史资料格外丰富,教科书也写得详细。我们提及资本主义的形成,则要一跃而前,跳到这1689年头上去。前面说过资本主义的技术条件在资金流通、产业聘用经理及技术公用的原则,一到某种场合,这三个条件都会造成一种不可逆转的趋势。在英国,我们认为1689年光荣革命(Glorious Revolution)的成功,表现着这关键的来临。

威廉第三以女婿推翻岳父,但是他是荷兰人,对英国内政无实际兴趣,被邀才做成了一个"被选举的君主"(elected king)。最重要的是，他到任五年，英伦银行成立，英国承认公债是国家的一种制度，皇室不用对国计一身担当。这样免除了好多在宪法上的争执。过去的事，像查理第一的提用商人存放在皇家铸钱局的金银、查理第二的停付银匠借款和克伦威尔强逼东印度公司借款，都不再重演，间接的保障了私人财产的不可侵犯。在此事前一年，即1693年，"皇家矿产法案"（Mines Royal Act）公布。以前民间所有矿产，内中若发现金银，利归英皇。其实皇室用这种名义抑制一般民营矿场，又授权某某人可以例外。此法案通过后，皇室放弃了这权利，于是矿业大兴。英国矿产开拓公司（Mine Adventures of England）的资本十二万五千镑，在极短的时间募足，在当日是前所未闻的大数目，这样投资放在有广泛性格的企业上去，也刺激了工商业全面的增长。[1]诸事互相印证，我们就此领略到资本主义总以在民主制度和立宪君主制下，才容易展开。极权政治一般的趋向，会阻碍私人资本的成长。

1689年不流血的革命称光荣革命，因为它实际上改造了英国的高层机构。兹后英皇只成为仪式上的君主，实际大权在议会手中。英国的政党政治和内阁的组织也已具雏形，虽说他们当日的粗胚胎（prototype），不能与以后的情形相比，但我们已可以看出他们是成直线型的发展。因为政局稳定，宗教上的冲突就慢慢的被遗忘。

---

〔1〕 关于16、17世纪英国皇室阻碍工矿投资见 B. E. Supple, *Commercial Crisis and Change in England, 1600—1642: A Study of A Mercantile Economy*（Cambridge），p.227；William Rees, *Industry Before Industrial Revolution*（Cardiff, 1968），p.386. 关于英国矿产开拓公司见 Rees, pp.526—530。

为什么英国在17世纪末年有这样的成就,而世纪中期,虽有克伦威尔的领导,仍不能有这样的成就?我们以中国历史上的经验作参考,当高层机构如此突破环境而成熟的时候,其下层机构也必有显著的改进,不然立法不能联系。因此想像英国一到17世纪之末,土地制度必和世纪初年的情形有很大的差别。统计上的数字,尚付之阙如,事实上如何完成,我们也无从知晓,可能永远无法明了。只是1692年所征收的土地税,用统一的税率加诸全国,不再用承包收税人(tax-farmer),全部收入解入国库者逾二百万镑,超过以前皇室一年收入的总和。[1]这断然不可能在五十年前,土地主权紊乱,全国不能在数目字上管理的情形中完成。

我们知道,在内战前夕,很多有企划心的地主,就已经在购买土地的时候去瘦存肥,将一部放弃,一部收纳归并,使地产的使用管理合理化。内战期间,两方的军事组织,又都是由地主领导佃农及小自耕农,则前述趋势只会继续扩展,不会收缩倒退。我们又知道17世纪中期,自由产业人已不付赁金,自成业主,有如今日情形。租赁产业之代替抄本产业,也是一般时向。[2]那么我们可以跟着唐尼教授(即前提及的R.H.Tawney)所说,英国内战,实为一个"大熔炉"(melting pot)。他说:"地归业主,以打仗的方式执行,要比法庭告状

---

[1] J.S. Bromley, ed., *Cambridge Modern History*, Vol. VI (Cambridge, 1970), pp.285—286; Maurice Ashley, *England in the Seventeenth Century* (Cambridge, 1977), p.175.

[2] Thirsk, pp.648—668; Stone, p.73.

便宜得多了",〔1〕也不只是诙谐轻松的道白,而确是言之有物。事实上这土地的领有集中和使用的规律化,以新兴的地主为领导,排斥异己,并且淘汰一批不能跟着时势进化的地主,更要将最大的压力,加诸一般抄本产业所有人。这些穑夫的子孙,少数的运气好,成为自由产业所有人,其他或被逼为佃农,或挤出于农业之外,成为城市内之廉价劳工,事实俱在。只是这是一个长时期的运动,与战前战后的发展联系,所以一到18世纪,仍有不少的抄本产业所有人。〔2〕在这些情形下,我们提及1689年英国的低层机构必有显著的改革,而不用绝对字样,这是一种相对的看法。这也不是研究英国土地制度或英国内战的一种论断,而是对英国资本主义形成的一种解释。这些专题对于"大熔炉"有不同角度的看法,因为立场的不同,其论断必定也有程度上的差异。

有了这样的解释,我们才能对以下所说法律之演进,看得明白。英国的议会派虽说想支持普通法庭的至高无上,实际上这法律与时代相去过远。公平法被皇廷牧师法庭(Court of Chancery)引用,事实上无从阻止,1660年查理第二的复辟之后尤甚。此时被引入的案件,牵涉到若典当间死亡,当时借方的权利、子女财产权的保障、破产、合同、股份和船舶所有的支配,以及欺诈内涉及"过分的施用诱导

---

〔1〕 Tawney, "The Rise of the Gentry, 1558 — 1640", *Economic History Review*, 11 (1941), pp. 1—38.

〔2〕 G. W. Southgate, *English Economic History* (London, 1970), p. 108. 参考 G. E. Mingan, *The Gentry: The Rise and Fall of a Ruling Class* (London, 1976), p. 173。

力"（undue influence）的原则。[1]而且引用的情节积少成多。当初公平法不顾成例，现在它自己也创成例，于是公平法与普通法对流。1689年贺尔特（Sir John Holt）为首席法官（他任职于 King's Bench，此法庭与 Court of Common Pleas 同为普通法庭），他即决定今后有关商人的案件，照商业习惯裁判。[2]假使社会上没有相似的变化，他的更革，纵不引起普遍的反对，也难行得通。

光荣革命的前后，政治制度的改革，不以立法和行政作主宰，而以司法为主。克拉克爵士综合前后情形，有下面一段观察：

> 司法衙门和法庭不断的工作，除了几个月之外，用法庭的裁判去树立法规的情形总是在进度之中。〔相反的〕改革法律的呼声虽高，但是危机一发生，纵在最革命的关头，有关土地〔的买卖占领押当〕与商业合同各事，却连一桩立法，也没有做出来。[3]

立法和行政总还不免"通令"的格式，有立即强迫下面照上级意志做事的情调。而资本主义牵涉私人财产权，务必在真人实事之间，判别得明白，所以司法权成为有效的工具，它有试验性质，也能积少成多的以成例创造制度。克拉克的解释尤其使我们不会忘记这高层机

---

[1] Plucknett, pp.690—691.
[2] 同上，p.246。
[3] Clark, *The Wealth of England from 1496 to 1760*（London, 1946），p.114.

构与底层机构间的联系。

我们再看英伦银行的组织,更相信布罗代尔教授所说资本主义的成功,在它能与国家互相印证的真谛。1694年银行的股东,以英皇和皇后领头,其中有一千二百六十七人,"无例外的"都是伦敦商人,他们宗教的剖面,则是"彻底的新教徒"。所凑集的资本,不是现金,而是由于他们供应政府的军需,所得财政部的收据(tally)和存在银匠店里的金银,由银匠所发的收据。他们把这些资本,共一百二十万镑,贷与政府,年利八分,政府即以关税和酒税作担保,只要年利照付,本金可以永远继续的借下去。而且有了这样的保障,英伦银行虽为私人资本,却可以发行钞票,也达一百二十万镑之数。银行既可以用放款的方式使钞票流通于市面,也就是一举两得,在贷与政府及放款于民间,两头生息,这也是信用膨胀(credit inflation)的开始。[1]

1694年9月,银行刚成立不久,政府要它汇款二十万镑到弗兰德斯去接济与法国作战的英军。这并不是开一张汇票,让约翰·邱吉尔(John Churchill, Duke of Marlborough,是第二次大战时首相邱吉尔的祖先)在比利时兑现。当时尚无分行,国际的信用也尚未开始组织。事实上的办法,是银行的董事会全部到邱吉尔军中去,筹款的职员也派往西、葡、荷、瑞士和意大利各处,包括威尼斯和阿姆斯特丹。欧洲商人一听说伦敦商人都站在英军后面,也把他们能够控制的

---

[1] 在这题目最有用的参考,乃是John Giuseppi, *The Bank of England: A History of Its Foundation in 1694*, reprint (Chicago, 1966)。

资金，放贷于组织战事的邱吉尔。所以英国的打败法国，是有北欧、南欧的财政支持。这中间一段的活动，也使国际信用的组织具体化，而英国又占据了主动地位。

信用膨胀也同样在继续之中，一方面因为在大陆上的战争，英国的支出从 1702 年的每年五百万镑，增至 1714 年的每年八百万镑。英国的国债在同时期中由一千三百万镑增加到三千六百万镑。英伦银行的资本也同样的在扩充。[1]

我们也可以想像得到，因为英国土地所有权已大致固定，农场组织也比较坚固，又因为公平法和普通法合并，商业性的法律可以使用于农业社会里面去，就引起农业的资金与工商业的资金对流，滨海与内地融结为一，生产与销售的距离缩短。17 世纪末年的一个征象，乃是"土地银行"(land banks) 纷纷组成。他们希望一方面仍能原封不动的保持自己手中的田土，一方面即以这所有权作信用的根本，获得现金。只是组织不良，求功过切，又纷纷失败。还要再等几十年，这些错误才被更正。18 世纪中期以后，英格兰和苏格兰的地方银行、乡村银行才如雨后春笋一样的显露头角，在伦敦也有很多私人组织的小银行出现。于是信用货币不仅膨胀，而且有了一个全国性的组织。

李约瑟博士和我的"检查单"提到雇用经理和服务性质的事业，

---

[1] Giuseppi, p.35; P. G. M. Dickson, *The Financial Revolution of England : A Study of the Development of Public Credit*, *1688 —1756* (London, 1967), pp.42—46; *Cambridge Modern History*, Vol.VI, p.285.

还提到立法防止欺诈、惩办假冒、惩办监守自盗（embezzlement）的程序、保险公司的形成、现代有限公司的组织、邮政的设立、付费公路（turnpike）的修筑、报纸刊物的出现。凡此都要延伸到18世纪以后，才逐渐完成。但是在光荣革命前后，都已初步创立。所以我们认为资本主义是一种组织和一种运动，这在英国，1689年是一个具体的关键。没有这时间上汇集的话，则零星资本主义的因素和抽象资本主义的观念，都不能构成一个言之有物，在历史书上站得住脚的资本主义。

英国之能进入资本主义，是世界史上一件大事。一个人口六百万，面积不到六万平方英里的国家，今日实为小国，但是在17世纪，还是欧洲大国。这样一个有农业基础并且法制传统坚强的国家，竟能使全国的管制数字化，首尾相应，有如一个自由城市，实在是历史上前所未有。过去英国的军事力量，没有法国和西班牙坚强，航海探险也在西、葡各国之后，商业组织，也让意大利和荷兰占先。至此，它以最紧凑的组织作本钱，竟在效能上超过上述诸国，因之称雄于世界达几个世纪。

马克思虽没有直接引用资本主义这一名词，他的写作中，到底已经指出了一个资本主义的体制。揆诸事实，他的叙述，和英国资本主义形成的历史最为接近。《共产党宣言》所勾画的阶级斗争，在英国历史里，也并不是没有根据。只是三两句文字的勾画，不足以概括几个世纪变化的曲折。

1978年我离开英国的时候，李约瑟博士和我的一片好奇心，总算获得局部的满足。前面已经说过，我们涉入这问题的动机，是要解释何以现代的科技产生于西方，而不产生于中国。多年摸索之后，才知道这问题不能局部解答，要解答也应由两方社会的组织与运动间找寻线索。有了上面这一段经验，我们更深信和欧洲中世纪的社会比较，以至与中国传统的官僚主义[1]社会比较，资本主义社会是一种现代化的社会，它能够将整个社会以数目字管理。因之社会里的成员，变成了很多能互相更换（interchangeable）的零件，更因之社会上的分工合作可以繁复。法律既以私人财产权之不可侵犯作宗旨，也能同样以数目字上加减乘除的方式，将权利与义务，分割归并，来支持这样的分工合作。这在推进科技的发展中，产生了一个无可比拟的优势条件。

但是这未定的结论，纯粹系相对于欧洲中世纪及中国传统社会而言，并以14世纪到17世纪（大致与中国明朝同时）的一段时间为限度。当然，这不是我们对现今政治的见解。李约瑟博士对当今政治的见解，已有他在各处发表的文字和演讲阐明。此公有他无可仿效的独立作风，也用不着我代为画蛇添足。

并且我写这篇论文的动机，乃是不久之前，我在纽约发表了一篇文章，提及中国近一百多年来对外界的挑战，不是一错再错，而且其反应是和世界长期历史上的合理性相符的；这篇文章曾引起有些年轻

---

[1] 我的一篇论文，对中国官僚主义，有初步的解释，见《明〈太宗实录〉中的年终统计：李老博士所称中国官僚主义的一个例证》，载 Explorations in the History of Science and Technology in China（Shanghai, 1982），pp. 115—130。英译载 Ming Studies, 16（Spring, 1983）。现收入本书。

学者的质疑。这篇文字最后一段,即提到欧洲资本主义的形成,所以应由我个人负责,将我现下对这问题的看法提出,作这篇论文的结论。

我们在20世纪末年,提到资本主义,有几点值得提醒所有学人注意的地方。我们从技术角度(不以意识形态作出发点)看来,资本主义不外一种国家的组织,通过社会经济诸因素,有如亚当·斯密所说,施用"商业的系统"(system of commerce)"去增进国民的财富"。在这大前提之下,就不期而然的包含了一个个人"有识见的私利观"(enlightened self-interest),倘非如此,其下层机构就组织不起来。所以私人财产应有保障,以及私人财产在公众生活中发生庞大的影响,都成为必然的趋势。

这种组织由地中海传播于北欧,穿透过英国,表现着从小国到大国,从水中的国家到滨海的国家,从没有农业基础的国家到农业生活方式组织相当严密的国家,成为世界一般趋势。以农业组织作国家基干,注重凡事维持旧有的均衡;以商业组织作国家基干,则注重加速交换(exchange)。时代愈进化,后者愈能掌握科技,而前者的弱点更为暴露,其国民对其政府之无能益抱不满。我敢说从1789年法国大革命之展开至1917年俄国之二月革命,都仍由这基本的原因发动。

从威尼斯到荷兰民国到英国,我们也可以看出一个国家放弃中世纪的立场去组织资本主义的体制,不是一件容易的事。每个国家都要透过它历史与地理的特点,暗中摸索一段时期,而后不期而然地找到它的方案(如荷兰采取联邦制度,英国利用司法)。在这里,我们也可以用英文的constitution一字解释。Constitution一方面是宪法,一方面是一个有机体的功能组织和结构。写一纸宪法,是相当容易的事;改变一个国家的功能组织和结构,有时等于令一只走兽蜕化为飞禽。在农业国家尤难,这因庄稼之事,关系人民的生存,稍一不慎,可以引起普遍的饥荒。通常我们看不到这样的困难,则因美国历史及日本历史有些特殊的地方,令人发生错觉的缘故。

美国之殖民地时代,土地占有牵涉极少的封建因素,一般土地都可自由买卖。普通法和公平法的结合,也大致已在英国完成。美洲殖民地里,只有极少数地区有两种法庭同时存在。所以自始至终,农业的组织就能和工商业合流。又能将这一组织,在一个空旷的地区,跟着科技的发展而推展到两洋的沿岸,但却也仍有"谢斯叛变"(Shays' Rebellion)、"威士吉叛变"(Whiskey Rebellion)、各州不承认联邦通过的法案(Nullification)及四年内战。又因组织银行、发行货币、管制工会、取缔托拉斯和协定各州间的商业(interstate commerce),发生无数纠纷。总之,这好多纠纷是在美国的成长的长时间内发生,所以一般人并未想像到各事业丛猬在一处,又有一个旧社会在后面作祟,又没有空间作转圜的困难。

日本是一个海洋性的国家,在德川幕府末期,已经有了诸藩(封建诸侯)的"藏元"(财政经理)、"诸仲间"(各种商业集团)、"问屋"(批发商)和"回船"(定期航线,并带有保险业务)等等的组织。政府缺乏中央集权的传统,商业组织和商业资本却早已在继续成长之中。明治维新,表面上好像是突过时代的改革,实际则是以一个新的高层机构摆在一个已经规模粗具的低层机构上。我们不审察这特殊的情形，则以为日本能如此，其他国家都应如此。

然而特殊与否、困难与否，这种改革，成为世界趋势，已无可避免。资本主义有很多令人不满的地方，也不待马克思说明。亚当·斯密著《原富》时就指出英国商人的私利观，缺乏有识见的度量，在对付殖民地时，有很多不公平及短视的事。就像对现代经济学作过实质贡献的凯因斯男爵（John Maynard Keynes）和前述的罗宾生教授，也对现代资本主义会有过极苛刻的批评。在这些地方，我们应该想到孙文所说，对现代经济组织采取"病理家"的地位一定和一个"生理家"的地位迥然不同。现代的社会主义，也就是纠正错误，给改革过迟的国家一种自卫的手段。但是在以商业的组织使全国能在数目字上管理，承认个人的私人财产权，提倡资金流通，人才活用，技术因素共同使用，基本上仍与资本主义相同，只有程度上的区别。英国在第二次大战之后，有时候资本主义的重点强，有时则社会主义的重点强，也用不着作体制上的更变。美国为当今资本主义发展最高的国家，其政治措施，有时仍带有社会主义的色彩。这中间的奥妙，则是资本主义在三百年前组成时，和欧洲当时的习惯信仰大相径庭，所以要在学理上造成一个绝对的地位，才能无懈可击。今日之世界则无此需要。况且那绝对的立场，技术上也不容易维持，即有如人类之性善或性恶、定命论的真实性格，属于宗教上的问题。又有如洛克的"劳力价值论"在 17 世纪形成。当日生产方式简单，要说某人能将自己劳力混合于自然的资源之内，即将这一部资源，当作他的私产，还讲得通。而今日最有商用价值的广告事业，以无线电的电波在空间广播，则就要使前谓劳力价值论作硬性的解释，发生困难了。

所以我认为针对今日中国的改革作辩论，一定要澄清这是资本主义或社会主义的体制，只有宣传上的效用，没有学理上的意义。一个尚待开发的国家，连最基本的现代组织都未完成，就奢言实行共产主义，甚至完全否定个人私利观，那才是颠倒历史。我们也看到对这后项运动作学理解说的著作，总不免包含着错用名词、不顾世界历史发展程序诸种办法，结果是与时代不合节，只能再度造成中国传统里"金字塔倒砌"的结果。

中国历史与西洋文化的汇合

——五百年无此奇遇

我们一般的观念,美国中央情报局(Central Intelligence Agency)总是一个特务机构。它做好事及做坏事的各种传奇式的情节,一经渲染,成为小说电影的题材。可是这机构还有一种功用,没有为一般观察者重视,则是它也搜集无机密性而有学术价值的资料。例如中国每年气候的纪录,"中情"制有图解,即供学术机关的检索。现在在我案头的乃是 CIA 所做的一份十二页的简明报告,题为"中国在 1985 年内经济上的成败"(China: Economic Performance in 1985)。原文由"中情局"于今年 3 月 17 日向国会参议院和众议院联合组成的经济委员会提出报告,报告完成之后凭公众检索。我的这一份则是寄出一个明信片之后,在回程的邮件内获得。

针对 1985 年说,这报告一开始就指出中国经济上近来所出各种弊病,例如谷物生产量低于 1984 年约百分之七;工业生产由于中央控制放松,各处加工赶制,交通供应不及,造成多处拥挤及脱节的现象;通货膨胀为过去纪录三倍,国际贸易则产生大量的入超,因之外汇存额降低。

可是这篇报告的大旨,却又不是幸灾乐祸,说明中国立将垮台。其中提及的各种"负因素"大致已由中国当局自身公开承认,见诸书报。即是中情局的分析,仍指出每种负因素都有它内在的原因,也即是全面改革期间之所应有,而且也与"正因素"不可分离。例如谷物生产降低半由天灾,但是历年存粮仍绰有裕如,1985年中国虽向外购买谷物五百四十万吨,同年也向外间输出谷物九百万吨以上。同年内中国工业生产总值超过1984年总值之百分之十八,乡村工业生产量超过1984年百分之三十五。农民放弃耕地参加工业生产也是谷物生产降低原因之一。通货膨胀虽加剧,一般人民生活之程度仍较前提高,外汇存底降低虽因输入消费品,但大部仍因输入生产工具及原料例如钢铁。

这篇报告的结论则是指出中国当局针对上述负因素已决心将经济发展的速度降低,根据赵紫阳1985年9月的报告,中国需要约两年的时间做各种调整,以增进宏观经济的控制技术。中情局认为这种管制的办法,应以间接的经济工具为主,例如税收及借贷的利息。其实中国已经在这些方面着手,例如1985年的预算,减缩政府的支出,国营企业抛售物资使货币回笼,中央银行则紧缩贷款数额并增加利息。

我所学的是历史,我读这篇报告的观感,则是证实了以前的看法,中国一百年来的革命,已于80年代完成。其间最大的一个收获,则是今后这国家已能"在数目字上管理"(mathematically manageable)。因为这突出的发展不仅中国近代史需要重新检讨,中国通史也要重写,而且因为中国历史的重新检讨,甚至也能影响欧洲史、美国史、日本史的新看法。人类的历史既已逐渐一元化,以前历史家从短距离近视界所作的,自此可以因为新的事实存在或强调而更具体化,或予以增减而使之更符合时代,这些机缘是五百年之所未有。

我提出这种说法,骤看起来,好像有多少浮夸之处。

岂非胡说八道?

今日中国国民收入之低,不仅较先进国家瞠乎其后,而且不是几十年之内可以迎头赶上的。人口管制,也是左右为难。增加工业农业生产,则发生土壤及水陆空污染等等问题。就像千家驹(本篇为历史论文,对提及人物避免尊称,以免顾此失彼,无意中落入传统作者"褒贬"的圈套)在《知识分子》第二卷二期发表文章所说出的,目前中国物资价格体系极不合理。煤炭之购于自由市场的,其价格在国家供应的六倍至七倍之间;钢铁厂造出标准的钢材,由国家收买,**价格低廉,其不合式的销售于市场,反获价四倍以上**。还有许多干部抱着"宁左毋右"的立场,有意阻碍国际贸易。全国文盲及半文盲则占人口百分之二十三,有些也是共产党员。又根据前任上海市长汪道涵对《纽约华语快报》记者陆铿的谈话,市长仍等于一个"经济沙皇"(economic czar),既管到行政费用,也管到工厂员工的薪给,又还干涉电视工厂以分期付款赊卖给员工的电视。基于这种情况,我创言中国已能在数目字上管理,岂非胡说八道?说得严重一点,即不能避免自欺欺人的指责。

所以我一开始就要申明:我说中国已"能"在数目字上管理,并不是就"已"在数目字上管理,尤其不是说已经"合理的"在数目上管理。我的说法是由"大历史"（macro-history，此与 macro economics 相差很大，所以不用"宏观"字样）立场出发，注重社会组织体系，对于国家行政的机能目前是否具备此种条件当作次要。因为后者总是依赖前者，假如前者基础稳固，后者迟早必摸索而得之，有如宏观经济失控，以两年期间调整、研究考察可也。

在这时候我就迫不及待要制造一个大历史的范畴，则由下列情形说明：中国传统社会轮廓庞大，政府实际控制有限，所以一切以一成不变为原则，中国历史的发展也因之而迟滞，与欧美社会、日本现代社会轻便灵活不能同日而语。我们光是抓着两方一人一事率尔比较，是比较不出其所以然的，又如前述千家驹文章内提出另一点：东京和北京人口相差不大，但是日本首都有大小餐馆十七万数千家，中国首都却仅有五千多家。这一方面固然如作者所称，乃人民共和国成立后左倾思想之所导致，但是在基本的立场上讲，都市餐馆数目相差如此悬殊不仅表示双方经济体制之不同，也由于社会背景之不同，我们更追溯回去，则可以断言其根源还是由于双方历史的差异。东京的繁荣，不难追溯到江户时代的町人生活，时至今日我们还能利用当日艺人留下的黄表纸文学和浮世绘木刻作见证。由于日本社会的基本组织继续存在，东京能自第二次大战后迅速恢复旧观而超过以前的规模。十七万多家餐馆不过是这大都会商业组织的一个小环节而已。

我们可以偶然提到北京餐馆不足的原因，就要牵扯出喜多川歌麿和安藤广重的画笔作见证。这样的穿插历史，不是太繁杂而赘累？据我在美国教书的经验，就常感到这种因果关系局部解释，琐碎游离，创建一个大历史的模型,实有必要。

当然,这制造的方式很多。我采用的办法,是将西欧史、美国史、日本史仔细重读一遍。特别致意于它们与中国史不同的地方,也将中国历史自春秋战国迄至近代温习一遍,从二十四史里的《食货志》造成纲领,然后旁及各史志传以及今人所作各种通史及各种专题论文,也专注于它与外国史不同的地方,在两者中都不放弃重要特点的连贯性,企求能看到千百年的事迹如发生于一日。这多年读书的经验,觉得中国百多年来所遇到的险阻艰辛,实在是一个长期间大规模的改造,能使中国历史与西洋文化汇合。到中国能在数目字上管理,这种改造可算成功,其详情由以下节目简述之。

大历史另外的一个好处,则是在长时间大环节的规模下看历史,必以社会组织结构以及群众运动为主题,不全部依赖领袖人物的言行。现代历史中的大规模事件,经常牵涉好多因素,尚不是当事人所能全部洞悉。第一次世界大战开始时,可以说是大日耳曼主义与大斯拉夫主义在巴尔干冲突,影响到好多西欧国家的集体安全。可是终战之日德奥既败,沙俄也败,其结局似乎和1914年提哀底美敦书,动员宣战的原因毫不相干。最重要的一个发展则是专制皇权(autocracy)跨地过广,组织结构不符时代,通被清算。第二次世界大战在欧洲发生时,由于希特勒提倡他的人种优秀说,他还一定要在东欧造成一个日耳曼民族的生存地盘(lebensraum)。这运动一失败,不仅纳粹人种优秀说瓦解,而全人类平等成为世界公认原则,即没有被战祸波及的地方也要清算殖民地,使本地各民族独立自主。此种因果,绝非希特勒当日所能想像，也非张伯伦、邱吉尔所能预测。

中国近百年来的历史，也逐渐牵引了很多群众运动，虽与以上国际战争的情形不同，但是大波澜之后，社会变化，以前不平衡的地方，趋向平衡，最后决定大局的因素为低层机构（infrastructure）而非高层机构（superstructure）。其间因果关系只能从大历史的范围内解说得明白，不能在张勋的传记和阎锡山的演讲集内找到答案，也与曹锟贿选、段祺瑞马厂誓师关系至微。

只是笔者提倡中国已能在数目字上管理，中国历史与西洋文化全面汇合，五百年无此奇遇。在很多读者看来，带有煽动性和挑战性的色彩，况且"人是我非"，在传统作史者看来，是一种离经叛道的劣行，即在欧美言论自由的环境之下，一个学者侵入另外一个学者专长的地盘内创造不同的论调也是吃力而不讨好的事。基于不得已的情形，只好先将笔者的本人背景和盘托出，即以前在《知识分子》发表的一部分，也不厌重复：

• 我现在是美国公民，这篇文章及我写作的中国大历史，从全人类的历史着眼，不受国籍领域的限制，否则即不可能成为"大历史"。

• 我曾在中国抗战期间入成都军校，以后也在国军任下级军官十年多，既可以说对农村市镇有过亲身切眼的观察，也可以说是向千百个大小人物提出过访问。

• 我年轻的时候认识了当日很多左派名流，他们当日即或已为中共党员或后来为中共党员。有如作人民共和国国歌的田汉，作过《人民日报》社长和新华通讯社社长的范长江，在文革期间首遭挫害的廖沫沙,参加过韩战的田海男(田汉长子),现在上海市政协会的陆诒,及南京市委邓健中等,从他们的思想谈话再参考官方及非官方各种理论报告和分析,我对中共运动及其理论与体系,有了一个内外观察的机会。

● 我曾在从军时留滞于印度、缅甸,也到过东北和台湾,后来也居留日本三年,居留英国一年,曾旅行于韩国及欧洲大陆,对于各国历史与社会之不同曾耳闻目见。

● 我的一本专著为《16 世纪明代财政及税收》(剑桥,1974),筹备七年,参考各地方志约四十种,曾将《明实录》现行影印本一百三十三册从头至尾读过一遍。我对中国迄至现代不能在数目字上管理(mathematically unmanageable)的观念,肇始于此。

● 我除了在密歇根大学的学位之外,也曾毕业于美国陆军参谋大学。这阶层的军事学术,尤其是动员及后勤的各部分,对于学习历史的人员讲,是一种训练思想的好机会,它强迫我们衡量一件群众运动或公众事业能否有适当的人员物资和组织在后面支持。以这种看法研究历史,就知道有些事之可行与不可行,有客观因素决定,用不着过度歌颂或无端谩骂。

● 我曾在英国剑桥以及美国好几间常春藤大学做过研究工作,也参加过集体研究工作、思想史研究工作。只是在美国教书则全在低阶层的大学,因之得到了一种难得的经验,深知道将先进研究工作的成果,按照现有教材报道于一般读者的困难,反言之,要是放弃成规的束缚,另起炉灶确较容易。

中国人注重外表谦虚,实际以吹嘘作进身的工具仍所在多有。美国社会提倡进取,容许作广告性的自我介绍,可是在幕后各人对以自身作商品,勉强要人接受的则又嗤之以鼻。我只好承认以上缕述,在两方都犯忌讳,但是无非说明文章里有庞大的结构,实际并非天马行空,作者已在不同的方面做过"蜗牛式"的地上准备。有了这段交待,下文尽量减少附注,务期达到和编者预约字数内交卷的希望。

"一穷二白"

毛泽东曾说过中国是"一穷二白",我起先没有想到这二因素有互相关联之处。至于说到贫穷,我倒有切身的经验。我自小至大,看到家里远亲近友,和小学中学大学以及军官学校的同学,后来在国军任军官的同事,以及我知道的长官和高级将领,和做共产党的朋友,除了极端少数之外,家里无一不穷,要能维持到一个工业国家中等家庭生活的可谓绝无仅有。即使名人传记、小说杂著,也多以贫穷为题材。抗战期中重庆、昆明、贵阳、柳州间,一片贫穷现象,触眼皆是,即有所谓"发国难财"的,今日想来,亦未必超过贫穷线甚高甚远。至今还有在台湾的作者,在回忆录里提到西南联大学生生活,确实在饥饿之中挣扎。抗战结束后,内战踵继,我那时在美国陆军参谋大学上学。1947年3月,国军攻占延安,当日电视尚未普及,电影正片开场前则有新闻短片,延安攻占不久新闻片即已到美,所看到的无非茅茨土阶,一列列的窑洞,也是住宅宿舍。美国人问我们,你们穷到这样为什么还要拼命的打内战？我们几个中国军官学生面临事实，颠顶无辞以对。不料四十年之后富裕的国家，仍是国泰民安，而发生内战的国家，仍是贫病多难的国家，这事实就供给了我四十年前不能供给的答案。

"穷"也和"白"相关联。我记得1941年在国军第十四师当少尉排长，军队驻在云南马关县，和占据越南的日军对峙。我们行军全赖徒步，有时从县境东端走到西端，看不到一条公路、一辆脚踏车、一具电话、一个篮球场、一份新闻纸，和一间诊病室。也就是很多现代的人文因素，统统都不存在。其后面的背景则是哀牢山间的居民，一片赤贫，无从支持现代商业，大多数农民，自耕自食，即要交换物品，市场赶集以玉蜀黍换布换盐至矣尽矣。重庆的国民政府至此已捉襟见肘，当然也无法资助。这缺乏服务性质（service）的机构（包括交通通讯、健康、娱乐等）是待开发国家的一般现象，也与上述北京在1983年底有人口九百三十四万只有大小饮食店五千多家的情形相映证，既穷则白，既白则穷，一方面衣食未周，一方面又缺乏组织能力。

美国的历史家也有些对这问题注意。如费尔魏克（Albert Feuerwerker）作盛宣怀传，就提到中国在19世纪，不能在农业方面"勉强的"节省，去投资工业，是坐让日本占先的主因。其实亚当·斯密在法国大革命之前夕，草写《原富》，他就提到中国贫穷的原因。他说："中国历来就是一个最富裕，最肥腴，耕耘完美，操作勤劳，世界上人口最众多的国家之一。现在看来，它在长久期间之内，就已在停滞状态。马可·波罗五百年前莅临该土,就提到这国家农业工业及人口众多的情形,和最近旅行者所描写几乎毫无出入。这样看来,似乎马氏之前很长远时间内,这国家即已到了它法律及各种机构容许它致富的最高限额。旅行家的提供材料虽有冲突之处,他们对中国劳动工资之低,却众口一致,他们都承认中国劳工,不容易维持一家生计。"(《原富》第一卷第八章"劳工工资"。原文劳工(labor)也包括农民血汗。)

斯密的议论言之有物。我们看到各朝代出土文物及历代绘画,其中涉及劳动生产士庶生活的部分,显然的两汉就已有先进状态,唐宋之间亦有进步,但程度不高。明清之际,可称停滞。和西欧近世纪相比,彼方每个世纪的文物都不同,绘画上一眼即可看透。两方相去之远也不是由于中国人民懒惰,土地肥腴用罄之所致,根据斯密的解说,我们应能在法律制度机构中找到答案。

中国政体与西欧、美国、日本有一个基本不同之处,则是长期的中央集权。在我用原始资料解说之前,不妨先介绍另一位美国作者。

瑞特弗戈(Karl A. Wittfogel)原来为德国人,也曾加入欧洲的共产党,在二次世界大战前夕来美,以后他脱离共党,成为反共先锋,并以暴露共党及美国左派人士自居。他的著作以《东方的专制》(*Oriental Depotism: A Comparative Study of Total Power*, Yale, 1957)最享盛名。全书意识形态浓厚。费正清(John K. Fairbank)说他认为"抽象的理论即是事实"。瑞特弗戈书中结论苏联为"俄国之亚洲复活",毛泽东为"真正的亚洲复活"(pp.438—443),西方必须以战斗姿态，迎击他们的全体体制，才能保障传统的自由。此书刊行时值韩战停火未久，美国各学术机关正集中资源加工提倡研究中国历史之际，作者的议论，对美国的汉学家有很大的影响。即像牟复礼（Frederick W.Mote）、何炳棣、陈志让的著作内或否或臧，都提到此人此书。

瑞特弗戈认为东方诸国而以亚洲为盛，农作物需要灌溉，而灌溉则要兴建大规模的水利工程，其全民动员之后造成了一个管制的中心，此即是"东方的专制"的起源。他有些时候也称这为"水利社会"或"亚洲社会"，但是他的缕述"亚洲"，却又涉及埃及和秘鲁，而不包括日本，其原因则系日本虽种水稻，无大河流域作文化的基础，其灌溉亦规模甚小，因之领导权属诸地方，而日本也缺乏东方的专制，它的社会不属于水利社会。

因为生产关系不同，亚洲历史与欧洲历史有别，原来是马克思的见解。但是，马克思除了偶然提到大河流域之关系之外，却又没有再继续阐述。瑞特弗戈的"东方的专制"可以说是牵引马克思的见解，也可以说是他的修正，其间最大的毛病，则是他将事实上无法归并的事迹，勉强凑成一团，虽称比较，实则做选择性的挑剔。以致将个人政治见解，混入学术之内。例如他说水利社会的宫殿陵墓"用了极多的材料和极少的思想，去达到这些建筑物的美观成分"，直到伊斯兰教势力将希腊的美术设计带到东方，这些地方才有了新建筑及新纪念堂庙（p.44）。他供给的证据是埃及的金字塔、美索不达米亚的皇陵和中国的城楼。最近在骊山发现的秦俑，每个状貌须发衣饰甲胄全部逼真，不像埃及的鸟头人身，也不像印度的三头六臂，更不像波斯大流士（Darius）宫廷上装潢人像的每个千篇一律，如自模型翻砂塑成，可见得中国的中央集权，自始即有完整的文官组织撑持，也不缺乏思想、技术及艺术上的特征。详情仍后涉及，总之已不在瑞氏范畴之内。

然而，瑞特弗戈的著作也不是全无事实。他提到灌溉之外，也侧面提及防洪。我们也可引用公元前651年，齐桓公会诸侯于葵丘的一段史事引证（《左传》僖公九年）中国的中央集权确与防洪有关。当日春秋各小国建筑堤防时只顾本身利益，不计邻国祸害，齐桓公系霸王，也系盟主，他和各诸侯盟约之一，在不同的古籍里称为"无曲防"、"毋曲隄"、"毋雍泉"和"无障谷"。而《孟子》一书中提到治水十一次之多，这与他所说"天下乌乎定？定于一"相表里。孟子又和白圭说："禹以四海为壑，今吾子以邻国为壑。水逆行谓之洚水，洚水者洪水也，仁人所恶也。吾子过矣！"这都表示水利在小国家里发生的纠葛。秦始皇统一全国后，碣石立碑，自称"决通川防"，他又改称黄河为"德水"，又称秦为"水德之始"（《史记》卷6，《秦始皇本纪》），也就是认为他自己领导防洪的功绩，是他做皇帝的本钱〔以上有力的证据，瑞著《东方的专制》全未提及，他仅说出秦始皇曾兴建大规模的水利工程（p.40）〕。

瑞特弗戈称水利社会的专制政体本身不受任何限制，却不能控制人民生活的全部。因之在各村镇间留下空隙造成"乞丐式的民主"（Beggars' Democracy）（pp.108，126），虽然用字挖苦，我们却无法辩驳，而且这观点也与我们想讨论的重点接近。

《东方的专制》还有一个有意义的见解，则是说明这种专制政府，"继续不断的向全部平民提出财政上的要求"（p.70）。这也就是说大部税收都是直接税，既不像封建制度一样由诸侯附庸进贡的方式支持皇室，也不像现代政府一样以公司所得税、间接税、累进税作收入的大宗。向中央政府直接供应人力物力的负担的乃是全部平民。这种特点，也是中国历史上顶有决定性的因素之一。用这方式作财政基础，官僚政府务必鼓励人民开拓荒地，资助耕牛及农具，这种重农政策，对中国历史初期的发展，不能说是没有积极的功效。可是现在看来，这种措施是最近几百年来最能妨碍中国进步的一大主因。基于这财政上的布置，中央政府要竭尽其力，扶植无数的小自耕农，防制"兼并"。一方面技术方面执行困难，一到兼并盛行，政府财源阻塞，引起政局不稳，甚至朝代倾覆，另一方面即使整个设计全盘执行无误，这无数的小自耕农，从入仅敷出或甚至入不敷出，也不是增进生产技术，提高农业工资，由农业"勉强的"节省去发展工商业，使全国经济多元化的办法。

这种财政组织方式也不在秦朝开始。《汉书·食货志》有这下面一段记载：

陵夷至战国……李悝为魏文侯作尽地力之教，以为地方百里，提封九万顷，除山泽邑居三分去一，为田六百万亩，治田勤谨则亩益三升，不勤则损亦如之。地方百里之增减，辄为粟百八十万石矣。……今一夫挟五口，治田百亩，岁收亩一石半，为粟百五十石,除十一之税十五石,余百三十五石。食,人月一石半,五人终岁为粟九十石,余有四十五石。石三十钱,为钱千三百五十,除社闾尝新春秋之祠,用钱三百,余千五十。衣,人率用钱三百,五人岁终用千五百,不足四百五十。

这数目字各朝代不同,但是基本方式两千多年来未变。很多带着理想主义的历史家,总是随着古人所说,反对兼并,或者责骂古人,反对增税。殊不知既不兼并由私人组织,又不增税让政府组织,只好让所有服务性质的事业都没有人做。其平等的悲剧,也就是长时期有系统的在历史上制造全面穷困。

"微管仲,吾其被发左衽矣!"

防洪治水,还只是引起中国中央集权的地理因素之一。季候风与农产的关系,也是促成中国早期中央集权的主要原因。中国农产区百分之八十的雨量,都下在夏季三个月内。季候风由菲律宾海方向向西北吹来,全靠由西向东的旋风(cyclone)将这海风吹至高空,其含水量才凝结为雨。要是这两种气流经常在某一地区上不断的碰头,其地必有水灾,要是经常不碰头,则有旱灾。以中国幅员之大,有时水旱并至。前述美国中情局的气象图解,即标示中国有些地方下雨量超过平均雨量两倍或不及一半的情形,经常有之。我们可以用古籍证明。《史记·货殖列传》说:"六岁穰,六岁旱,十二岁一大饥。"《汉书·食货志》接着说:"世之有饥穰,天之行也。"在春秋的时候因为气候及谷物灾害之所致经常发生战事,有如《左传》里提及的"取禾"、"取麦"、"阻籴"、"恤邻"诸情节。要不是很多国家为灾情逼迫,战国时的战事,亦断不至如斯的剧烈。这种情形之下,也只有大国能够控制大量的地盘与资源,才能接济灾民,有如梁惠王之语孟子:"河内凶则移其民于河东,移其粟于河内,河东凶亦然。"秦始皇统一中国事在公元前221年,其灭六国期间之公元前235年,"天下大旱",公元前230年及前228年,均是"大饥"(《史记·秦始皇本纪》)。所以始皇自称"振救黔首,周定四极",虽有政治宣传的动机,仍不乏历史上的逻辑。兹后统一的中央政府,也以救济灾荒为其本身重要任务之一,根据《周礼》,称这种事务为"荒政"。

下雨量不仅在中国腹地因过多过少而使谷物收成无定,而且它在北部西部还使农业达到不能逾越的界限。中国的"万里长城"就大致与"十五英寸的同雨量线"(15 inch isohyet line)大致符合。这也就是说,越过这线之外,迄北迄西,每年下雨量在十五英寸以下,无法耕耘,总是游牧民族出入之区,他们一遇饥荒,或乘中国缺乏坚强的政府或有力量的防御军之际,总是大举内犯。孔子生于公元前6世纪,他还说:"管仲相桓公,霸诸侯,一匡天下,民至今受其赐;微管仲,吾其被发左衽矣!"亦即是说如果没有中央集权的保障,中国的一般民众,都要受蛮夷戎狄之所制,强迫改换服制,当作顺民。可是我们至今还不能确定他所暗示蛮夷戎狄的真实性格。一到公元前4世纪之末,也就是公元前300年之前不久,游牧民族开始利用骑兵战术,以前小规模的流动性,演进而成大规模的流动性。[1] 所以始皇得天下之后,令蒙恬以兵三十万伐匈奴,收河南,筑长城,但这还不过是一个序幕,以后汉民族的多数民族与满蒙回藏等等少数民族在华北及草原地带沙漠区的厮杀,无朝代无之,无世纪无之,也很难在十年二十年内无之。这种事迹影响中国历史的关系至巨至深。最显然的,则是筹划边防,中央集权不能放弃。既有两千多英里的国防线,也不能采取精兵主义,于是动员作战人事后勤都以数量重于质量为宗旨。军政既如此,民政也只好同样笼统处置,纯朴雷同成为最先考虑的因素。

我们写作于 20 世纪的末期,当然要避免大汉"沙文主义"(chauvinism)的作风。我们看到汉武帝的匈奴政策,真有今人所谓"灭种"(genocide)的趋向。而明朝人之所谓"烧荒",将游牧民族的生计全面破坏,也不免读之心悸。然则勾画大历史的目的,志不在褒贬。我们这里所考虑的长期历史上的性格,则是在中国地理的特殊情形之下,多数民族,反要放弃主动,绝对的受少数民族的影响(因为中原能占领,沙漠不能占领)。我们读至《旧唐书》和《新唐书》里面的《回鹘传》、《吐蕃传》及《突厥传》,看到少数民族进出长安之无忌惮,成千成万掠去人民之惨伤,公主和蕃之令人悯恻,又即在武后

---

[1] See Herrlee G. Creel, *The Origins of Statecraft in China* (University of Chicago Press, 1970), cf. Owen Lattimore, *Inner Asian Frontiers of China* (Oxford University Press, 1940), pp.252—254 for the development of "marginal nomadism" to "full nomadism" and Cho-yun Hsu.*Ancient China in Transition* (Stanford University Press, 1965), p.70 for cavalry in Warring States armies.

统治下的所谓盛唐时代，河北官兵不能抗拒契丹，一到寇退之后，又加罪于无辜百姓，动予杀戮。只赖女主英明，亲自万机独断，才能采纳忠言，制止冤酷（《旧唐书》卷89，《新唐书》卷115，《狄仁杰传》）。可见得中国的中央集权，包括了很多技术上的因素，当日的政府，缺乏适当的工具可以合理地解决各种庞大的问题，于是不顾人情地将问题简化。真理总是由上至下，只要能追究到"责任"，就符合到施政的逻辑。少数民族可能本身无辜，也可能他们自己也就是地理上的牺牲品。但是他们之成为历史上的工具，则是在中国还没有找到适当之技术去对付之前，先以大数目课予汉民族以难题。

中国中世纪的华北，是一个很多民族混合的大熔炉，详细经过，尚待现代作家整理。但是《辽史·食货志》称马与羊不许入宋。而张择端所画的《清明上河图》即示12世纪初期汴京的大车以水牛吊连骈排拖拉。而同史又称辽之受制于金主要原因之一，为战马不能补充，都显得地理因素之可以影响历史，有时出人意料深刻。辽之制度蕃汉分治，但是汉人编为"乡兵"及"转丁"，配属于契丹队伍，每个战斗序列都有一定数额（《辽史·兵卫志》）。金制女真户与汉户错居。大概四五十户称为一个"谋克"，八个谋克，编为一个"猛安"。谋克户及猛安户都只许女真为之。他们就等于保长甲长，管理所属户口的兵役及赋税（《金史·食货志》）。所以元朝称这久被辽与金管制的汉户为"汉人"，而在华南未经"蕃化"的汉户则为"南人"〔马可·波罗称之为"蛮子"（manzi）〕，不无根据。而后来朱元璋开始明朝，他所手订的《大诰》（现在台北学生书局的《明朝开国文献》已复制）有"胡元制主"

的一段。这文献也可以说是以汉人的民族思想,去合理化他开国时的一段恐怖政治。归根结底,则是中国历史上的中央集权,与西北边防问题相始终。

朱元璋的民族政策是少数民族不许同类通婚,所以他们在明朝必有大规模的汉化(《大明会典》),中国又经过元朝和清朝两次少数民族的入主,所以今日之中国人(ethnic Chinese),即本文的作者及读者都在内,绝大多数都是多数民族与少数民族间的混血种,等于今日之英国人为最先拓殖的土著(Celts)、意大利人(Romans)、丹麦人(Angles)、德国人(Saxons)、法国人(Normans)的混血种;日本人之为北海道土著、中国(秦)人、韩国人,及史前亚洲骑马民族的混血种。再要强调何人为"纯粹汉人",即属可能,也无意义。然则在历史上言之,则中国多数民族与少数民族的结合,不是短时间军事移民所致,而系连亘不断的经常带着紧张性的一种历史上的重担。因此中国传统政府的作风,一面以儒家思想"柔远人,来百工"相激劝,一面对于全民统治,始终不能放弃"命民为什伍"的军事组织精神,而潜在的支持中央集权的趋向。如果这种作风使中国归纳于"东方的专制"的政体之内,则中国不仅本身是"水利社会",而且受"草原社会"的压力至深至远。

以上从左派右派的言论,中国与外国的资料,古典文章与考古的结果,天候地理的因素,公元前及近代的史迹,以及教科书上的课题和个人经验,都汇合地说出中国传统的中央集权,既系人为,亦由天赋。其历史上的长远意义(这就是"大历史"的真谛)则是在技术能力还未完全展开时,中国政府先要对付大数目的难题,只好囫囵应付。因之它一方面一定要企图在思想上使它的措施解释得合理化,另一方面它一定要在管制技术上寻觅短途捷径,有时逃避事实。这篇文章只是一个大纲,所举例证当然是挂一漏万,可是读者可以想像先有了一个笼统的规模,以后填补文字上的罅隙,并不十分困难,而且这论点,仍有以下各节印证。

金字塔倒砌

《周礼》是一部很奇怪有趣味的书籍。它在刘歆于公元前后之交提出时,即被斥为伪书,以后它的争议直到十多个世纪。[1]据称作者为周公,那么成书应在公元前一千年以上,较中国之使用铜币还要早好几百年,可是书里已经提到铸钱的组织,也讲到市场商品是否真实,物价公平与否。可是书内又有些节目,反映公元前周朝的制度。我个人对它的观感,就可以"金字塔倒砌"直截了当的形容它。也就是先造成理想上的数学公式,以自然法规(Natural Law)的至美至善,向犬牙相错的疆域及熙熙攘攘的百万千万的众生头上笼罩着下去。当然书内没有言明,这行不通的地方,只好打折扣,上面冠冕堂皇,下面

---

[1] See Li Ch'ang-shu, *Chou-li ku-hsueh-k'ao* (1909) and Sven Broman, "Studies on the Chou Li", *Bulletin of the Museum of Far Eastern Antiques*, 33 (1961), pp. 1—89.

有名无实。今日的一般读者，用不着十分认真去考究这书的作者以及他成书的动机。它一般示范的用途，也就是它本身在历史最重要的价值。《周礼》有一段短序，在书中再三重复提出："惟王建国，辨方正位，体国经野，设官分职，以为民极。"这几句话也代表中国二千年来政治体系的基本精神。所以韦伯（Max Weber）说《周礼》揭示"官僚合理化领导下的一种极有间架性的国务组织"（A very schematic state organization under the rational leadership of officials）[1]是剀切之言。

推而广之，间架性的设计（schematic design）是传统中国政治制度里一种不可抛离的因素。当一个国家刚脱离青铜时代不久，文书来往还靠竹简上书写之际，就在一个庞大的地区上实行中央集权，就面临20世纪一般的大问题，只好构造一个庞大的官僚机构，将现实理想化，又将理想现实化。再加以中国文字的习惯，自始即受甲骨文的影响，只将最紧要的环节写下，次要的因素付诸阙如，待读者猜想后添入。这样更构成《周礼》及和它几百年内同时的著作内有如《禹贡》、《左传》及《孟子》里提到制度时耐人寻味之处。

《周礼》说到周朝的封建制度，是从国都"方千里"的王畿之外每"方五百里"划为一"服"，共九服，诸侯的采邑因去王都的距离不同，他们的义务也不同，图解如下：

---

[1] Max Weber, *The Religion of China*, trans. and ed. by Hans H. Gerth (New York, 1951), p.37.

其实周都镐，在今日西安附近，也不是地理上的中心，而中国地形，尚且不能容纳每面五千里的距离，以当日的技术也决不可能在地图上或实地上画出这样的方格。但是王畿千里，各服方五百里的抽象原则，却在几句简短的话内说得明白。

传说中的周朝土地制度，是八家为一井，每家分得田土一百亩。更有公田一区在井之中央，面积也是一百亩，八家共同经营，其收入则为赋税。

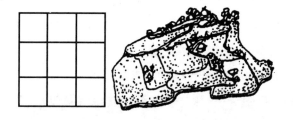

井田制度经过中外作者多次论战，甚至其有无，在争论中也成为问题。我曾将隋唐之均田制度，宋朝的财政措施和明清的税收办法拿出来比较，所得结论，则是上开原则，不是完全不可行。如果真在平地分田，中国的官僚也真会划地如切豆腐干。但是一般最能合理想的处置，也不过如上图所列，亦即是以实地情形，迁就比拟于一个几何学上的图案，只要大概不违反原案的精神，详细的出入，无碍于大旨。再次之则只有七家六家，也可能为一井，更次之则畸零亦称之为"鼠尾"，附带编入算数，日本人之称为"龙头蛇尾"，和我现在所说金字塔倒砌，都可以用之形容这设计施行的实际情形，也就是上重下轻。

这种"制度"，对以后中国历史的发展有极大的影响。中国社会的下层机构，由上层机构指定造成，整个组织由于"经理上"（administratively or managerially）的原因而存在。官僚行政之用心设计必以保全这组织上之逻辑为主，不仅下层利害可以为保全这逻辑而被抹杀，而很多官僚本身性命亦可以为之牺牲，有如柏拉兹（Etienne Balazs）之所云。这种设计原则，不仅妨碍民权及地方性质之组织制度的发展，也是将技术上不尽不实之处，压至下端，使整个国家不能在数目字上管理的一大原因。

三个大帝国

大历史也是从"现有主义"（positivism）的角度看历史，虽指出历史上不如人意的地方，却无意全盘否定中国在历史上的成就。再说得干脆一点，上述的中央集权，既为拯救百万生灵之必需，则本文之作者及读者也要像孔子一样，虽然个人不直于管仲，对他在历史上的贡献却又要慷慨地说出"民至今受其赐"。假使没有这样的中央集权,我们的大多数祖先都已不能生存,遑论及我们后代。

中国政治社会的庞大组织,是超时代的早熟,它的缺点没有充分暴露之前,尚为中外景仰。中国的科学、技术、文哲理论以及艺术都在早期胜过欧洲。即讲到政治体系不仅欧洲中世纪缺乏组织不能望其项背,即直到史密斯立说评论时,欧洲大陆刚进入于"开明专制"(enlightened despotism)的时期,中国文物制度,尚为福勒特尔及富兰克林景仰。这些事迹已有中外学者阐释,也并不与本文冲突。只是本文旨在提供迄至近代中国仍不能在数目字上管理的原因。只能以"负因素"(negative influence)作根据。以下提及皇权时代的三个大单元,这三个大帝国既然都已崩溃,我们的分析也偏重其覆亡衰落。所以要再三申明:文中强调负因素,系用它们作分析的工具,不是单独的牵扯它们出来,恣意褒贬。

第一帝国包括秦汉

秦始皇在公元前221年统一中国,至二世而秦亡,汉朝取而代之,除新莽的从中插入一段不计外,刘家天下在公元前后各历时约两个世纪,前后连亘四百多年,在历史上和秦朝合为一单元。我们想要用四千多字既叙述又分析这一个大帝国的特征,不免为难。

我的建议是先看它的财政措施,同时先不要被历史上的数字生出疑难或迷惑。中国历史上有很多统计数字,其质量与提供这些数字之机构的质量有关,我们看清了后者,就不必一定要追究前者。例如西汉地租十五而税一，约值收入百分之七而弱，人丁税以每人一百二十钱为原则，又分老幼男女平民及奴隶，更有代役钱，以这种策则在被估计约六千万人口中施行，毫无差错，难于置信。读者想还记得人民共和国二十年以前很多统计数字，仍有大批虚冒现象。以上税制如何可以在纸张都未发明之前（蔡伦造纸在公元后1世纪）文书全靠竹简木简誊写传递下，在据说人口为六千万的国家内全面奉行？反过来说要是这税制全未施行，这帝国又如何维持？我们两千年后研究其历史，又凭什么根据？徘徊两者之间以后，我们只好说这种税制也是一种间架性的设计，能推行即照条文实做，不能则任之虎头蛇尾。

今日因时代过远，资料不全，我们对秦汉统计数字的真实性格已无从分析。但是翻阅一般史料，则发现以下的几个特征非常清楚：（一）财政体系的效率，有赖皇帝及执行者由上至下加压力，其工具是政治权威，不是经济因素。（二）这效率在军事行动成功时其成功性的公算高，然则压力过高也可能引起叛变。（三）缓和压力时，则又有无意之中鼓励地方分权，造成割据独立之可能。（四）这财政体系全靠大量小自耕农作下层基础，所以质量上无法作突破性的改进。

这以上几个趋势，在秦汉之间出现之外，也在不同状态之下出现于中国全部历史之中，很多情形之下国富继续增进，朝代反不能撑持，因之政治体系崩溃。动乱之后，民间经济也随之瓦解，只好一切重来。传统历史作者，无法透视全部局面，经常以不关痛痒的小事解释，动辄责骂"腐化"，不能为我们因循袭用。

秦朝承战国七雄全面动员长期作战之后，以武力统一全国，秦始皇又做到书同文车同轨的局面，他自称"细大尽力，莫敢怠荒"，为他寻仙药的卢生和侯生也说他"以衡石量书日夜有呈，不中呈不得休息"（以上均出《史记·秦始皇本纪》）。也就是当日木简为书，始皇以秤权衡其轻重，他预定阅看文书的进度，不到若干斤之前，决不罢休。我们因之可以揣测他的财政体系，已经在可能状态之下发挥到最大效率。是以与他陪葬的秦俑，连衣饰上的皮带铜扣、靴底之铁钉都照实物仿制，毫不苟且。他生前兴建各种工程，大规模移民，自称"节事以时，诸事繁殖"，然夸大必仍有事实上的成就作根据。

汉朝惩秦之覆亡，采取"杂霸之治"，也就是郡守与王侯分地治理，彼此牵制，加以儒家思想与法家体制并行，经过诸吕之乱及文景之治以后，到武帝刘彻，也就是朝代已进入六十年之后才重整中央集权的作风。武帝在位五十四年（公元前141至87年）伐匈奴八次，又进兵到今日之朝鲜、青海与越南，司马迁说他的军需补给，"率十余钟致一石"（《史记·平准书》），以一钟为六石四斗计，这句话说出粮食之能到达前线供应战斗兵员的不及内地征集的六十四分之一。虽说这是文人不对事实负责的笔墨，但是我们看到他在位时，丞相、御史大夫下狱自杀之多，也可以想像到当日全面动员的紧张性。

刘彻的武功也与他的加强统治促进中央集权的政策不可分割。汉朝自公元前154年吴楚七国之乱后，余存王国分裂而为侯国已无多大实力，而武帝更是大规模的削藩。汉高祖封侯计一百四十三，其中六十八侯国已在武帝前罢废，至武帝时存七十五，武帝在司马迁作《史记》时已罢废其七十，只存侯国五。吕后及惠文景三朝也封侯三十五,武帝罢废其三十四,仅残存侯国一(根据《史记》卷18及19,但是武帝自己也仍以军功封侯)。其罢废的最大罪名,是"坐酎金"。也就是供应中央政府的资源或不如额,或有差错。这也就是利用军事行动,增高财政管理的征象。

武帝用东郭咸阳、孔仅及桑弘羊理财,不能被我们轻率地视作"商人参政"。他们并没有利用商业组织及商人资本去增进政府的功能,也没有利用政府的威权扶助商业之发展以便扩大政府的财源。所以盐铁官卖受到文人的指摘,有如《盐铁论》之所云。其他如皮币(强迫借款)、算缗(抽资产税)、平准和均输(政府经商)都是短期筹措现款的办法,而没有顾及积累资本,因之也很难逃避时人所给予"与民争利"的指摘。

但是既摈弃封建制度的间接管制,又不能创造商业组织,也就是仍只有大量的小自耕农,而缺乏经济上的中层机构。在这种情形下也只好让皇帝或执行者高高在上,以天命和道德的名义管制亿万军民。下层机构即一般民众除了饥寒所迫铤而走险之外,无法替自己说话。成千成万的官僚既不能公开的坚持个人本身利益,也不便维护地方利益,只好用非经济及非法治的名义去维持组织上的逻辑。但是以道德代替法律,贤愚不肖,都出自主观。而且技术问题,被解释为至善与极恶,政争失败之后有身首异处的危险,更增加政府的不稳定。西汉政府的功能到武帝时已经到极端,到霍光专政时已难继续。再次到王莽时代,即不可维持。我们看到新莽的好多布置及号召不能说他想要与民更始的决心完全没有诚意。他篡位之后说到当日官僚积弊为"拜爵王庭，谢恩私门者，禄去公室，政从亡矣"（《汉书·王莽传》），就可见得当日官僚私人财产及人身权利没有保障，以致"走后门"的处处皆是。这些人既得爵禄之后，即置公事于不问，因之农民造反，赤眉绿林，又比比皆是，可是这情形又不是设置"五威司命"及"中城四关大将军"（特务机关）所可以解决的。王莽离不开现有的官僚机构，又憧憬于《周礼》式的全面改革，可以说是没有看清他自己的历史背景。

后汉光武帝刘秀曾为太学生，其微时曾经商，贩卖谷米，又替巨阀讼逋租（《后汉书·光武帝纪》），所以精于计算。他自称以柔术治天下，宣布土地税额为三十而取一，西汉所行之各种政府专卖也一并放弃，所以有人称他的经济政策为放任政策（laissez faire）。其实他的纪录有公元40年（建武十六年）"河南尹张伋及诸郡守十余人坐度田不实，皆下狱死"的一段作见证。可以看出他至少是外柔内刚。而他的儿子明帝刘庄，以学者自居。但是《后汉书·显宗孝明帝纪》说他"善刑理，法令分明，日晏坐朝，幽枉必达"。而最后对他提出一种带疑问性的批评："夫岂弘人之度未优乎？"所以他父子在位亘半个世纪，既以军事力量重创政治机构，对财政事宜之注重实际，也决非优柔放任所能概括。这史籍上残留的痕迹，使我们猜想他们和明朝的永乐帝一样，都是善于制造和利用舆论的君主，而东汉在公元57年只管制人口二千一百余万，到105年就有五千三百余万，刘庄的传记里仍称他"吏称其官，民安其业，远近肃服，户口滋殖"。在公元1世纪的四十八年之内，人口能增加到两倍半以上，已难置信，如果就是实情，要把这人口向上报告列入国家财政数字之上,也要由上至下,长期的施用压力,才能办到。

东汉和西汉的作风有一个重要不同之处,则是注重学术。西汉之有贾谊、晁错和董仲舒等人还不过是单独的学术人才取得皇帝的信用,任为顾问。一到东汉,"学而优则仕",成为一时风气。据记载太学有二百四十房,一千八百五十室。至桓帝刘志时(公元147—167年)太学生多至三万人。而《后汉书》里提及名流私人讲学吸引生徒数百人或逾千人的资料,俯拾皆是。这在当日政府组织的特殊情形之下,产生一种循环性的不良后果。因为皇室的提倡,仕人又无其他出路,学术不以它本身的发展为目标,读书成为升官发财的机会,甚至数代公卿造成门第。同时又因当时缺乏技术上及法制上评判是非的能力,许多读书人以"气节"相标榜,积之则成"清议"。他们以自己过激的道德观念,视作自然法规。所以钱穆就指摘他们"偏狭"(《国史大纲》第十章)。

东汉党锢之患在这情形之下产生,很多案件最初发生于"兼并"。很多富家巨室与官僚勾结,到乡下放债买田,侵蚀小自耕农,地方官员以道义上的责任,出面干涉,通常发现这些人的后台老板为朝中权要,很多情形之下为宦官。还有好多宦官自身即为皇帝近亲,有如中常侍张让,其媳为董太后之妹,"宾客求谒者,车恒数百千辆"(详《后汉书》《窦何列传》,《党锢列传》及《宦者列传》)。其背景为民间经济发达,现行法令对中层的经营,无适当的处理,既不能接受其诉讼,又不能救济其失田的小自耕农。于是一般被士人标榜的名流如李膺,以义节判人死罪,将张让之弟处死。又如岑晊,对道德观念不合的即格杀之,甚至其对头已被赦免，其家人宾客一二百人，也被他格杀。今日我们阅及这些史料无从判断其谁是谁非。一个确切不移的事实，则是中央政府按照当日法令制度，已经不能有效地掌管各处地方，农业上积累的资本，无从取得法定的地位，走后门则为士论所不容，各种纠纷无法解决，技术问题升级而为道德问题，官僚也不能解决这些问题，才牵涉到女后宦官和外戚。

还有一个因素，即是汉朝所谓的"选举制"。其中沿革复杂，最简明的事例，则是人口二十万的地方，要按期举"孝廉"一人，重要的官员，也要"辟"士，也就是荐举预备官员，以后对他们的服务成绩负责。官员的子弟则为"郎"，以便在宫廷学习，准备做官。这更增加大小官员的关系。"门生故吏"的交道成为一般风气。

东汉之覆亡，历史家或称"黄巾贼"造反，或称宦官跋扈，或称边军董卓进京，扰乱纪纲。其实大规模的内战开始于黄巾已剿灭，宦官已被惩，而董卓已身死之后。但是全国各地区，由各"名士"组织的私人军事集团，找不到一个适当的逻辑，维持一个有力而合法的中央政府。公元200年官渡之战，引导着魏晋南北朝长期分裂的局面。一方面代表新兴的地主阶级为袁绍。此人七世祖袁良以学《易经》起家，曾为太子舍人，将他的学术传及孙子袁安。袁安举孝廉，为郡太守，为司空（工部大臣）司徒（财政大臣），自此没有一个袁家子孙不是东汉显官，袁绍为袁安五世孙（《后汉书·袁张韩周列传》），曾任虎贲中郎将，司隶校尉（监察院长）。袁氏四世三公，门生故吏遍天下，他进军官渡率众十万，给养自河北以大车十万辆供应（王仲荦，《魏晋南北朝隋初唐史》1962，页24）。抵抗他的乃是曹操，曹操这时尚想维持东汉的中央政府。他的义祖父曹腾乃是宦官，由黄门从官侍从皇太子（顺帝刘保）读书，桓帝时封费亭侯。曹操之父曹嵩乃是曹腾养子。而曹操也曾被举为孝廉（《后汉书·宦者列传》，《三国志·魏书武帝纪》），他的军队大部由黄巾降人组成，给养则得之屯粮，也就是人力物力都产生于现存体系之外。

这样以学阀而成军阀，在世界史上为特出。也可见得人类的私利观总应让它在公众生活中有适当的门径，作限度内的开展，否则即如壅水。一旦水势超过积土，局势就不可收拾，诗书和孝廉的名位，都可当作满足私利的工具。隋朝以后放弃设辟士的办法，采用考试制度，也可以说是在这地方着眼。

第二帝国包括隋唐宋

自汉朝在公元220年"禅位"于魏，中国进入魏晋南北朝长期分裂的局面。晋朝虽然在280年灭吴，一度统一全国，十年之后，就有"贾后矫诏"，引起"八王之乱"，内战十五年之久，到317年长安继洛阳为匈奴攻陷，东晋偏安于江左。直到隋朝于公元589年灭陈再重新统一中国，这分裂的局面超过三个半世纪，在中国历史上空前绝后。我们从史籍之记高层机构的资料中很难把局势看得清楚。例如传统历史家称贾后不仅行动淫虐，而且面貌丑陋。她的丈夫晋孝惠皇帝司马衷，则谓百姓饿死"何不食肉糜"，如在法国大革命时传闻皇后说"何以不食糕饼"如出一辙。其实这长期间内，分裂的局面，问题的重心尚不在高层机构,我们看到杨联升、唐长孺、王仲荦等诸人的著作涉及社会的下层机构,倒容易对当时的问题,能够从侧面得到一种了解的机会。

简单说来,自从东汉之末,华北各地居民由巨家大室领导,筑坞(土碉堡)自卫。他们攻则不足,防则有余,这时期经过"五胡乱华",以游牧民族为主体的华北政权,也很难将他们一一削平,例如公元350年左右,山西太原迄北,有这样设防的村落三百余,包括"胡、晋"人口十余万户。400年左右,陕西有"堡壁"三千余所,他们也有统主,相率结盟(唐长孺《魏晋南北朝史论丛》,页178—181,引用《晋书》卷110,114及115)。而随着晋朝南渡的移民,也是被巨家大族所垄断,既如在433年以叛逆罪被杀的作赋名手谢灵运,"因父祖之资,生业甚厚,奴僮既众,义故门生数百,凿山浚湖,功役无已"(《宋书·谢灵运传》),可以代表当日望族半吊子的独立。

所以重新统一中国的政权,必定先要胡人汉化,能够引用他们传统的军事力量,尤其是以骑兵作核心。又要重创一个官僚组织,不受中国巨家大族的垄断,也不受少数民族首领的影响,才能以清一色的文官组织,引用传统的政治哲学作执行的纲领,而最重要的也要再造一个以独立的小自耕农为基干的下层机构。因为这些条件之难,其经营才旷日持久,但终以北魏拓跋氏领先,而杨隋殿后的完成。

拓跋系鲜卑种,也是游牧民族,在4世纪之初晋代衰落的时候进踞山西北部,人口不及一百万。他们有系统地俘虏其他部落全部人马而将他们强迫的改为农户,原来部落里面的酋长或贵族不问老少一律处死，部民即计口授田。5世纪初期北魏的纪录已说明下属农民的人种区别已不可分辨，他们如果曾一度为国家农奴，从这时颁布的税制看来，他们已变为独立的小自耕农。拓跋的势力膨胀，他们更将高丽及慕容（也是鲜卑）人口移殖于今日之河北，先造成一个清一色农业生产的基础，力量不巩固之前，不问鼎中原（详情有唐长孺的介绍，大部材料取自《魏书》）。

公元494年北魏自山西大同迁都洛阳是中国历史里的一件大事。其实半个世纪之前太武帝拓跋焘已给汉族的巨家大姓如崔卢柳郭很大的打击（《魏书·世祖纪》须与《旧本魏书目录序》并阅，又参照王仲荦著页402）。北魏皇室则不断汉化，孝武帝元宏汉族血液浓厚。华北人口也在过去不断的被吸收于北魏版图。此时改用汉族语言衣饰姓名，不过是水到渠成，而且比这迁都更重要的则是485年行"均田制"，原则是所有耕地国有，全民计口授田。486年又立三长，即全民五家为邻，五邻为里，五里为党，所有邻长里长党长由官方指派。这种法令不可能全部做到，但是以前"禁网疏阔，民多逃隐"和"杂营户帅遍于天下"（均《魏书·食货志》），及"五十、三十家方为一户"（《魏书·李冲传》）的情形，有了一番整顿。概言之，北魏是从汉亡以来第一次将中国传统间架性的设计和金字塔倒砌的办法大规模的付诸实施。拓跋氏不仅胡人汉化，奠定了再统一的基础，并且替中国重创了一个低层架构，好坏不说，因为如此以后隋唐的兵役和税制，才有了一个可以因袭的规模。

可是北魏迁都，短时间内将洛阳造得富丽繁华，有如《洛阳伽蓝记》之所说，仍使很多企望保持鲜卑传统的人物不满，他们的根基则是山西长城内外的骑兵组织。很多混血种将帅的去向,也是一个因素。这些情形使洛阳经过多次的政变。拓跋魏终分裂而为东西,不久东魏蜕变而为北齐,西魏蜕变为北周,经过的情形复杂。但是我们站在大历史的立场,即可以确切的看到,第二帝国的低层基础粗胚已具。这时间的变乱,总是高层机构自身调整迎合新局面的办法,结果则是隋朝创业之主杨坚,本身是胡汉混血,做了北周皇帝的岳父,先替北周吞并北齐,回头篡北周之皇位,再举全国之力,下建邺,这也就是"六朝金粉"的金陵,今日的南京。

这统一的情形由北而南,由西而东,由基本组织简单纯一的政府经济体系击败成分复杂的体系。这时候我们更可以注意到北周处于关中,它受汉人巨家大姓及鲜卑贵族的控制较其他地区低,又曾用苏绰为度支尚书(财政部长),此人带有佛教思想,但是"博览群书,尤善算术",他曾对北周的制度,做过实质的贡献,所凭借的书面知识,则为《周礼》。北周的军事行动,自此又都倚仗水军,非鲜卑贵族之所长。隋文帝杨坚利用了这些有利的因素,才重新统一中国,一个现代的学者曾将他与欧洲的 Charlemagne 对比。[1]然则他还是要残杀北周宗室,才能保障自己帝业的基础。夺取建邺的战斗虽然轻而易举,其明年即公元590年,江南汉族的巨家大姓全部叛变,只是他们没有整

---

[1] Arthur F. Wright, *The Sui Dynasty*, *The Unification of China*, A. D. 581 – 617 (New York, 1978), contains a considerable amount of material prior to the unification.

个的团结,才给新兴的朝代消灭(《隋书·帝纪高祖下》,《资治通鉴》也有记载)。这样看来,统一的中国全靠大多数清一色的小自耕农为基干,替朝代当兵纳税,不为私人的中层组织所遮断。刘汉之覆亡由于这个条件失去掌握,杨隋之兴起于它能重新造成这个条件所支持的局面。

隋炀帝大兴土木,进攻朝鲜,将一个新兴朝代的力量使用殆尽,终不能持久,只能为人铺路,使唐之踵隋,如汉之继秦。然则我们参考前后事迹,如隋文帝之孤僻寡恩,唐太宗李世民之骨肉相残,则觉得问题尚不在炀帝杨广一身。在技术尚未展开,民智尚属眇昧之际,要仓促组织一个大帝国,也难免不走极端,除了全面动员,进入动态之外,我们自己就想不出一个短时生效的办法。

李唐统治中国近三百年(618—906),在历史上好像展开了一个灿烂光辉的局面。落在它头上一段好处,为其他朝代所未有。中国经过三百多年的分裂局面,统一途上的障碍,逐渐为7世纪前的小朝廷扫除,因之唐朝能实际利用《周礼》式的管制办法在广大地区内推行,并且逐渐将它牵涉的人口增多。租庸调的税制,简言之即是向全国人口以水平税率抽税,税率低,计算便利,有均田在后支持,如行不通则又愿意接受"括户"政策的妥协方案。因之贞观(7世纪初期)时之三百万户,扩充至天宝(8世纪中叶)之所称九百六十一万户,而由上至下之压力,除赵宋之外较其他朝代为低。但是这种控制大量小自耕农的办法,也只能施行于一个原始而简单的国民经济才有实效。一到经济开展,人文因素复杂,则不仅耕地无法供应,即官僚组织,从来就仿效一般小自耕农的淳朴与雷同,它本身的人事后勤,也以简单均一为基础，至此已赶不上最前进的经济部门。新旧前后之间只造成其内部的分裂。[1]

外国史学家经常引用公元755年为唐朝的分水岭。乃是因为安禄山的叛变，不仅是一段军事行动，并且表示唐朝财政及组织体系发生变化；租庸调的税制靠均田，此时政府已无田可均。还有一个因素就是中国的南北两部已经不容易由同一政权统领。安禄山反于范阳，"两京仓库盈溢而不可名"（《旧唐书·食货志》）。"司空杨国忠以为正库物不可以给士，遭侍御史崔众至太原纳钱度僧尼道士，旬日得百万缗而已"（《新唐书·食货志》）。也就是两个经济体系，当中没有平时的交纳工具（delivery vehicle），战时无从动员。等于明朝输白银于辽东，费力而不讨好，而后来南方又仍遭"扬州十日，嘉定三屠"的惨剧，也等于美国不能封闭波士顿交响乐团（Boston Symphony）及纽约大都会歌剧院（Metropolitan Opera）去支持越南战事。

公元780年杨炎的"两税制"，并没有明白放弃租庸调制，但是后者早已与均田并成具文，而两税也说不上是一种制度，实际上这是让地方官自动抽税，"以为进奉，然十献其二三耳"，这样连中央集权也不能维持。于是藩镇世袭，到五代以来的军官主政，地方政府自定税制税率，成为一连串因果相循的事迹。

五代连亘不过五十四年，没有大规模继续不断的战事，不能与魏

---

[1] Denis C. Twitchett, *Financial Administration under the T'ang Dynasty* (Cambridge University Press, 1963), p.97, 112.

晋南北朝相比,因为不受中央政府垄断,各地区的经济发展,反较统一的朝代下有显著的进步。[1]各地区自动抽税,在始皇统一后为创始(这类纪录,不能在正史里面看出,但是各地方志常有记载,例如1566年的《徽州府志》)。后来宋朝即将各地军备与民政从上端归并,所以唐与宋虽为分割的两个单元,下层机构却是长期的衍进,没有剧烈的脱节。[2]但是五代期间,契丹之辽进占幽燕十六州,包括今日的北京。汉族所受外患,历西夏、金和元,以至朱明王朝建立,迄四百年未止。

谈到宋朝,它在中国财政史上特出的地方非常显著。它开始就以最前进的部门,作中央施政的基础,对于造船、铸币、开矿、榷税、酒醋专卖非常注意。无意重新分配耕地,自始即用募兵。宋太祖赵匡胤"欲积缣帛二百万易敌首"(《宋史·食货志》),也就是企图利用南方经济的前进部门作骨干,去和北方经济落后的少数民族抗衡。如果这政策成功,中国历史可以整个改观,而世界历史,也不会发展到19世纪的状态。因为北宋始终没有放弃这政策,所以我们可以用王安石的变法,解释这表面上似乎不可能的原因。

王安石在神宗赵顼的信用之下行新法,原来希望加强经济和财政

---

[1] Mark Elvin's, *The Pattern of the Chinese Past* (London, 1973) makes an extensive use of secondary sources in Japanese to arrive at a synthesis.

[2] Gung-wu Wang, *Structure of Power in North China During the Five Dynasties* (U. of Malaya Press, 1963) explains that an integration on the top enables the Sung to achieve a reunification.

的基础，去驱逐北方的契丹和羌人，但是不但契丹之辽无法降伏，连与羌人之西夏对峙，宋军也不能取胜。军事失利之余，新法成为论争的焦点，当初技术问题，至此变为道德问题，使颁布的法律一改再改，至汴京沦陷，北宋倾覆为止。

以今日眼光，王安石新法之失败，不难了解。新法之重点，无非加速金融经济，使财政商业化。但是要这政策通行，民间的金融商业组织，也要成熟，私人财产权之不可侵犯，更要有法制的保障，这样才能重重相因，全面造成凡物资及服务都能互相交换（interchangeable），其账目也能彼此考证核对。这办法在西欧也要经过很多奋斗，在思想、宗教、法律上经过相当的准备，才能通行。而传统中国的法制，真理在官僚组织中由上而下，不容驳辩。管理大批农民，衙门又以"息争"为原则，无意将是非断得一干二净，况且在法律上维持公平，也不是以中国贫穷的小自耕农作对象的财政条件下之所容许。宋朝的新法一颁布，等于政府与民间交易。而传统的理财方法不能避免，包括由上至下施用压力的老办法。于是技术上行不通的地方，被压至下层，以致"方田法"在汴京附近，二十年尚未能施行。"免役法"强迫的在农村中实行金融经济，这金融经济在城市里反不能展开；"市易法"无从集中于批发业务，以致执行者成为零售商，到街上去卖果卖冰；"青苗钱"无银行在后面做根本，无法监视借债者权利及义务，县官以整数借款，交给若干农户，而责成他们彼此保证，也不管他们愿借与否，而强迫他们秋后连本带息一并归还。有些地方并未贷款，也责成交息，即系无名目的加税(以上大部见《宋史·食货志》，详细页数见台北

《食货月刊》十五卷七、八期)。

宋朝(960—1279年)三百多年与北方少数民族的朝廷时战时和,军事史与财政史不可分割。这所说王安石新法不过是一个显明的例子,而它用经济最前进的部门做财政的基础,技术上不能与大多数的小自耕农的低层机构融合,则终朝代如是,直到南宋末年,贾似道在江浙强买田地,才有了一点更变,但是为效亦至微。宋朝财政数字无法核实,发生大量的虚冒现象,也可以在《宋史》的十二章《兵志》中窥见,如提到士兵逃亡,军士行乞,无人应募,比比皆是。这时候中国市民的生活程度,可能较世界其他各处为高,而不能与北方人口少、经济文化低的国家抗衡,也是世界史上所罕见。主要原因为北方草原地带之简单纯一,动员无技术上的困难。他们以同一方法管制汉人,也仍能保持这简单纯一的优势。只是进据中原日久,他们也受多元经济的影响。如辽之置盐铁、转运、度支、钱帛诸司,"至其末年,经费浩穰,鼓铸仍旧,国用不给"。最后则是"上下穷困,府库无余积"(《辽史·食货志》)。再传而至女真(直)之金,其情形更出人意外。金占领汴京后印发大量纸币,结果其通货膨胀达六千万倍,创造当日世界纪录(彭信威《中国货币史》,1954pp.384—385)。

第三帝国包括明清

在中国财政史上讲,元朝百年不到(1271—1368)的统治,只是第二帝国与第三帝国间的一个过渡阶段。这也就是说蒙古的统治者始终没有对南北之不同,商品经济与金融经济无法统筹经理的问题作切实的解决。如一面印制纸币，以回纥（鹘）人承包税务，一方面"凡诸王及后妃公主，皆有食邑分地，其路府州县得荐其私人以为监"（《元史·食货志》），一方面又在江南大量减税，又编印《农桑辑要》达万册。即是税收也是南北不同。有如《食货志》之所称，"其取于内郡者，曰丁税，此仿唐之租庸调也。"这也就是以同一水平线的税率，向户及口抽取。"取于江南者，曰秋税，曰夏税，此仿唐之两税也。"这也就是原则上按地田面积及收成抽取，而经常由地方官按总额承包。

1368年朱明王朝的成立，这在唐帝国发展的背景上看来，实系"大跃退"。第三帝国与第二帝国根本不同之处，则系其性格"内向"，缺乏竞争性。以小自耕农作国家的基础，非常显著。赵翼（《廿二史劄记》）称朱元璋效法汉高祖，不无根据。

我们参照世界局势，觉得朱元璋全面的不合时宜，但是看到第二帝国试验的失败，则又只好觉得他重返传统的重农政策，以经济因素的落后部分作全国标准，印钞只作赏赐及赈灾之用，尽量保持低水准的雷同与均衡，并不是没有他设计的心眼。而他以南方作根据，由南向北的统一全国，也在历史上无前例。所以站在大历史的立场，我们无从褒贬，只好说中国的历史中，地理政治（geopolitics）的影响非常浓厚。其须要中央集权，平时的体制作战时的准备，数量重于质量，非大历史不能解释得明白。并且也只有这样的解释，才能使公元前的大事和现今情势前后贯穿，历史不是朝代的循环，而是一个直线的发展（linear progression），虽然内中仍有曲折。

朱元璋虽然未曾以有系统的办法去重新分配耕地，他曾以"官田"的名义向苏松的地主,课以重租。又利用各种刑事案件,大开法网,打击巨家大族,致"民中人之家,大抵皆破"(《明史·刑法志》)。1397年的户部报告,全国有田七百亩以上的只14341户,其名单都可以供"御览"(《太祖实录》)。商贾之家不得穿绸纱,全国居民不许下海。政府所用一部吏员及衙门斗级皂隶,都系民间差役,即器皿弓箭,文具纸张也系无代价的向里甲(低层机构的农村组织)征来,行兵役之卫所,则系向元朝制度仿效造成。

这样以小自耕农作国家基础的体制,不仅不能容忍私人在上层机构及低层机构中创设楼阁,并且政府本身也不涉入,唐宋间财政的收支,已渐有总收总发的趋向,如各路设转运使,南宋有经制钱及板账钱。明朝则自洪武(朱元璋年号)将全国资源分成无数细微末节,让经理的机关或者甚至民间的粮长里长侧面交纳收受,户部因此成了一个庞大的会计组织,也等于一个电话总机,只使两方接头,本身不参与谈话。因之政治上极度的中央集权,对财政的措施却又不集中其职责。这当然带着很显明的收敛作用,所有政府衙门,彼此牵制,不能轻易增加其收入,因之也无从扩大其职权。民间的商业机构,就不期而然的受到限制。考之经济发达国家的先例,商业上起先最大的主顾,总是政府衙门,洪武财政措施,既本身不需要这种服务,它也更无意为商人着想。朱元璋这种设计,也可以视作他对王安石实验的一种反动,从他自己的言论中提及王安石部分,可以见其端倪。

明朝财政制度,经过16世纪的"一条鞭法",有了一段改进,但是仍不能将权责集中,所以梁方仲称这种改革"只能暂时缓和旧制度解体的危机",而改革之后,"洪武型"的生产关系并没有多大的变动(《岭南学报》十二卷二期)。16世纪之末,很多地方全面用银之后,上述将资源分割,侧面收受的情形依然存在(例如沈榜之《宛署杂记》所载)。而这"洪武型"的财政系统,虽然在清朝有些更动,其基本组织的方式,一直维持到20世纪(见陈恭禄《中国近代史》1965,p.665, 687)。所以讲今日中国之改革,其历史上的对象,是明朝遗留下的社会经济系统,并非过分。

满清入主中国,固然牵涉到历史上的机遇。李自成的大顺已得天下,而崇祯帝朱由检宁死不作传统上的妥协与禅让。华北军民仓促降清,华南纵想抵抗,也为时已晚。但是满清也确实能填补中国的缺陷。以八旗代替明朝的卫所制度,减轻了国防经费。白银用于华南,不与民间经济冲突。而满人文化之低,正符合了明朝向来提倡的简单朴素,而且容易使征服者接受被征服者原来的制度:被征服者只须接受征服者所创造的"典章"。

所以满清的改革与整顿,纪律与技术上的成分多,组织和制度上的成分少。开国以来各部尚书侍郎满汉各半,康熙帝玄烨以1711年的丁额为永久丁额,以后丁田归并,雍正帝胤禛成立军机处,使皇帝与重要官员经常接触,减少官僚制度里的拖延,并且执行"火耗归公",即是将历来收税时,在白银部分以熔耗为名所收的附加税,向来为经手者侵夺的当作正当收入,公开核算,合法的分配用途。除了这几项措施之外,我们找不到更多的事例,算是清朝在制度上的重要创举。

火耗归公最近已由一位美国学者详细研究。[1]作者指出雍正帝希望以这种措施,增强皇帝与各省总督巡抚间的直接联系,减少收税时的贪污,增加地方的正常收入,使政府除了"管理"之外,也能参与"服务"性质的工作。但是这改革只在短期内生效,而最大的障碍,即是以大多数的小自耕农作税收对象,税额无法确切的提高,纵使皇帝与臣僚有心改革,也无法突破环境。况且清初人口大量增加,一般人民生活艰难,更使措施困难。一到1800年前后,火耗归公的改革已无意义。明末的不良状况又已重现。其重点则是低层机构不更变,上层机构想改弦更张,也无济于事。其症结也仍是"一穷二白"。

官僚政治

以上所述中国传统的政治经济社会体系,也有大量的哲学思想与文物支持,不属于世界历史中的任何系统。很多现代中国的作者,称之为"封建社会",并且以此将它与欧洲的 feudal system 相比拟,其结果总是尴尬。

欧洲之 feudal system 被称为 feudalism 起源于法国大革命之后,当日作者以此名词综合叙述中世纪一般政治及社会的特征,并未赋予历史上的意义。缕列这些特征,使 feudal system 给人以明确的认识,

---

[1] Madeleine Zelin, *The Magistrate's Tael*, *Rationalizing Fiscal Reform in Eighteenth Century Ch'ing Ching* (U. of California Press, 1984).

还是本世纪的事。迄至1950年间美国多数学者商讨之后，才觉得这种组织制度，包括中国之封建制度在内，有以下三种特点：（一）威权粉碎。即封建制度行时，虽仍有中央皇室的残型，其实税收之征集与支付，民法刑法之裁判，以及兵役的区处，全由地方首脑就地方做主，可以说是集"地方分权"之大成。（二）公众事宜变为私人产业。裂土封茅必须固定，所"封"的方域，全部成为被封者的家产，通过遗传，永为恒业。皇帝的宝位不算，其他下至各乡邑，全部出诸遗传，都为私人产业。全民都处于不平等地位，都有尊卑上下的次序。所以欧洲的feudal system就使土地不得出卖，如果土地出卖，社会流动性大，其组织制度就无法维持。（三）武士传统。以上条件，全民都在金字塔的形状下，已有军事精神，于是武士与地主及政治力量，凝合为一，职业军人就是骑士，也是贵族。参与讨论的一位汉学家，指出在前述的定义下，中国的封建制度只有古代商周间的一段。一到魏晋南北朝，虽表现若干封建因素，已不成为一种制度。[1]

征之中国传统文献，"封建"也与"郡县"相对，所以将汉唐宋明清的大帝国、中央集权、文人执政、土地可以买卖、社会流动性大的郡县制度称为封建，更比拟为欧洲的feudal system，就把写历史的大前提弄错了，以后的结论，不能为有识者认真的注意。

至于照马克思的用词，称中国体制出于"亚洲的生产方式"

---

[1] See Derk Bodde, "Feudalism in China" in *Feudalism in History* (Princeton University Press, 1956), pp.49—92.

(Asiatic mode of production)也容易混淆观听。马克思自己就没有说明什么是亚洲的生产方式。上面所说的中国以小自耕农为骨干的生产方式，自成特色，就和印度村庄内，耕作及木匠、制陶、洗衣各种行业全部出诸遗传，人力物力的交换也以集体方式为之，实行所谓之 jajmani system 有绝大的区别，也不能并为一谈。

我觉得以上缕述中国的三个大帝国，看到它们以皇室统治，大规模的全民抽税，不在中层插入经济管制的因素，造成一种"官僚政治"。它有下列各种特点：（一）官僚政治自认自然法规已被它笼致无余，如以"褒贬"写历史，不引用经常改变的客观上及技术上因素作根据。好像千古定论，都可以由它自定的道德标准一手包办。这和希腊思想家认为自然法规须要不断的发现才能不断的展开迥然不同。（二）与中国君主制度不可分离。中国君主制度带有宗教色彩，与欧美近代的"政教分离"不同。如群臣称皇帝出名的文书为"圣旨"，皇帝的面目为"天颜"，他的发言为"玉音"。也就是假借自然的至善至美作人间组织的主宰。因之君臣务必要全面合作，融为一体。历史上强有力的君主以臣僚为他们的工具，多数的君主，则为群僚的工具。官僚制度做到最好处则是两者都不坚持本身利害，只维持体制的完美，事实上这极难做到。唐太宗稍近之，但是他就要屠杀兄弟和侄子。（三）这种制度，常借力于思想上假设的成分。例如十岁儿童的皇帝被群臣称为"君父"，在明朝也不设摄政。皇帝为愚顽，群臣称之为睿智，皇帝暴虐，群臣仍称之为慈爱。明朝的永乐帝朱棣为暴君，有不少文字可以侧面证明，但他仍被谥为"启天弘道，高明肇运，圣武神功，纯仁至孝文皇帝"。也就是以天下之至美至善作他威权的背景，而官僚也借这标榜发号施令。有时自知至美至善事实上不可能，宁可在实质上打折扣，表面文章绝不放弃，甚至以仪礼代替行政。（四）这制度以上级理想为原则，不以下级实情为准据。是以经常要由上至下加压力。因之整个制度上不尽不实之处，积年累月的压至下端。其顶要发生功效的地方可能为顶不实际的地方。传统作者称其末端为"腐化"，系揭露其果，而忽略其因。（五）基于以上原因，中国官僚政治有其独占性，其称"天无二日"，也就是理想上之至美至善不容第二者抗衡，而它的本身，也无能力与比它更为合理的机构争长短。所以它经常防制其国民对外接触，保持内向。隋文帝禁民间三丈以上的大船。永乐帝令郑和下西洋，但是又将民间的海船通通改造为平头船，以防制其泛海，都出于这独占性的需要。

中国之官僚政治有了这些需要，思想上带有宗教色彩，先有唯心趋向。其理想行不通，不针对下层作实际的改革，而自称"体"与"用"不同，亦即是姑息违法。

从中国历史的大眼光看来，统治阶级"剥削"被统治者，不是问题的最要点。因为官僚制度必以大多数的小自耕农为财政基础，不能以武士阶级和贵族作中层机构，也不能以商人作行政的工具（明朝官厅与商人做生意，令商人跪下听令），就不能创造一种剥削的系统。历代的科举制度，尚且全面的吸收人才，在社会里造成流动性，更不能使剥削的成果，凝结持久。

而且中国的一穷二白，尚不是道德问题，而是技术问题，从以上官僚政治的组织结构上看,其中最大的弱点,却是不能在数目字上管理(not mathematically manageable)。也就是由于技术能力尚未展开之际,先要对付庞大的军事政治问题。

"资本主义"一名词,已不适用

如果我们说中国不能在数目字上管理,则迟至 1600 年前后,东西洋国家,也没有一个能和现今的一样能在数目字上管理。四百年之前,很多现代国家如美国和苏联都没有存在,即存在的,如英国、法国、日本,其体系也和现在有很大的差别。在世界历史上讲,这中间最重要的一个因素,则是所谓资本主义的兴起,它能使好多国家在数目字上管理。这新兴的国家,以商业上紧凑的组织,加压力于以旧式农业为组织原则的国家,有如荷兰之加压力于英国,英国之加压力于法国,欧美之加压力于日本。以致所有的国家都要根据它们历史与地理的背景,造成一个全能在数目字上管理或大致能在数目字上管理的组织。在重创国家机构时,如用私人资本为主要因素,则成为资本主义,如以国家资本渗入,则成社会主义。这也是世界现代史上一种最重要的题材。

这中间一个极大的困难,则是"资本主义"这一名词迄今还没有一个确切的定义。考诸史实,马克思虽引用"资本家"、"资本家时代"及"资本家的生产方式"诸名词,即从未提及"资本主义"(capitalism)。有如法国史家布罗代尔(Fernand Braudel)的研究,在 19 世纪对此名词作有意义的使用者，为法国社会主义者蒲兰克（Louis Blanc），而在本世纪初期将这名词广泛使用者则为德国国家社会主义者桑巴特（Werner Sombart）。

本文作者与英国汉学家李约瑟（Joseph Needham）觉得在技术的角度看来，资本主义的组织，无非首先注重资金活用，剩余的资本才能通过私人借贷的方式，此来彼往；产业所有人又以薪金聘请经理，超过本人足以监视的程度，而且技能上的支持因素（即前说服务）如交通通讯，共同使用。初看起来，这很容易，但是将这情形全面做到，也要在每个国家的思想法制与社会有整个的改造，才能组织这样一个大的经济罗网，将全民生活整个笼罩。很多历史作者，不客观的注重这组织在每个国家内发展的时间上的程序，首先将"好"与"坏"的观念渗入，也就是以道德观念解释技术问题，有似于中国作史者的褒贬。

现有的资料，分析并批判西方资本主义的可谓汗牛充栋，但是以每一个国家为畛域，又用时间作线索的叙述，可谓绝无仅有。本文作者不揣冒昧，已经草拟了这样一段纲要，在《知识分子》二卷四期发表（编按：即本书所收《我对"资本主义"的认识》一文），其中全部情形，不再赘述，这里只将此纲要，再扼要的提及：

首先创造西欧资本主义的先进，为意大利之自由城市。他们在神圣罗马帝国与教皇争权之中，取得独立的地位（但是能否视作现代国家，则甚成疑问）。其中以威尼斯最为其中翘楚。它最大优越的条件，则是本身在海沼之中，受大陆的影响小，海水又不便制造，于是全力经商,原来的贵族,也成为商阀,以征兵制组成的海军兵员,占全人口十分之一左右,全部民法,带有商业性,商船由海军护航,即匠工寡妇也可以投资加入股份经商。因之它的政府,即像一个大公司,全部人口也算是大小股东,所以威尼斯不费气力自然的成为一个资本主义的国家,1380年它打败热那亚,成为地中海的海上霸王,事在中国明朝洪武年间。

继之而为西欧资本主义的先进则为荷兰民国,共辖七省,荷兰不过七省中之一省,但脱离西班牙而独立时占全国人口三分之二,又供应联邦经费四分之三。这国家地处北海之滨,在欧洲军事、政治及宗教以大陆为重心,而地中海才算水道要害的时代,不是值得注意的地方。因此境内有无数城镇,取得半独立的地位。荷民过去无自己组织国家的经验,因之全境缺乏中央集权的先例。16世纪奥地利与西班牙联合的哈布斯堡王朝（Hapsburgs）想在今日之荷兰及比利时利用反宗教革命的口实,执行中央集权,引起两国人士全面抵抗,荷兰民国亦因之独立。长期战争的结果,使很多经营织造及五金业的工商领袖匠人,汇集于荷兰。阿姆斯特丹又become为北欧货币交换中心,这新兴国家乃以商业法制,作它组织的骨干,宗教上皈依卡尔文派,政治体系采取联邦制,以便维持昔日半独立城市的传统。荷兰海军也是五个海军单位并成。荷兰的农业也重畜牧而不全重耕耘,这些条件,都使这国家能以联邦的姿态实行资本主义。荷兰宣布独立为1581年,在中国为明万历九年,但须候至17世纪,才为各国承认。

继荷兰为资本主义先进的乃英国。英国亘17世纪内外的困难,前后沓至。今日看来实为由农业组织蜕变为商业组织中的必然趋向。其中两个因素最值得注意：一是地产主权经过16、17世纪的变动而规律化。二是公平法（equity）渐为普通法（common law）所接受。两者都使这国家由以前不能由数目字管理的情形转变为今后能在数目字上管理。

关于英国16、17世纪土地领有的改变，本世纪初期的研究，集中注意于处置之不公平，带有马克思主义色彩。最近二十年的综合报告，才着重初期缺少组织与系统。到17世纪末叶，一方面是领有渐趋集中，一方面土地的使用才渐有条理。[1] 缺乏组织的详情，对我们研究中国近代史极有作为借镜的地方。譬如英国16、17世纪，最大的困难，即是"抄本产业"，他们都是以前稽夫的子孙，既不能说他们是领有土地的业主，也不能径说他们是佃户，有时候业主也不知自己家产在何处。而所收佃金，由昔日庄园制度遗留下来的产物，全系以前稽夫对庄园主人应尽义务之折金，各处千差万别（17世纪皇室的土地出卖时索价为佃金的一百年总值，可见得佃金低，耕耘者仍有佃金外的义务）。因之经过内战复辟等等剧烈的变化，才渐将局势澄清。

普通法是英国中古时代的遗物，绝对的遵守成例，毫无弹性，只适合于旧式农业的社会。17世纪迫于情势，对公平法让步一二，后来

---

[1] The two sides can be represented by R. H. Tawney, *The Agrarian Problem in the Sixteenth Century* (London, 1912) on one side and volume IV, V. I, and V. II of *The Agrarian History of England and Wales*, ed. by Joan Thirsk (Cambridge University Press, 1967 and 1985) on the other.

积少成多，这让步的办法也自创成例，于是两种法律对流，农业的经理管制，受商业的影响，全国经济成为一元。这在光荣革命（Glorious Revolution）之后，这些条件都已具备，英国自此能在数目字上管理。光荣革命完成于1689年，在中国为清康熙二十八年。

可是"资本主义"这样一个狭窄的名词，去解释世界上各国现代化的程序，就有它力不能尽之处。例如法国大革命，扫除贵族僧侣在政治上的势力，企图用全国地产作保障发行钞票，以境内山河重划行省，最后通行拿破仑法典，实在有从一个不能在数目字上管理的国家进展到能在数目字上管理的趋势。大革命之后，法国也比较容易接受资本主义的各项因素。但是如说法国大革命就是推行资本主义，则不免把资本主义看得太大，而把法国大革命看得太小。要说法国在18世纪末年和19世纪一开始就推行社会主义，却又太早。况且自第二次世界大战之后，英国有时资本主义的重点显明，有时社会主义显明。美国可算作资本主义先进的国家，但有时政治措施上仍带社会主义色彩。即在西方过去之解释资本主义者，都着重其短处。将资本主义当作一种完美的制度，据我看这是东西冷战后的一种特殊趋向。

所以今日中国的改革，不是所谓提倡资本主义，而是统筹中国历史与西洋文化的融合（过去只有接触和冲突，没有全面汇合）。除非中国能在数目字上管理，不能避免一穷二白的命运。所以须改革的也不仅是经济体制，也不是所谓封建制度，而须革除传统的官僚政治，包括金字塔倒砌的作风。不过草创伊始，纵在20世纪的末期，仍要在保障私人财产权着手，否则下属经济基础就组织不起来。因之也不能对历史上的资本主义视为畏途。况且好多先进资本主义国家的成例，有如荷兰之用联邦制，使两国以上经济发展不同的区域同时维持他们的成就。英国之不注重以立法和行政的"通令"状态去推行某种制度，而经常利用司法机构，在真人实事的情况下推敲，集少成多的创造成例，甚至能将两种相反的观念调和融合，都可以给新中国为借镜。

并没有多费时间

我看到很多海外中国人对近代中国历史的写作，当然有不少积极性的建议和中肯的批评，但是也间杂着呻吟与漫骂的文字。我想其主要的原因，乃是这些作家没有看到中国近百年所面临各种问题的庞大与严重。

让我再举出我于1941年当排长时的一段故事：第十四师原来是国军里精锐部队之一，到滇南后士兵拖死逃亡，兵数不及原额编制之半。当时需补充壮丁，由重庆的军政部指令，由湖南的一个"师管区"拨补。其实国民政府的征兵制度仅在抗战前一年以法令公布，所谓兵役机构，不过纸上文章，各种后勤机关也都付诸阙如。只好由我们师里指派官兵，组织"接兵队"。实则徒步行军至广西乘火车至湖南，将枪兵分散，在村庄里和保长甲长接头，再按户搜索。当时人谓之"捉壮丁"。捉到的即禁闭到庙宇之内，等候积得总数再行军去云南，这样就拖了好几个月。只是壮丁捉后又逃，逃后又捉，连原来派去的枪兵也有逃亡。接兵队去后半年多回师部，中途又无食宿医药等设备,师管区凭公文说已拨补十四师壮丁二千五百名,实际除了原来就不如额,后来逃亡、病倒、身故、买放之外,到师部不满五百名,也只有很少数能真正认作壮丁。

同时我还要指出,当日抗战的负担,近乎全部落在农村人口肩头上。这样捉来的士兵,经常十万百万的送到前线,其中逃亡的如被拘获,往往在部队里潦草审问,也常有就地枪决的事情。抗战期间像我这样曾目睹其事的知识分子,也是成千成万,这事情必见之于笔墨。

我请问读者,我们对这一段历史,应当如何处置?隐瞒,或是提出控诉?是否无法隐瞒又无力控诉也仍可以付诸口诛笔伐?

这最后的一种方案也就是因袭传统中直接引用自然法则的老办法。而且站在道德名义后面,也是最容易使我们自己脱身的捷径。因为道德是人世间最高的权威,真理的最后环节,一经提出,就再没有商讨圆转的余地,案情只好就此结束。我真也好像置身事外的人物一样,强调我既没有参加前述接兵队,在国军也总是做下级军官,而且除最短期之外,总是当参谋,这种种解释都可使我置身事外之后,仍能向旁人作泛漫的指摘。

但是我所学的是历史,既不能也不愿走此捷径。我们也可以把道德的范围提高(这不是忽视道德,详下节),先从技术的角度观察,则以上捉壮丁之事,我们读唐诗之"暮投石壕村"已有之,而处决逃兵甚至可以在《孟子》中找到前例,邹穆公曾以逃兵向孟子诉苦,"诛之则不可胜诛"。这问题的症结则是,何以一千多年和两千年来统治者不把被统治者当作人的办法,在民族解放的战争中依然存在?其答案仍不出前面所说，以大批小自耕农作税收的基础，收入有限，无法支持现代型的政治。当日中国仍逗留在几百年前的世界里。国民政府除了控制抗战以前的长江三角洲维持现代化的门面外，没有切实的机构可以和内地千万的农民沟通，即战时也只好借力于传统的官僚政治。所以我不断的主张，要彻底了解现今的中国，最少也要把历史的基点推后四百年。

中国自鸦片战争以来对西洋文化的反应，不能算是因循迟钝。只是因为两方组织规模之不同，无法仓促的舍此就彼。所以耆英之将西洋文化说得一钱不值，恭亲王奕䜣的片面开放，曾国藩、左宗棠之造船制机械，和光绪帝及康有为的筹备君主立宪，都是与外间不断接触后才逐步的放宽改革的范围。以双方距离之大，这梯度式的反应也不能算是不合理。后来的事实却证明一改就都要改，无法半途刹车。所以放弃两千年的君主制不算，近代议政治也造不成，军阀割据亦仍没有出路。以今日的眼光也可以看出，当日之草拟宪法，只顾到上头，没有看到脚底，好像写下一纸文书，就可以命令一个走兽，立即蜕化而成为一个飞禽。旧的制度既已放弃，新的又组织不起来，也难怪军阀割据。这青黄不接之间，也只有私人的军事力量，才能片面维持秩序，只是这种力量，仍难能在两三省外的地区生效。民国初年的人物易被我们看得庸碌，则是他们没有我们一样的机会，去考究历史的纵深，因此他们也无法像我们一样的把历史倒看回去，找到史迹中恰当的材料，证实他们自己的脚跟点。

中国20世纪的历史，令人看得不耐烦，本文作者也有同感。可是我们回想北魏拓跋氏到隋唐的改革，以及英国詹姆士第一到威廉玛琍间的改革，则知道其间问题庞大，时间并没有白费。有些作者不耐烦，或是站在日本和美国的观点，殊不知日本是海岛性的国家，地理上的历史与中国不同，无中央集权的需要，德川时代后期幕府及诸藩，都逐渐将他们的财政商业化。这也不是未雨绸缪。当时人还以为这是传统政治失控，世风日薄，执政者的一时末技，有如好多人的责骂田沼意次。[1]美国在现代科技逐渐展开之际，开拓一个空旷的地盘，事实的困难，有空间的圆转，也仍有内战四年等等的奋斗事迹。中国的问题则是内忧外患一时猬集，人口众多，耕地不足，改革也不能全靠上层领导，下层的农民也只能千万、万万的被驱使，其不能令人满意的地方，也不待这些作家呻吟谩骂早已可以想像得知。

1917—1921年间的五四运动可以算为一个划时代的运动，乃是中国知识分子有了本身的觉悟，他们觉得国事蜩螗，应当由他们自己负责，要改革也只能从他们自己着手。如果我们从这观点出发，并参照最近状况，就可以说国民党和蒋介石组织了一个新中国高层机构，共产党和毛泽东重新构造了一个低层机构，今日的 X—Y—Z 领袖集团（包括邓小平、胡耀邦、赵紫阳，也可以列入李先念、陈云、彭真，都从他们名字上的第一个字母），则是统筹在当中敷设法制与经济的联系。要不是如此解释，则说不清何以中国之80年代有异于中国之

---

[1] See John W. Hall, *Tanuma Ikitsugu*, *1719—1788*, *Forerunner of Modern Japan*（Harvard University Press, 1955）.

20年代，又其间何以能无中生有，又何以五四运动的领袖那般明察，而受他们影响的人，全是坏人做错事，而在他们下面的人也统统不明事理，为虎作伥。

如果我们将历史人格化，则知道"它"不会感情冲动，因我们耐烦不耐烦增减损益，"它"所能利用的工具，也有限制。这种现有主义也似如法家所说天地不会因尧舜而存，也不因桀纣而亡。以这种观念看历史才可以把前后看得一贯，纵使当中也有矛盾重复的地方。

很多人还没有提到的，1937年到1945年的抗战，是中国有史以来的第一次大战，也是过去一百年对外接触后惟一胜利结束的战争（段祺瑞认为中国参加第一次欧战战胜，那不能认真算数）。开战前夕，国民政府全年预算，还只有十二亿元，[1]以三比一折算合美金四亿元，也等于今日美国一个二等大学堂的预算，当然蒋介石也不能以这数目维持陆海空军，并且供应全国文官及所有机关学校。这也表现他凡事都是勉强撑持，只有现代型的机构，其低层机构一般仍与明末清初大同小异，有如前述十四师及马关县的情形。这时候如果还可能有更为合理的体制，他一定会采取更合理的体制，绝无自己破坏自己事业之理。国民党也全靠这种忍辱负重的精神，得到列强承认，团结军民完成抗战大业。蒋介石的组织只能采取理想上的高度逻辑，因之内中有无数不尽不实之处，现在事隔半个世纪，我们纵不满意，却至今还不

---

〔1〕 See Arthur N. Young, *China's National-Building Effort 1927-1937: The Financial and Economic Record* (Hoover Institute Press, 1971).

能在历史上想出一个代替的办法。

这高层机构的痕迹至今存在。人民共和国的很多领袖,仍是抗战期间露面的人物。学校组织制度,也受国民党执政期间的影响至深,即人民解放军,也不能说是没有国民革命军的传统影响。

如果我们以同样的现有主义看毛泽东和共产党,则感觉这一段历史更不能由我们片面褒贬。中国问题的症结则在农村。巨家大室始终不是纠葛的中心(传统所谓"膏腴万顷,田连郡县"的词句,总带骂人的语气,而被形容的人已被攻击)。土地革命期间,他们也无从反抗。不可爬梳的倒是农民彼此间的剥削,放债收租,可以牵涉到远亲近邻。毛泽东的办法是先用最低身份的贫农在村内鼓动造反,起先用暴力,一到村庄已能掌握,水准较高的共产党员才进入作较为合理的处置。田地分了又分,一定要到全部公平为止。以后农民协会由贫农团为中心组成,村民大会又以农民协会为核心组成,所有村内共产党员又经全体村民审核三次,不同意的不能入党。据韩丁(William Hinton)所著《翻身》(*Fanshen*)一书说出,1947年华北四省土地改革的干部在太行山中集会讨论曾有一千七百人参加,讨论了八十五天 (p.263)。这些地方都是史无前例。毛泽东开口不离阶级斗争,土地改革,可能牺牲了三百万到五百万人命,历史学家若不将这些事实写下来,则为不真。写下来之后则更应当说出毛泽东替中国造成了一个新的低层机构,所用标准向最低的因素看齐,与传统金字塔倒砌的原则完全相反。以后全部土地共有成立人民公社就轻而易举。现在看来,这些程序,并不是立即推行共产主义,而是创造一个水平而清爽的下层组织，使中国能在数目字上管理。

只是这样一个低层机构，没有中层的经济组织与法制与上层联系，容易被领导人滥用，去作违反技术原则的事，有如"文化大革命"。现今 X—Y—Z 领导下的改革，则是补救这缺点。大规模商业化的财政措施，不能没有民间的组织作第二线和第三线的支持，王安石的新法，可为殷鉴。这种支持也靠保障私人财产权才能生效。宋朝的办法，"既以绢折钱，又以钱折麦，以绢较钱，钱倍于绢；以钱较麦，麦倍于钱，辗转增加，民无所诉"（《宋史·食货志》）。也就是自己破坏自己的系统。只是当日官僚统治亿万农民，缺乏技术上的能力，不能和今日相比。假使我们把历史的眼光更放大，也知道中国一千多年来较欧洲强，最近几百年则一直落伍，其中有一个似非而是的原因，则是中国一直不能听任豪强兼并，而日本的大名政治，则是一种兼并，英国 17 世纪土地易主，也是一种兼并。美国地广人稀，历史上无兼并的需要。迟至 1862 年，美国的"自耕农属地法案"（homestead act）还能让一般公民有条件下购得政府公地一百六十英亩，等于半买半送。这些条件，是这些国家的公民能以私人资本，支持商业财政的资源。而人民共和国自人民公社至农业的承包制度，也仍是一种兼并的替代。豪强的兼并不能放任，技术上的土地集中，合理使用，渗入私人经营的成分又不可少。这些历史上需要突破绝境的步骤，都已成为事实，所以我敢于说中国革命业已成功，中国历史已经开始与西方文化汇合。要不然像十多年前一样，美国中情局对国会提出的报告决不会保持这样同情而又乐观的态度。像《知识分子》这样的刊物，尚不能诞生,遑论刊载千家驹的文章,而我这篇历史论文,更无法执笔。

在这里要附带说及的,则是台湾经济的发展,不属于上述范围。台湾在日治时,已将其经济片面商业化,只是属于殖民地性格。农业产品如谷米、樟脑、蔗糖、水果均大部向日本输出。国民政府接收之后曾于1953年,以"耕者有其田"法案,严格的限制私人田地数额,其余的由政府价买出售于农民,但是价款只有两年半的收成。付给业主的代价百分之三十是从日本接收之企业的股票,这样也强迫农业的剩余投资于工商。1950至1960年间台北接受了大量的美援,经济政策不急于向有炫耀性的企业发展,而着重将境内廉价劳工制成劳动力成分多的商品或加工商品输出,因此能在短时间内实事求是,将一般人民生活程度提高。最近听说全省外汇存额已超过三百亿美元,其私人资本亦必相当雄厚,所以其国富,已有适当的纵深。

道德问题

我提倡大历史观注重现有主义,好像犯了一个很大的毛病。即是从这篇论文看来,好像凡有一件重要的事件发生,必有后面的背景,只要它能与以前或以后的人与事互相映证,就取得它在历史上长期的合理性。那岂不是只要能存在就算数,伦理道德都不重要?可是那种社会达尔文主义 (social Darwinism),并不是我写文章的主旨。

大历史着重大众的集体智慧、勇敢和道德,本文虽提到历史人物,只利用他们生活侧面表扬群众运动趋向,并不是写他们的传记。

我的目的是勾画一个历史的大纲，着重东西的汇合，因此要避免将某种特殊的道德观念，当作一般标准。包括东方和西方的道德标准，不能预先狭义的定范围，有如自然法规（natural law），我们只希望能不断的发现而不断的展开。也如道家之所谓"道"，既然无所不包，则不能给它下定义。

上图表示这篇论文的思想背景：人类的成文史，以实线弧型表示之。向空间的箭头，表示我们在某个历史过程中的希望、宗教思想和道德观念，但是这种趋向，无法全部付诸事实。个人的私利观，与犹太教、基督教所谓"最初的过失"（original sin），包括我们有心无心的过失和前人的错误，总要给这些开展的趋向打一个折扣，所以在图上用内向的箭头表示。历史的好坏间的折衷，阴阳间的总和，我们对前人的立场无法完全放弃，我们今日做事的始点，即是前人昨夜息肩之地。而世界上重要的事，也一事只发生一次。我们采取这种立场，从我们的立脚点向这弧线倒看回去，虽简化历史，也保证不致偏激。

我说中国历史已和西洋文化汇合，也似乎于两个航行于空间的太空船，已能在空间联合，其枢纽则是凡事都能在数目字上管理。目前这样的局面，还只能借文字上相似的事物（metaphor），牵引解释。因为实际的情形，还没有完全展开，而这样大规模的汇合，也是史无前例也。

大历史不能代替各人以不同方法写成的历史，等于天文学不能替代微菌学，宏观经济不能替代微观经济。但是刻下，却有实切的启示：它赋予我们一种不同的宇宙观。这篇文章确实以生存为重心。要是所说在强调某一种族或某一国家应该较旁人有生存的优先权，如希特勒，才是不仁。我们把历史打开，当作全人类共同生存的一种借镜，则虽没有标榜时下的道德观念，这立场就有了很浓厚的道德意义。

自然科学家发现了将观测事物之能力提高到人类目之能视耳之能听之程度之上，他们就进入了一个不同的境界。写历史的人如果也将道德尺度放宽放大，将历史的因果关系，延伸到个人人身一百年的经验之外，也会类似的进入一个不同的境界。其目的又不是姑息暴政、赞扬贪污，只是在重新编排之后，同一被观测的事物，其面貌已和以前所看不同。读者纵不能同意后者的看法时，也可以了解何以旁人能有这样完全不同的看法。

如果确实如我所说，中国革命的目的，无非跟随着世界趋势，以商业组织的办法，代替昔日农业生产方式里以多数小自耕农为基干组织的办法，使整个国家能在数目字上管理；而最后的目的，也不仅是增进国富，而且要使全民能适应现代社会的环境而生存，那么中国历史与西洋文化汇合之后，世界局势，会起怎样的变化呢？

说到这里，作者必须表明：我所学的是历史，至此所解说的，全是已经发生呈现的事物。虽说因今日中国特殊的情形，能够让我放肆的将大历史的精义，发挥得淋漓尽致，然则即放肆也要有限度。人类发源的踪迹，创世的经过，以及宇宙将来的命运，有的属于人类学，有的属于宗教。仔细考究则不可以我们现在历史的经验作根据，是以在图上以虚线表示，有如康德（Immanuel Kant）所云，"超现象"（noumena）不同于"现象"（phenomena）。再说得实际一点，我们对于世界未来的局势虽然可以根据历史的经验预测一二，但是对于事物在时间上的汇集（timing）却无法掌握，所以只好保证后代，他们也必能生存。至于如何处置未来世界，我们不能比杰弗逊（Thomas Jefferson）讲得更透彻；他的宗旨，则是"世界属于生存者"（Earth belongs to the living）。

只是如本文所说，中国确切的承认百年以来的革命已经成功，中国历史已开始与西洋文化汇合，就免除了好多不必要的误解和矛盾。例如中国之对内，一方面提倡"毛泽东思想"，一方面去批判文化大革命，对外又要由当局者每隔两三个月向各界保证中国会继续开放，这就无此必要。同时中国的历史有了一段长期的奋斗，只要将这经验公布，就能对现已在数目字上管理的国家及尚不能在数目字上管理的国家同时明确表示其立场，免除了主义的混淆隔阂。属于后者很多的国家今日对西方文化的反应，有的尚如义和团时代，有的尚如19世纪的"中学为体，西学为用"的情形，也可以借中国历史，澄清局面，减少改造时间的痛苦。因此中国在与超级国家对峙的局面下，可以同时对本身利益及世界和平两者之间做更有效的贡献。

中国近五百年历史为一元论

在过去几十年内,我曾花费了一段时间,参阅明朝财政的情形。如果一定要指出这制度上独一无二的最大特征的话,我就要说这政府之中层机构缺乏后勤的能力,实在是令人惊讶。唐朝和宋朝的转运使在各地区间活动,手中有大量的款项及物资周转,由中央的指示,广泛的行使职权。[1]在大体上讲,明朝放弃了这样的做法。

在后者的制度之下,全国财政资源,分成无数的细枝末节,由最下层的收支机构侧面收受。经常纳税人出入省区交兑物资,其会计责任,也落在他们头上。与之相似的,在漕河里交纳漕粮的总旗小旗,对粮船上收纳之数,要向中央政府所辖的仓庾负责。这样一来全国盖满了此来彼往短线条的补给线。一个边防的兵镇,可能接收一二十个县份的接济;一个县份也可以向一打以上的机构缴纳财物。[2]因此明朝的户部不是一个执行机关,而是一所会计衙门,其庞大无比,当日也无出其右。

这种基本上的组织,会使今日的读者联想到它对中国现代的发展

---

[1] 关于宋朝"发运使"及"转运使"的职责,见《宋史》卷167《职官志》7。明朝的"都转运司"及"都转运使"系监官,见《明史》,卷75,《职官》4。后者的职责远较前为小。

[2] 沈榜,《宛署杂记》(北京,1961 翻印本),页49—50是一个很好的例子。

所产生的一种负作用。以上政府后勤的制度不改变，国家经济里带着服务性质的部门即无法伸足前进。交通与通信是交纳的轮轴。现在物资既没有集中收发，也就用不着此种车辆了。银行业与保险业也无法抬头，它们是商业的工具。现在最大的主顾——即政府衙门——做事如此，尚不照商业办法，其他也可想而知。法庭与律师的服务当然更谈不上，因为倚靠它们的商业活动尚未登场。

针对上述情形，我们也要指出，在经济发展先进国家的成例，私人资本有赖于公众性质的事业开端。意大利银行家以替教皇收纳汇款而繁荣，日本的商人替各大名经理军需而发轫。明朝的财政，半由创业之主的专心设计，不开此进出之门。政府自己本身既不需要此种种服务，大小衙门官僚，当然无意替私人的经营着想了。而以上服务事业又不能不由正式立法或类似的程序维持，得以自己打开局面。

无可否认的，明朝开国后五百年，这局势有很多的变化。一至16世纪，白银流通，使政府税收的账目，在某些方面综结成为"一条鞭法"的改革，盐商开始抬头。而清朝更有广州的十三行。清朝政府也提出不少的改革，最重要的是雍正帝之"火耗归公"。1800年后，山西票行已见活跃。19世纪后半期，新式的税收有如进出口关税，以及在讨伐太平天国时所产生的"厘金"，好像已从过去的财政办法挺进而推陈出新。

然则，实际上前述各种改革与变化，无一能使中国在君主制度的末期改头换面。即一条鞭，我们也可以沿用梁方仲的修辞，曾未放弃"洪武型"的财政。清初的整顿，纪律与技术的方法长，组织与制度的体系短，火耗归公由美国一位作者研究，只有短期局部的改革效用。[1]明代盐商、山西票行，与清朝的十三行也没有产生决定性的力量，足以改变中国商人资本的整个形貌。新式税收也不能使内地的经济有剧烈的改进，而影响到全般财政的经营。而且关税一开始就受列强操纵，以后收入大部只能支付赔款及外债。因为缺乏决定性的新因素，清朝的户部仍是按行省设司，与明朝的组织无异。其收入零星，缺乏总揽其成的国库，也是五百年如此，一直遗留到本世纪初年。[2]

我作此文，可以说是没有详细的事实根据去支持一种广泛的批评。可是虽如此，我们也可以用大眼光的逻辑推行，补救这缺点。我们必须看清：如果要将明清的制度，改革为有现代性的合理化，势必要由中央政府在各行省之中设立帝国财库之分库。那就要将中央的收入与地方收入分划为二，亦即是要取消传统的一元政治。如果责成政府扶植商业，势必又要责成文官组织分门别类的各就专长，既影响到科举制度的吸引人才，也影响到吏部的斟察考核与训练遭调。要财政经理确实，又必增强司法机构，使司法官专业化，也会促成他们与其

---

[1] 关于清朝的改革，见 Frederic Wakeman, Jr., *The Great Enterprise: The Manchu Reconstruction of Imperial Order in Seventeenth-Century China* (University of California Press, 1985), vol. I, pp. 454—465; vol. II, pp. 706—707, 852, 854, 856, 909—910.关于雍正火耗归公的改革只有短期的效用，见 Madeleine Zelin, *The Magistrate's Tael: Rationalizing Fiscal Reform in Eighteenth-Century Ch'ing China* (University of California Press, 1984) pp.264—266。

[2] 陈恭禄《中国近代史》(台北，1965 增订本)，页 238—239, 665—666, 687—689.又参考 E-tu Zen Sun, "The Board of Revenue in Nineteenth Century China," *Harvard Journal of Asiatic Studies*, 24 (1962—1963), pp.175—228。

他文官分离。而最重要的，企望政府的服务性质周密有效，势必增加行政的开销，而最初这增加又只能由纳税人担负，而当时大部纳税人则为农民，至此不得不增长他们的教育程度。以上需要在改革之前所行各种准备，若从大处或长远之处看去，也就与戊戌变法的目标无异。而戊戌变法仅在清亡之前十三年才提出，虽有光绪帝君臣的提倡，他们的提议却很少可以付诸实施。再说得不好一点，即虽至今日，中国尚没有全部完成上述措施。

一个现代化的国家与中国明清体制有一种基本不同之点则是政府能直接参与国家经济的伸缩。它利用中央银行及证券市场的影响，可以左右商业的趋向。它的金融政策，可以使投资及雇用数量增减。它可以发行公债用借贷的方式支付开销。它可以出卖国营资产，使货币回笼而信用紧缩。它的税收不仅光为收入着眼，也有管制的力量。此外它还有其他影响经济的办法。如果这些方法逐渐增善，政府即可以放松笼罩在人民头上的统治，而以服务代替警察权。明清之体系，无此可能，已不待言。而最使今日读者仍感扼腕者，则此体制，尚无诞生现代国家各种因素之基础的可能性。

创立这体制者为明太祖朱元璋，亦即洪武帝。他出身为贫农，这背景对他以后的政治哲学不无影响。但是他对宋朝王安石企图将财政局部商业化，而且改组又失败，存有反感，影响更深。[1]洪武在位时，很多拥有土地的巨家大室都受到打击。等到各种案件结束之后，

---

[1] 《明实录·太祖实录》(台北，1962 翻印本)，页2141，2681—2682。

全国以自耕农的户口为主，一般赋率至低。即在 16 世纪各种附加已将税率相次增高，而称全国负担最重的南直、苏、松地区，平均付税人所出也不过其收入百分之二十。其他一般都在百分之十以下，还有不及百分之五的地区，这种情形迄至清代未变。[1]

那么为什么各种文献之中又有汗牛充栋的呼吁，总是说税重民贫？其答案则是一般税率虽低，这税率是不分大小，向全民抽取的。即一个贫农有五亩田，也和一个富农有五百亩田依同税率纳税。事实上即因税率之低，使各处产生着无数的贫农纳税人，他们欠税不缴，作为其他纳税人拖欠的凭借，官僚为之蹙额。还有一个因素，即是当日管制无法与实地对照，付税的责任可以与地产分割。富裕的地主可以重价购入卖方的产业，而只接受其税率之一部。他们也可以将地产的小部分廉价出卖，而分割以纳税责任之一大部。一般情形之下，其未被赋税征取的收入，并未付之投资，而只鼓励很多人倚靠同一地产为生。中国 15 世纪以来人口大量增加，生活程度有退无进，不能说与这串相连发生的事迹，没有关系。

洪武倾心于本地自给自足之农村经济，也可以从他所订"役"之各种办法窥见之。他的赋率虽低，各纳税人又集体的向政府担任差役，凡各衙门值数算的书手，下至守门的工役，大部无佣值的向民间征来。衙门所用文具纸张，桌椅板凳，器皿等物，以及公务旅行的供

---

[1] Ray Huang, *Taxation and Governmental Finance in Sixteenth Century Ming China*（Cambridge University Press，1974），pp.170—174.

应,官廨修理整备的耗用也依既繁且细的规定由里甲承奉,以后这些繁琐的差遣大部折为银,而以附加的方法并入田赋,是为一条鞭由来的主因。但是这改革行于16世纪后半期,去明朝开国几二百年,而且其改革,不能全面彻底,也是在这题目写文章的没有仔细提及之处。[1]因之洪武型财政跨越明清。

什么是"洪武型"的财政?简言之,为缺乏眼光,无想像力。一味节省,以农村内的经济为主,只注重原始式的生产,忽视供应行销以及质量上的增进。过度注重短时间的平等,不顾投资为来日着想。历史家以今日眼光检阅16世纪的资料,很难同情于当日多数作者,他们总幻想着一个十全十美的洪武时代(是为官方标准的意识形态),这些历史家反而会赞赏当日少数不被人重视的议论,他们却已指出征税过轻,长期间内反为民害。[2]

直接向全民抽税,及于亿万的小自耕农,是为中国帝制期间的特色之一,明清相率沿用。但是洪武之后,大规模之土地重新分配,迄至本世纪无之。有些治史者,根据无严正性数目字的片言只语,强调明末土地集中,骇人听闻,其以讹传讹,缺乏实际的证据,不难指驳。[3]并且纯粹从质量上的发展着眼,真有如此的集中,较全面人人

---

[1] 见213页注[1],pp.118—122。

[2] 同上,pp.186—188。

[3] 同上,pp.157。黄仁宇,《明〈太宗实录〉中的年终统计》,*Explorations in the History of Science and Technology in China*(Shanghai, 1982),pp.119—120。英译载*Ming Studies*, 16(Spring, 1983),pp.39—66。

占有小块土地也要高出一筹。而实际的情形,则土地所有权的分配,五百年内似有一个极为平稳的定型,此即佃赁与土地分割零星使用相始终。大地主拥有两千亩以上,总是例外情形。中等地主,自此数下至每户二百亩,也不可能占大多数。因为他们数目膨胀则税制及地方政府之行政必受影响。但是向低水准看齐的平等,不能革除贫农及小自耕农彼此之间放债收租,有的获有亲戚邻舍地土的债权,有的即沦落为佃农及半佃农。20世纪初期土地占有的零星情形(见附录)和几百年以前的情形,有很多相似之处。这些条件使我们想像政府的财政政策,几百年内把整个国家当作一个多数农村拼成的大集团,缺乏中层经济上的组织与交流,迫使中国经济的发展,只有单线条数量上的扩充,缺乏质量上的突破。只有亩数并不太大的耕地其领有权不断的换手,这样也能使整个体系沿袭至久。

一个像明与清"先现代"的社会,朝代初期所订的财政制度,等于一个固定的预算,其影响所及,也略等于一种不成文宪法。它一方面固定了文官组织的功能,规划了军事组织的性格,详情以下还要提及。另一方面则是土地税一定,其收入总数即有最大限额。因为税后的净收入,决定了各地地价、佃赁关系、劳工工资和当地利息。如果税制行使多年,其税率也受上述各因素的影响和拘束。主要的原因是一般情形之下,剩余的利润,缺乏他处投资的机会,种田的也无别处可以借贷,总只有远亲近邻。这也就是说土地的收入,除了政府取得的一部分之外,已为多数获有权益的人户瓜分,以后再想调整,便极为困难。[1]

一个值得注意的事迹,则是永久性的全面增税,未曾在明朝或清朝通令施行。明代17世纪因辽东用兵的辽饷,据称为一种临时性质的田赋附加,由朝廷将总额分配于各省,而各个省自定内部分配的办法。这并不是中央政府放弃全面按亩加税的特权,只是它自己怀疑,这样水平线的加税可能行不通。果然在1632年全国三分之一以上的县份对中央政府应缴的赋税连原额及加额欠缴一半以上,内中一百多个县全部拖欠。[2]在这种情形之下,我们也可以说是财政机构脆弱,因不敷重荷而先告破损。

满清入主之后,虽说朝廷宣称,明末所加饷一律废止,实情并不如此,其加饷一般已成定例。[3]其如何生效尚不见于明文。大概清初用兵,军事期间的事例,成为沿革。又编撰《赋役全书》时,也可以将加额添入。除了以上事例之外,加赋总是临时的,有地方性的,无组织计划和不正式的添改。加赋不能突然,一个机构增加收入,也和另一个机构的关系产生不平衡,所以即增其为数不能太多,与全面财政的关系轻微。所以清末田赋之收入,与清初相差无几,而其人口至

---

[1] Huang, *Taxation and Governmental Finance*, pp.159—162.
[2] 《崇祯存实疏抄》(北京,1934翻印本),vol.II,页72—89。
[3] 《大清实录》内的年终统计可以为证。见Ray Huang, "Fiscal Administration During the Ming Dynasty", *Chinese Government in Ming Times: Seven Studies*, ed. Charles O. Hucker (Columbia University Press, 1969), pp.121—122. 亦见*Taxation and Governmental Finance*, p.365, note 7。

少已增加两倍半。[1]政府想全面丈量田土,作调整赋税的根据,总是因各地方作梗而失败。明代张居正当政的时候如此,满清康熙帝在位的时候亦如此。[2]从侧面看来,以这大多数的小块田地,长期受多数农村经济的力量左右,恐怕事实上要整顿也极为不易。

政府的功效,不能不受所配发的经费而限制,这两者都由田赋总额而决定。我们披读当日文件,就可以发现如用今日的标准评断,所有的衙门,都以人员短少、经费拮据为常态,其经费亦仅够维持传统衙门的开支,有的尚不足。很多现代作家提供了额外加征、薪水之外官僚自肥的情形。但是基本上一个预算不足,只能延长传统官僚政治的症结,却很少被提及。

一个敏感的观察者自此即可以猜想中国君主时代末期各地方政府的消极体制;而且这消极态度五百年连亘不绝。[3]除了抽税及维持秩序之外,地方官吏无非中央政府派来的一种使节,对各村镇的集团,敷行数不尽的各项仪礼。即以此时期的法律而论,也可以表现其绝端的保守主义。明律根据唐律而修成,后者更以汉代之九章法为准则,清律也循着同一的规范。所以除了少数的增减出入,及积聚各项律例

---

〔1〕 Yeh-chien Wang, "The Fiscal Importance of the Land Tax During the Ch'ing Period", *Journal of Asian Studies*, 30：4 (1971), p.842. 同上观点也见于王氏之 *Land Tax in Imperial China*, *1750—1911* (Harvard University Press, 1793)。

〔2〕 见西村元照《清初の土地丈量について》,《东洋史研究》, 33：3 (Dec. 1974), 页424—464。

〔3〕 参照 T'ung-tsu Ch'u, *Local Government in China Under the Ch'ing* (Harvard University Press, 1962)。

之外，中国的法律在最后五百年一成不变，而西方在此时极端的进步，中国却一心一意的要保持两千年来的传统。

这种法律观念认为皇权的行使，等于将宇宙的气质表现于人间。强迫执行儒家道德的节制，则带有自然法规的力量。以实际的情形言之，则人类各种关系虽复杂，要不外不识字的人听读书明理者吩咐，女人受命于男子，幼辈恭顺于长辈。家属的亲疏，又有丧事时"五服"的详细规定，这种社会制度，自公元前以来即有政府的维系。概言之，法律的作用，无非以刑罚加诸违反这一束观念之冒犯者。[1]最理想的境界，则是法律毋须施用，也就是社会上的领导者及亲属的领导者，带有半官方的身份，使在他们领驭下的位卑者及齿幼者人人遵守一成不变的社会秩序。这种气氛之下即再有发展民法的念头，也用不着提起了。

在此我也要承认：在一种制度史的长期范围内，常有因果互为循环的现象。因为预算有限，政府的功能必简单；政府的功能简单，也要不了大量的经费。但是我的目的，在于叙述中国传统国家与社会的特色，即使因果倒置或因果循环，与我想勾画的目的无伤。而这种情形，也可以看出以文人做官和这环境符合。这文官集团内多数的位置已性格相同。整个制度的设计就是要避免技术上的复杂性。

---

[1] Ch'u, *Law and Society in Traditional China* (Paris and the Hague, 1961). Derk Bodde and Clarence Morris, *Law in Imperial China: Exemplified by 190 Ch'ing Dynasty Cases* (Harvard University Press, 1967), pp.76—112.

在还没有提及之前,各地地方性的经济因素,或被摒斥不提,或虽提出又仍加以限制。官僚们更能以他们传统教育的整齐划一,提倡文化上的凝结一致。强度的中央集权也无困难,因为施政时,已经采用最低级的技术因素作为全国标准;而不高攀于高级的技术因素。

这种安排更便利于考试制度。官僚的选拔既向一种通盘性的职守着眼,则考试的内容可以简化,虽说外表形式不妨繁复。[1]然则在这种平衡安定的局面下,中国要付绝大的代价。今日我们已可看出,考试制度是社会上向上流动性的主持力量。通常考试成功则做官,做官则名利双收,事实上,也就是以非经济的方法逐获经济上的利益。反观之,在这样的社会里,利用经济条件也好,非经济条件也好,没有一种方案能保险不向下流动。[2]如此一来,聚积资本在中国至为不利。在自觉的或不自觉的情形下,社会上各种体制只支持面积不太大的地产经常换手。更有实力的产业或更有商业精神的事业总是例外。因此没有一家如此的产业能像同时期日本的资本家一样能在历史中起得作用。这也不是如此富裕的人家无人艳羡,只是在这社会中所有公众事业处处都在农村经济后面做事的条件之下,他们缺乏一种除非他们出面即无法行使的功能。他们既富裕则陷于孤立,他们越成功,更

---

[1] 邓嗣禹,《中国考试制度史》(台北,1967),页73。
[2] Ping-ti Ho, *The Ladder of Success in Imperial China* (Columbia University Press, 1962), pp. 262—266.

会遭妒忌。稍一不慎,即会垮台。多数情形之下,他们的子孙,也不知如何处置其庞大的产业,只有挥霍一途。[1]

19世纪后期的"官督商办"也不能改变此种趋势。现在看来,官督商办要能成功,务必由官方给商方以特权,使他们不受任何歧视的待遇,而突出于法制的功能之外。也就是政府的左手,要防制政府的右手向商业利益滥用职权。而实际的结局则是右手以通常的方法取胜。

迄至最近,若干中国史学者盛称明末中国发生"资本主义的萌芽"。这种论调用了无数缺乏全盘组织的例证,提出商品农产物的出现,手工业的抬头,以及劳工之进入城市等。[2]在我看来,这些例证,已在它们自身的重量下挤垮了。其无法产生一种结构,是其弱点。这也就是说某种例外的和不能协定的经济活动决不能造成一种系统,遑论及领导社会,影响其政治,决定其思潮。

法国史家布罗代尔的研究,马克思及亚当·斯密均未曾使用"资本主义"这一名词。这名词刻下的用法,似由19世纪蒲兰克开始,而在本世纪又有桑巴特的广泛介绍。[3]英国史家克拉克爵士则如此说:"用资本主义这一名词,去笼括现代经济制度,是19世纪中叶社会主

---

[1] Ho, "The Salt Merchants of Yangchou: A Study of Commercial Capitalism in Eighteenth Century China", *Harvard Journal of Asiatic Studies*, 17: 1—2 (1954).

[2] 见石锦《中国资本主义萌芽:研究理论的评介》,《知识分子》2: 4 (1986年夏季号),页37—45。

[3] Fernand Braudel, *Civilization and Capitalism 15th—18th Century*, Vol. II, *The Wheels of Commerce*, trans. by Sian Reynolds (New York, 1982), p.237.

义者所创行的办法。其所解说的一种社会形态，内中最有权威的乃是拥有资本的人。"[1]

这段文字之中显示着一种组织。

因之我们想像现代经济制度必使剩余的资金以私人贷借的方式广泛的活用。产业人也不拘人缘的雇用经理，其监视程度，才超过个人及家人的耳目之所及，而且技术上的支持因素，有如交通通讯保险法律顾问等还由多数企业共同使用，才使业务范围更突出于各自办理的程度。如此一来，其所有权及雇佣的罗网越来越大，而产生了很多多方关系，与过去一束的双方关系有别。但是以上三个条件，即资金流通、经理雇佣、技术公用，全靠信用才能站得住脚，而信用不能没有法律的保障。这也是说它们之能成功是在法制之前所有契约都能全部强制生效。

资本主义在经济先进的国家里立足的时候，即有逐渐将商业法律施于全民的趋向。不仅家庭关系及遗产之继承必须符合现代需要，而有关欺骗、监守自盗、顶当、破产诸端也要与商业习惯吻合。倘非如此，社会的下层机构就组织不起来，无法支持高高在上的企业组织及其大罗网。资本主义的性格在地中海滨兴起的时候，威尼斯是它的先进。这一所城市，就俨然像一个大公司。后来荷兰民国取得领导地位，则采用联邦制，因此荷兰省能够继续发扬它经济先进的地位，而不致为落后的部分牵制。英国在1689年完成光荣革命的时候，已成为

---

[1] G. N. Clark, *The Seventeenth Century*, 2nd ed. (New York, 1947), p. 11.

资本主义国家的优秀成员，普通法的法庭即开始引用商业习惯去处理牵涉商人的案件。[1]

中国在明或清既无能力，也没有任何企愿想要走这条路。可见得一方面是全社会以家族权威做主，另一方面是根据私人财产权及城市特权所组成，两方有很大的差别。勉强的拿出一方的经济冲动当作另一方的萌芽，连他们相反的性格和目的都视而不见，也只算是有意的张冠李戴。

提到明朝的开国，一位美国学者如是指出："首先就有1340年间的传染病症流行，又有水灾、饥荒及人口损失。1350年间更产生了全帝国的民变。于是在1368年才在这个坩埚之内产生了一个在中国历史上最大的、顶中央集权的、顶专制的朝代政权。再经过半世纪，这政权才长期的衍化出来一种稳定的制度形式。而这形式一经稳定，就支持中国的文化，迄至1912年最后一个朝代的覆亡为止。并且在转为阴沉而不露面目的状态之下，其影响所及则至今未止。"[2]

中国帝制下的权威，在西方人士看来，总是专制和中央集权。因为西方还没有一个类似的组织，能够如此抹杀各地区间的个别性格，忽视其自然之所赋予，而一意在一个庞大的地区上提倡文化上的协

---

[1] Theodore Plucknett, *A Concise History of the Common Law*, 5th ed. (London, 1956), pp.245—248, 664.

[2] John W. Dardess 评 Edward Dreyer 所著 *Early Ming China* 之书评。载 *Ming Studies*, 15 (fall, 1982), p.9。

调。然则作者提及明朝在历史上持久的影响,甚具只眼。以今日之眼光看来,我们应注意这影响的负作用。

又因为中国历史包罗之广,有很多时候会出现好像是自相矛盾的地方,尤其是片面取材,与主文相离的时候尤然。当一个朝代草创之际及随后的一个阶段,它可能表现精力充沛,突然猛起的姿态,这姿态却不一定要与这朝代的生理状态相符,在明清时也如此。提到明初,前述美国作者又提起:"在皇帝的命令之下,一个国都突然在意料不到的地方出现。边疆和海港今日开放与外人互市,明日全部封闭。在皇帝可否之间,有些经济部门或者被全力支持,或者被通盘禁断。庞大的军队进出于蒙古及越南。艨艟的舰队游弋到非洲东岸。这样的事情,好像以手掀动自来水。在这水管上一掀则开,向反方向一扭则闭。"

以上所说的各种非常活动,在财政上大部是以额外征派支持。[1]中国人可能首先发现在朝代草创之际,战时之动员,可以代替组织与制度之不足。最低限度在短时间之内,其军事行动可以使新朝代插身于一些经常不能的事业。但是这样的突出并不能促成其财政体系的健全和合理化。况且它要撤退时尚要矫枉过正,不必要的牵扯拖倒一些事物,有如上段再三提及。

永乐皇帝可能比他的后裔万历皇帝要能干,乾隆皇帝也可能比道光皇帝有计谋,然则一个学者比较这些帝王用兵之际,不能将后面国家

---

[1] 见213页注[1],《明〈太宗实录〉中的年终统计》内的说明。

组织及社会环境置之脑后。明代的卫所制度，仿效元朝的作法；[1]满洲的八旗又大概接替明代之卫所。这些制度的目的是将军籍与民籍划分为二，使前者保持武艺精神，后者不受动员征调的扰攘。明初与清初的军事力量，大部系这种设施尚在新生状态之故。但是制度一设立，以后缺乏继续不断的经济支援，以致卫所及八旗同样的归于退废。至于为何不接济，则本文所叙的各种因素都有关系。

从长处与大处着眼，明清的国家体制，不能使中国适应于现代科技，西方的经验，科技因经济体制之活跃而增长。后者促成社会的分工繁复，鼓励各地区发展其专长。换言之，整个社会因自然赋予的不平衡而繁荣。这些不平衡的因素，互相竞争之后，终至分工合作，虽然在合作途中更产生下一阶段的不平衡，所以循是不辍，各方都有继续的长进。与之相较，明清的社会，可谓由一个伟大的农民设计，专心一致的要保持传统所尊重的均匀；也就是事前就产生了一个低水准的人造平衡。

我们读过不少资料，涉及1894至1895年间的中日战争。黄海之役中国的北洋舰队横着以一弯新月的阵容与日本海军交锋。战事紧张之际也不知道这舰队系受提督指挥，或者是英国顾问指挥，还是旗舰舰长指挥。大口径的炮弹则急剧短缺。黄海战役之后日军由陆地抵威海卫之背，夺取中国海防炮台，轰击退避海港内中国船舰。我们也读过

―――――――――

[1] Romeyn Taylor, "Yuan Origin of the Wei‒so System", 见216页注〔3〕, Seven Studies pp.23—40。

1840 至 1842 年间，鸦片战争的事迹。当日清军以传统武器对付英国之轮船和新式枪炮。英人魏黎翻译之中文书，更使我们知道清军反攻宁波之际，总指挥离前线九十英里。他的幕僚很多系文人而缺乏军事训练，反攻前十日，他们作文比赛，预作胜利的报告。反攻之时，主力驱至英军之埋置地雷的区域。[1]这些糊涂事已不能令我感到惊讶，因为我自己研究明末 1619 年的辽东战役，内中有一个明军指挥官放弃火器而以步兵仓促应敌。明军分为四路，在一个弧形上展开逾一百五十英里，给努尔哈赤以各个击破的机会。明军用火器时，其效率之低，使满军胆敢以骑兵密集队形冲入阵地，终致明军全军覆没。[2]

这三段事有什么相同的地方？指挥官之无能，虽属可信，不是全部的解答。后勤供应不力，也还没有深入这问题的症结。一个国家的军事组织，应当和它的社会结合为一，有如以骨骼、血脉、筋肉和神经系统相牵连。这就是说要使海陆军发生效率，不仅人员装备的供应须经常不断，即军事技术及军事思想也要和支持它们之社会的水准不相上下，这样才算是成为一个有机体。以上的情形，军队都是社会以外的"外界体"；明与清也没有区别。杨镐的军队，给努尔哈赤各个击破之前，由全国增赋而支持，其增派遍于各行省，只有贵州除外，有

---

[1] Arthur Waley, *The Opium War Through Chinese Eyes*, (Stanford University Press, 1968), pp.158—185.

[2] Ray Huang, "The Liaotung Campaign of 1619", *Oriens Extremus*, 28 (1981), pp.30—54.

孤注一掷的样子。[1]并且白银抽出于它平日行使的地方，投至边疆。鸦片战争时扬威将军奕经，没有集中的军需处，他在苏州、杭州、绍兴之间设立了四个银柜，接收中央政府的拨汇。来款或四处均分，或一处汇交，事后发觉，总数无法核对。[2]中日战争，有时视作李鸿章的战争。他的北洋舰队曾接受各省区的接济，但是李却没有掌握这些省区的财政职权。而且各省区在国内国外分别购买船舰器械各自为政也由来已久。[3]

以上所述并非随意翻出的史料。此三段战事对以后的发展都有决定性的影响。它们虽相去好几个世纪，即明与清，中国皇帝或满洲人主，都无区别。财政配施是暴露组织与体制最直接的办法。假使战时出现松懈的联系，即可揣测其平时连这种联系也不存在。如果军事指挥违反常情不顾基本原则，则其文官组织可能也有问题。历史家光是指斥当事人腐化无能，公正与否不说，只是他自己就还没有完成阐明历史的责任。以上各事横亘几百年，如果有一桩顶不对的事，则必为国家之组织机构与功能。这也就是说：中国在对付非常事变时，只能仓皇动员一个大数目，其中缺乏质量的管制。

我承认以上的描写，只是粗枝大叶。但是概括明清时，我们已涉及其税收、土地所有、地方政府、传统教育、社会价值、各种仪式、

---

[1]《明实录·神宗实录》(台北，1966 翻印本)，页 10862—10865。

[2] Waley, *The Opium War*, p. 179.

[3] John L. Rawlinson, *China's Struggle for Naval Development: 1839—1895* (Harvard University Press, 1967), pp. 131—132, 138—139, 142, 184.

科学制度、社会上之流动性、法律内容、军备概况,而同时以财政贯穿各部门,至少我们也可以断说这政治体系为西方之所无。况且明清之"内向性"及"非竞争性"尚与汉唐宋遗留下的传统也有别。恰巧西欧在这五百年拼命现代化之际,中国则闭门造车,完成了一种独特的制度,政治上中央集权,经济上因各农村单位而自给自足,文化上全国一致,足能漠视各地区的个别情形。只到中外两种体系全面冲突时,中国缺乏架构上的坚韧性才立即暴露。

又有些历史家根据习惯性的称民国前之中国为"封建"。但是一方面大堆农村被笼罩在一个帝国的衣襟之下,另一方面是一种制度其政治威权从不放弃其基层的土地所有,这中间就缺乏共通与相似之处。其实与中国的形貌游离相比,封建制度倒有一种长处,此即它的权力机构在国家生产工具中保留了从不放弃的经济利益。日本在德川幕府时期,各领主既为地方首长,也算是地主,明治维新之后,新政府也能承袭以前的办法,抽土地税达地产收入百分之五十。迄后多年此收入仍占新政府收入之大宗。[1] 倘非如此,其发行票币公债必难如斯的顺利。

再有历史之后端,英国在1694年英伦银行之成立才开始有国债,新银行贷予政府一百二十万镑,为后者借债度日之始。但是还少有提及的,则两年前,即1692年,英国第一次全面抽土地税,不用中间经

---

[1] John K. Fairbank, Edwin O. Reischauer and Albert M. Craig, *East Asia: The Modern Transformation* (Boston, 1965), pp.235—236.

纪，得款二百万镑，全数缴入国库。[1]与以上两事相比，中国1911年之革命可谓是双手空空的胜利。满清皇室虽被推翻，国库却空无所有。中国之土地税是一张鹑衣百结的破布袄。很少的人能了解它的真性质，遑论及提供收入作新政府的财政基础。它的局部收入在好多地方只能供本地政府维持传统功能的开销（但是四川军阀有预征二十年之说）。国民政府定都南京即对土地税全部不问。[2]以一个农业大国竟不能从耕地提供收入，也是世界罕有。又民国初年之政治不稳，不能与这财政困难一事无关。当日很多纠纷即发生于向外借贷。

这组织机构与功能的问题，却不是写出一篇文辞华丽，理论周密的一纸宪法可以解决的。我在不同的地方曾发表一种见解，竟不怕文辞粗俗的直称民国前中国是一个"潜水艇夹肉面包"。上面是文官集团，大而无当，下面是成万成千的农民，也缺乏组织。保甲是一种官方指派的行伍，只能传达简单的命令。民国成立之后，前清的社会秩序，亦即"尊卑男女老幼"的原则，已失去意义。况且这潜水艇夹肉面包上层与下层的流通，全靠科举制度。自1905年停止开科取士之后，这国家的上层机构就与被治理者失去联系。

假使这时候土地领有的形态简单明了，那么要改造也比较容易，但是实际情形并不如此。显然的，土地小块分割，农民负债，佃农数

---

[1] J. S. Bromley, ed. *Cambridge Modern History*, Vol. VI. (Cambridge University Press, 1970), pp. 285—286.

[2] Fairbank 等, *East Asia: The Modern Transformation*, p. 700.

量各地不同。放债及押当以极微小的程度行之，总有好几百年的历史。这中间的如有争执，通常由各地族长村长排解，甚至都不惊动地方官。[1] 倘非如此，则食粮之生产必成问题。只是新型的政府却始终无法与为数百万千万的农民直接碰头。它的行动范围有限，也可以下面一事窥测之。直至1937年对日作战之前夕，国民政府之全年收入，主要来自商业税收，为12.51亿元，以三对一折算，约为美金4.17亿元，[2] 这与它希望从事工作相较是微乎其微。

这些资料有何用处？这篇文字的目的何在？

中国近代史包含了很多群众运动，不能片段的处理。很多问题的因果关系，延伸到我们短窄界及窄狭的专科范围之外。在中国近数十年空前的掀动之下，我们不得不作一种综合检讨，将历史归结到今日为止。在这情形之下，我建议：

1. 中国现代史的基线向后推转五百年，包括明朝。这长时间的视界使我们了解最近中国所遇困难的渊薮，同时也看清好多问题互相连锁的情形。

2. 中国最近百年来的奋斗在历史上的主题为完成国家社会架构上的改造。虽说这庞大的改造史无前例，在"解剖"的方面看来，和英国17世纪的情形有相像之处。英国在1689年完成光荣革命时，改造了

---

[1] Martin C. Yang 提供着若干例证，见 Yang, *A Chinese Village: Taitou, Shantung Province* (Columbia University Press, 1945)。

[2] Arthur N. Young, *China's Nation-Building Effort 1927—1937: The Financial and Economic Record* (Hoover Institute Press, 1971), pp.433—439.

高层机构（议会至上，皇室只有象征的意义，事实上政教分离，雏形的两党政治及内阁制度），再造了低层机构（逐渐废除"抄本产业人"，土地集中，属有权明朗化），以及加强这两者间有组织的联系（国民权利、普通法庭接受公平法和商业习惯）。这中英两方大小不同，事隔几个世纪，其动机及程序不可能相同。只是从技术观点看，两方都不自觉的取得一种"能在数目字上管理"的地位，因之从过去以农业背景为组织的基础蜕变而为以商业习惯为组织的基础，则在两方都讲得通。这样一个主题，要比凭空辩白资本主义出生于封建制度更有意义。

  3. 从上述路线修撰一部"大历史"，如能集思广益的集体创作固好，不能则个人单独工作，中国在20世纪80年代一定和20世纪20年代有不同之处。那么已经收有成效的在什么地方？原因何在？这重要的问题尚待解答。历史家伸张他们的眼光深度并放宽视界之后，应当能够报告读者何种变化为短时性的，何种改革有永久性。

  4. 大学教程内加入大历史课程。这种路线采取归纳法，与普通用分析法如做博士论文的行径不同。但是这不是说后者要废止。宏观的研究可以为微视的研究开出路，又待微视的研究纠正错误。

  有些同事可能认为这种建议过于急躁，过于浮泛。而我所恐惧的乃是与他们顾虑的相反。我们已经处于一个前无古人的环境里。世界的变化如斯的迅速，今日有很多政治家、战略家以及企业家甚至旅游者都不待我们的真知灼见采取行动。我们若再犹疑，则以后所著书，恐怕全没有人看了。

附　录

各专著提及 20 世纪中期以前中国土地占有的情形

有些私有的土地，被地主占有，分给佃农耕种，成为中国重要的问题之一。可是其幅度常有被过度估计的情事。〔实际上〕不到四分之三的土地，为耕种人所领有；超过四分之一的土地，用于佃赁。在产小麦的地区，耕种人自有的情形多，占〔全部土地之〕八分之七，与之相较，产稻谷的地区，自有之土地为五分之三。

"将农民分为不同的门类是另一种衡测佃赁程度的办法。〔现在调查之结果〕半数以上的农民为全自耕农。不到三分之一为半自耕农，其他百分之十七为佃农。在小麦地区四分之三的农民为全自耕农，在稻谷地区全自耕农不及五分之二。佃农在稻谷地区占全部农民之四分之一，半自耕农则超过三分之一。"

"至于每地区里最大多数的农民，则小麦高粱出产区，百分之八十为全自耕农，稻谷茶叶产区百分之五十三的农民为半自耕农，四川稻谷区域，则有百分之四十三为佃农。在有些局部的地区内所有农民都是全自耕农，有些地区全为半自耕农，也有些地区全为佃农。"

以上摘自 John Lossing Buck, *Land Utilization in China*

(Shanghai, 1937), pp.192—193. (根据1929年实地在中国二十二个省一百六十八个地区,一万六千六百八十六个农场三万八千二百五十八个农户的调查。)

"边区土地状况：大体说来,土地的百分之六十以上在地主手里,百分之四十以下在农民手里。江西方面,遂川的土地最集中,约百分之八十是地主的。永新次之,约百分之七十是地主的。万安、宁冈、莲花自耕农较多,但地主的土地仍占比较的多数,约百分之六十,农民只占百分之四十。湖南方面,茶陵、鄂县两县均有百分之七十的土地在地主手中。"

以上摘自毛泽东《井冈山的斗争》(原作于1928年),载《毛泽东选集》第一卷(北京1968版),页67—98。

"十年之前曾有两家或三家,每家拥有八十至九十亩,也有五家或六家,每家拥有五十到六十亩。最近十年所有这些家庭因为土匪出没,或因为子孙生活奢侈,或出卖地产,或分拆为较小的单位。现在可能没有一个家庭拥有四十亩以上。"

以上摘录Martin C. Yang, *A Chinese Village* (Columbia University Press, 1945), p.16. 所叙为青岛附近一个村庄内的情形。

"百分之九十二以上的家庭多少有些耕地,百分之九十六以上的家庭多少耕种着若干土地。平均每家有地四块，面积〔共〕21.9亩。耕作的农家平均每家种地21.2亩。全县土地以人口计，每人3.6亩。最大的地产领有者，一家有660英亩〔以一英亩作六华亩计，此数接近四千华亩〕。但是只有一百三十二家〔即全县〕百分之0.2的家庭拥有五十英亩〔约三百华亩〕以上，也只有百分之九的家庭拥有五十华亩以上。"

以上摘录 Sidney D. Gamble, *Ting Hsien, A North China Rural Community* (Stanford University Press, 1954), p.11. 所叙为河北定县1930年间情形。

"在全保（包括八百五十四人）有一千五百三十五石的稻谷耕作地，内中一千一百三十七石，亦即是大约百分之七十五，是全佃农所耕种。只有三百九十八石是全自耕农和半自耕农所耕种。"

以上摘录 Doak Barnett, *China on the Eve of Communist Takeover* (New York, 1963), p.120. 所叙为重庆附近乡村1940年间情形。

"根据本地的标准，拥有三十亩以上的可算为地主阶级，拥有二十亩至三十亩或耕作于三十亩自有的或佃赁的土地可算富农。"
"这里有甲乙丙丁戊五家，他们凭本地标准看，可算大地主，可是照西方的标准看来，则是小得可怜。他们在1948年到1949年共有田地三百一十亩，其分配如下表。〔表中所列最大的地主有田一百二十亩，亦即等于二十英亩。〕这三百一十亩是村庄内耕地的百分之二十五点八，可是这五家只是全村人户的百分之二点一八。"

> 以上摘录 C.K.Yang, *A Chinese Village in Early Communist Transition* (MIT Press, 1959), pp.40—41；43—44. 所叙为广州附近的一个村庄在1950年间初期的情形。

"在土地革命之前夕，地主及富农占村内人口约百分之七，直接领有耕地一百六十四英亩〔近于一千华亩〕，通过宗教及宗祠的组织，他们又掌握着一百一十四英亩〔不及七百华亩〕。所以他们一共执掌着二百七十八英亩〔共约一千七百华亩〕的土地，占村庄内的百分之三十一。"

"经和〔村庄内最大的地主〕的皇国之中心，乃是二十三英亩〔不及一百二十华亩〕的膏腴的田土。"

> 以上摘录 William Hinton, *Fanshen: A Documentary of Revolution in A Chinese Village* (New York, 1966), pp.28—29. 所叙为山西潞城县一个村庄在1940年间后期的情形。

以上除毛泽东的文字系照录原文外，其他由本文作者自英文移译。方括号内的文句系本文作者加入，为原本所无。

里昂车站的会晤点

纪业马将军（Brigadier-General Jacques Guillermaz），法国人，曾在中国多年，并且于1941年在重庆参加戴高乐的"自由法国"运动，他后来又在泰国及中国做外交官，更在北非建立战功之后在巴黎大学任教授，1980年间退休。我和他的相识，也算出于意外的机缘，1948年我在南京国防部第二厅联络组任上尉组员，主要的任务，是向来访的外国武官报告战况，当日国军连续的战败，我们还不能了解这些事情的历史意义，对战局的一连串失利总抱着愧憾，在外国人的面前，不自觉的抱着自卑感。而且有些来访的外国武官也真带着一种轻蔑我们的态度，有时讥讽出诸言表。可是法国驻华副武官纪业马中校却与众不同。多少年后我才知道他和一般职业军人不同，曾对中国传统文学和历史下过一番真切的工夫，因之对时事也有了较为深切的看法，更不会以我们遭遇的偃蹇，当作我们整个集团和整个国家道德不良，所有工作人员全部贪污无能的应得之后果，有如当日外间新闻界的粗浅看法。

也因为我和纪将军退伍之后，彼此都做过一段历史研究工作，我们的见地，也更容易接近。我们的历史眼光，可以以极简短的文字概括之。

当一个国家和一个社会须要全部改造的时候，历史所赋予个人的任务，可以和各个人的观感完全不同。我们个人的胸襟抱负，可能与历史的意义衔接，也可能与之完全相违。很多事情的真意义，要多年之后静眼冷观才看得明白。当时用道德观念粗率解释的事物，日后从技术的观点分析，必呈现着很大的差异，其根本不同的地方，则是历史上长期的合理性，前后一贯，源远流长，超过人身经验。

我和纪将军在南京分手之后，瞬隔已三十九年，虽说最近十多年之内曾一再的通讯，我的《万历十五年》也因他的照顾才有法译本问世（法国传统尊重本国文物，一部涉及第三者事物的书籍，用英文写出后译成法文，不是常有的事）。这次见面，仍须准备着心理上的桥梁去弥盖着时间上和空间上的大距离。可是见面几分钟之内，所预想的距离已经完全不存在了。从青年到晚年，我们的相貌以及身躯都有极大的变化，所不能改的，则是语音的色调和谈话时的情趣。我在临行之前，曾将自己和内子 Gayle 的照片寄给杰克。和他通电话之后，遵着他的吩咐到里昂车站的会晤点（Point Rencontre）等候他。又直到他来到近前和我对话之后，我才知道此人乃昔日之纪中校，后来的纪将军和纪教授，今日我的朋友杰克。

杰克听说 Cayle 不会中国话，他就俏皮的对我说："我的夫人也不会中国话，这样一来，我们可以秘密谈天，太太们不知道我们在讲什么。"

他住的地方，叫做 Les Aveniéres，去里昂、日内瓦和 Grenoble 三个角点大致等距离。这地区是法国农业精粹之所在。从火车的车窗上看去，所有土地，都经过人工培植，要不是田园，就是绿草如茵的牧地，当中有灌木代替围篱。从小山到平原，全部整秩，没有一尺寸的土地是空废。这附近的小村庄，除了一二座咖啡店和酒吧间之外，也没有其他商店。房舍的建筑虽陈旧而整饬，当杰克开汽车经过的时候，我们看不出任何墙端废物，也看不到任何闲人来往。

杰克的夫人，是芬兰人。她结婚之后，杰克要她专讲法语。因为我们不懂法语，才用英语和我们交谈。她说："我已经十多年没有用英语，所有英语的字眼都忘记了。"

其实她的英语仍是流利而没有交谈的障碍。纪太太的个性，则是爽快利落。她初见 Gayle，就告诉她自己今年六十五岁，她五十二岁的时候，一天早上醒来突然的失去听觉，所以现在要戴助听器，其实助听器也有一种好处，她和杰克在一起，恩爱弥笃，可是有时候也吵嘴。在这种场合之下，最好的办法就是将助听器取下，听不见杰克的咆哮。杰克知道她听不见，无可奈何，气也平了。

我们所观察的，则是他们有意选择这乡间的恬静生活。虽然是旧式的房舍，却有各种摩登设备。巴黎当日的报纸，也能送到户下。如果需要各种物品，则可以开车到十英里内外的 La-Tour-du-Pin 去采购。杰克替各报纸杂志写有关远东的文章，也供询问。可是除了一年一度去芬兰之外，很少旅行。他现在占时间的工作，则是写他的回忆录。Gayle 悄悄和我说，他的回忆录一定有趣味。我问她何以能如此预言。她回答："听他如此说的，每两年则有一次大冒险！"

那夜是我们结婚二十多年以来第一次在朋友的住宅里作宿客，关门之后，不免低声的议论他们。意想两间房外，他们也必议论我们。

Gayle传告我：当我们还没有来，杰克夫人看到我们的照片，知道Gayle并不是中国人，就说："这样倒好了，我可以作任何的菜。"如此看来，她以为接待中国人，必作中国菜，也要符合中国的口味和标准，其待客可谓虔诚，同时也表现他们夫妇做事时爱好和彻底。其实她的晚餐以猪肉炖黄瓜，既符合中国标准，也迎合于西方的口味。而且他们房舍里有千百样物品，每样都有一定的地位，一尘不染。虽说有女佣人每星期两次来帮忙打扫，其主妇的工作必仍繁重，而且杰克太太给我们的晚餐，有条不紊，一杯一碟，都要像餐馆里一样按程序的侍候到客人面前。晚上我们谈天，她又在厨下洗碟子，有些令我们过意不去。

杰克对中国的情绪，憎爱参半。大概他在中国一住二三十年，情不可免，尤其他在1955年和1957年两年间住在南京，足不出户，心理上受有相当的打击。他也仍尊重国民政府赠他的云麾勋章，曾戴着这勋章出席中共的招待会，中共人士看着并没有作何异论。他所收集的中国文物，大致都已被没收。目前房子里所挂的画片，都系现代水彩，有好几幅重庆的夜影，灯光舢板和山上石梯茅庐相映对。他最值得骄傲的则是他的书籍，也无虑几千百本，而以现代的平装本为多。他自己所作的《中共党史》有英、法文本，对中共的成就，并不隐讳，但是他对毛泽东种种作法，表示忧虑和疑惧，并且直截的断言不可能代表中国的前途。书成于1970间初年，也算得当日最为持平的看法。此外他又和我说："中国是世界上最民主的国家！"他之所谓民主，并非目前党争中所谓民主，也不是所谓"无产阶级专政"的民主，而是历来尊重民为贵的一种传统精神。

　　杰克·纪业马对中国的前途，仍抱着很多忧虑，主要的原因乃是经济方面，一定会遇到很多前人没有遭遇过的难题。他能够具体的和盘托出这些难题之所在。

　　过去我在中国为中国着虑，常有外国的朋友劝我将胸怀放开，可谓天无绝人之路。又真想不到几十年后，我也能以同样的乐观论调向外国朋友劝说：我写的一本《万历十五年》既已为中外历史家及一般读者接受，则我们无妨以书中事当作今日局面的历史基点。（事也凑巧，今逢1987年，去万历十五年为整四百年。）也可见得中国在现代所遇到的难题，已有好几百年的背景。因为其沿革已经有了一个"不能在数目字上管理"的症结，也无法局部改造。民国以来的纷纷攘攘也都是下面的低层机构没有脱胎换骨，上面的宣言与宪法都是官面文章之故。纵有好宗旨，其理想也无法渗透到民间去。直到八年抗战之后又加以四年内战，全国成为一座大熔炉，整个社会才能重新安排。这种历史上的意义，即当事人也渺然，否则就不会产生"统一战线"的反复游离和"文化大革命"各色各样的节外生枝。只有今日局势澄清，我们再参考欧美各先进国家的历史成规，才猛省到中国一百多年来的奋斗，无非先要使整个国家和社会内中各部门能互相交换（interchangeable），以达到能"在数目字上管理"的局面，然后使所有权（ownership）和雇佣（employment）构成一个经济的大罗网，包括公私的利益，也能继续扩充，才符合现代世界的潮流。

　　换言之，这也就是以商业组织的原则，通行全国。历来中国以农业组织的方式将全国构成无数小单元,上面则用官僚作风钳制垄断,又以自欺欺人的办法自圆其说,显然的已无法在现代世界里生存。

这种潮流既已成为世界一般趋势,当然,每一个国家在达到这阶段时总要参照自己的历史背景,斟酌取舍。这也就是在能以数目字管理的大前提内,用最经济、最公平和最安全的方式去稳定局面。我和杰克学历史,都站在人道主义(humanist)的立场。以今日世事规模之大,没有人能够全部操纵,一般人的企望则是在这庞大的事物中,分割一部分,将各个人的生活掺和过去,使他们的生命有意义,因此一生没有虚度,也与良心无亏。所以当一个国家和一个社会从不能在数目字上管理转变到能在数目字上管理的局势之下,多数人已能适应此机会,人心望治,局面也容易稳定。如果我们把这些简单的原则广为传播,使它成为家喻户晓的常识,也就用不着害怕"资本主义"和"走资主义"的争执,和左派与右派的斗争、阴谋与复辟了。

再以杰克·纪业马提出的经济难题而论,这些难题既已提出,并且又以经济为重心,则可以视为今日中国已能在数目字上管理的明证。这比以前暗中摸索,动辄以道德名义对付技术问题,有绝大的差别,我们学历史的人,注重中国体制与结构上的改造,因为这是划时代的成就,不容忽视。至于以后的社会经济问题,是下一代日常生活的一部,不是历史家所能越俎代庖全部解决的。我和纪业马将军也同意今日世界所有经济生活,投入国际贸易的一个大圆圈里去,其前途无从预测。

我告诉杰克:我已将以上的想法写成专书,叫做 *China: A*

Marco-History（也就是《中国大历史》），校样在即，预备明年三月成书。如果他有意的话，我希望他阅看校样，在包装页面上题一两句话介绍。说到这里，我就趁着机会不再谦虚的提及我的"大历史"和一般中国通史不同。在注重历史上长期的合理性之余，各朝代已不复都像在同等地位可以拿来互相比较的单位。而是前后一贯，其因果关系，伸长盈亏也能触此动彼，互为关联。从公元前221年秦始皇之统一全国到今日大陆之所谓"经济改革"，其技术上的原因不仅可以提出，而且可以前后映证，有时超越世纪。这样写历史的好处则是所有的论点都有前后确切发生的事实解释，读史者对世事的看法不因个人感情成分的爱憎而左右，在目前"大时代"里能够发生团结人心的功效。

我也认为这对中国历史的新解释，可以拿来解释其他各国的历史。中国人口占世界之四分之一，历史上受亚洲大陆地理因素的影响又深，经过多少艰难困苦，喋血牺牲，最后赢得的还是一个可以在数目字上管理的局面。这样看来，可想见许多先进国家之先进，大概也是在类似情形之下突过难关，打开新局面。

比如以法国大革命为例：至今还有学者在争论其目的是否使法国进入资本主义的阶段。在我看来，如果说整个法国大革命牵涉到"自由、平等和博爱"的高尚理想，只在推行资本主义，未免把资本主义看得太大，而把法国大革命看得太小了。反过来说，大革命时推翻贵族僧侣的势力，以全国的山河重新划分行省，以整个土地作保障发行新币，颁行新历及度量衡制，以致以后的推行拿破仑法典，都有促成全国各因素能互相交换以完成在数目字上管理的倾向。只是历史虽然在一个民族和一个国家的生死关头,上下左右不得的危机中纵容暴力和革命,它到底有它纵容的限度。一到法国能以数目字管理,则稳定的力量抬头,过激的自由平等思想,也只能在政治体系外成为一种抽象原则,不复成为实际的领导力量。私人资本(包括商业资本及已商业化的农业资本)既在法国大革命后成为一种庞大的社会力量,这种社会力量又可以转变而为政治力量,我们也可以承认大革命后法国带有资本主义的色彩。然则仁者见仁,智者见智。我们又何尝不可以说社会主义因法国大革命而诞生?19世纪以来欧洲的社会主义思想,就大部发源于法兰西。所以说大革命的成果在偏左或袒右,不容易定夺。只有与大革命前之情景相较,法兰西能在数目字上管理,才成为剀切而不易辩驳的事实。只是我刚一提到法国大革命,杰克就说:"这是一个有争论性(controversial)的问题。你看,大革命两百周年在即,这里有很多的争辩。有些人认为这事可以完全避免。路易十六实在是一个好国王,法国已经在改革,在组织上已经朝英国的方向走……"

我忖想:既有巴士底的暴动、马赛歌、山岳党和平原党,又有外国的干涉,要想整个避免大革命,未免太理想。人类的弱点则是卷入感情冲动流血惨杀的事端,还不明白这些事情在历史上的真意义,直到多少年后,有了时代的纵深,才能由后人以客观的态度看得清楚。

我就说:"你讲的也正是我作书的宗旨。我们已经无法避免法国大革命。对中国讲,我就希望避免波旁(Bourbon)复辟,1848年的革命,在街上设栅寨(barricades)那一套。"从法国大革命后除了拿破仑的战争和以上的事件之外，还有第二帝国和巴黎公社等等。虽然情节复杂，左派右派的争执，极端的革命性和极端保守性的冲突，当时人只顾理想上的完美而不顾现实，都是发动这些事件的重要因素。

杰克没有说什么。我们心里都明白，我们曾亲临目睹人类的厮杀，既入暮年，更体味到历史上长期的合理性的真意义。在现在情形之下，中国近代史可以协助了解欧洲史；欧洲史尤其可以作中国的借镜。如此我们才能断言：中国历史已与西洋文化真切的汇合。

第二天早餐之后，因为杰克夫人也要到 La-Tour-du-Pin 购物，由她开车送我们去火车站。杰克夫人开车也表现她的性格：既开得快，转弯也不变更速度。她一面说："我的丈夫喜欢走正路，路直，但是距离长。我走的是侧面小路。"

早上东南法国还罩着一重浓雾，火车只四十分钟到里昂。我们依照着杰克的意见，在里昂停留了两天，如此才有时间巡游山顶上的教堂和著名的高卢罗马博物馆以及圣班尼底克亭的美术馆，并且徒步走过波拿巴特桥。

这两天内我和 Gayle 仍经常谈及杰克夫妇。1948 年我每星期接见纪业马中校的时候，做梦也想不到三十九年之后我和内子会到法国作他的座上客。里昂火车站会晤点的标志，是由东南西北四方各画一箭头，丛聚于中央，中央又是一个大圆点。恐怕设计这标志的人，也没有想像到他笔下所可能代表的空间和时间上的大距离吧！

卷尾琐语

这本集子，包括了几篇我曾经在各种刊物零星发表的文字。发表的时间自1974年至1987年，前后迄十三年，刊行的地方为香港、上海、台北和纽约。其中四篇已有英译发表，此外《中国近五百年历史为一元论》的初稿则是用英文写的，也打算在不久的将来发表。

这几篇文字都主张读者在今日中国局面逐渐打开的情况下，将中国社会背景重新检讨。中国的革命历时既逾一百年，则其历史上的背景也要向后推三五百年才能够将其症结看得清楚。只是历史的纵深既增长，历史家的视界也会同时扩大。这样一来，过去很多事迹，以前看到是不合理的，现在从长时间、远距离、宽视界的条件下看来则为合理，而且其因果也会前后连贯。所以这次经允晨将这几篇文字收作专集出版，书名定为《放宽历史的视界》。

这种宗旨，也和作者二十多年来在其他地方发表的文字彼此一致。大凡人类历史里牵动群众经过很多折磨的一种大变化，不可能完全是一种盲目的冲动，而在历史上成为一种无端的浪费与赘疣。中国近代史里有很多事迹被写成如是的尴尬，则大概由于叙述者与其中的人物与环境相处过近。其感情的成分不说，其所叙缺乏有关各因素的纵深也会使目前的景色模糊。譬如本书的读者，如将书页摆在鼻子前两三寸的地方，书上的字迹，不可能非常清晰，即是眼光极洒利的人也不可能读来辨认无讹。

　　这书内业已提及，我提倡用长时间远距离宽视界的条件重新检讨历史，称为"大历史"，半由生活煎逼之所致。我的大学生活的过程因中国局势的颠簸而中断。1936 年我在南开大学上学时尚是最年轻的学生之一，可是在 1952 年我在密歇根大学毕业时已是班内的老学生。只是有了这场命运的安排，才对东西两方社会有了一段切身可靠的认识。以后每遇到历史上的大问题，我都会不自觉的引用到自己在抗战前旅行各通商口岸，以及战时担任国军下级军官深入内地乡村的各种经验，作为参照对证的根据。如提及西方社会形态，我也在书本知识之外有了在美国劳动工作十多年的事实作陪衬。所以我的历史观点和人不同，所恃者不是才华而是视界。

　　而且由于多年读书教书旅行讲学的结果，我深深感觉到中国传统社会与西方现代社会距离之大。书内提及一个如前者的社会，要改革如后者，等于一只走兽之蜕变为飞禽。引用这样不可能的隐喻（metaphor），事非得已。其目的则是强调中国的革命，牵涉到亿万军民的生活与习惯，也影响到一个有机体的结构与功能。我和美国学生提及，如果这样的一个大革命发生于他们的社会，不仅从他们头上的发针下至脚上的鞋带全要更变，而且当中的家庭和婚姻关系，职务间的权利与义务，法律前遵守的合同和宗教上的信仰也要更变，如果革命不改变他们的语言文字，至少也要改变他们日用的词汇（vocabulary）。以中国幅员之大，人口之众，须要改革程度之深，已经在世界上没有一个与之类似而接近的例子。我们引用历史成例，也只能将世界上各种大变动的因果关系综合的拿来与中国的变动对照。比如说日本的明治维新就不能单独的拉来和中国的革命相比。很显然的一个证据就是日本在1937年，以维新以来七十年的成果，加诸中国，希望如此改变两方的命运。但是今日看来，两方的命运虽已改变，中国却始终拒绝以其改造沦为明治维新之成果之一。而日本积七十年惨淡经营之所得，其能在中国产生一种积极作用，也不外成为二种杠杆式的机构（leverage），在冗长的革命过程中加速其最后阶段的运转而已。同时过去三十年的发展也证明中国的革命更不可能是苏联十月革命的重现。

十多年前我虽有以上诸般概念，却不能掌握其全局，列成大纲，整个的归纳，在白纸上写成黑字。也只好随着国内外情势的逐渐澄清，将思想上注入新的知识，使抽象模糊的观念逐步明朗化、具体化。美国历史家华尔德（Charles Austin Beard）曾说，写历史有如"信仰上的修道"（exercising faith），在历史学的新领域之中，其情形也确是如此。我书中对资本主义的认识一文，更暴露出作者即使在一种特殊题材之前，虽已有中外各家的解释，要符合今日中国的局势，仍需经过一番奋斗。这一方面有如著名经济史理论家熊彼德（Joseph Schumpeter）所说历史家的任务，务必要把今人现在的地位讲得合理化。一方面也证明我自己是一个缓慢的学者（slow learner），而不是一个快速的学者。对今日一般读者讲，则书中的理论，仍属新的领域。在这种情形之下，与其重新布局写成一篇洋洋大观的长论文，还不如重印以前见于各地的文字，使读者体悟到作者获得今日的结论之过程间的层次。书中主观的意见与客观的事实互为出入，读者也可以斟酌取舍,自己作个别的"信仰上的修道"(这也是今日中国开放舆论的一种好处)。除了事后发现的错误之外,所有文句亦不更动。书内各篇之间也有少数重要的资料,有如提及王安石之变法,不止一次。过去因为各文单独发表,不得不个别的引证穿插。现在则因重复的地方不多,段落也不太长,与其令读者颠倒页次翻来覆去的查看,不如保留原状,一方面维持各文的完整,一方面也可以使本书合而代替一本中篇的论文,分则仍为各自独立的短评。

凡是要介绍一种新理论,则先要扫除过去的成见。《从〈三言〉看晚明商人》初载《香港中文大学中国文化研究学报》第七卷第一期,于1974年出版,属于此种性质。听说此文,曾在台北被翻印,我还没有见过其版本。过去有一种理论曾很妨碍中国史学的进展,此即是明末清初资本主义的萌芽。这种学说,一度在大陆被奉为正统思想,不容辩驳。于是有其一,也有其二。一个小孩子不叫做小孩子,先把他吹成一个"预备成人"(pre-adult),次之就可把他当作成人看待。中国既在明末清初即有资本主义的萌芽,则四百年后不再等待资本主义的成熟,就直接的提前施行共产主义,也不算过分了。于是以讹传讹,一部分欧美和日本的学者,也都接受了这样的一种解释。

我们虽不受正规思想的约束,可是却也不容易对它反驳。因为人家说"有",我们说"无",那也就不容易在原始资料里找出正面的证据了。这种事物既未发生,其可能性还在时人意料之外,那么明末人士又如何会在文件之中先留下了"此地无银三百两"的纪录,供我们四百年后作辩驳的凭借?

用小说资料作历史上的证据,也不是正途。但是冯梦龙的《三言》,共有短篇小说一百二十篇,对传统社会已经有了一段很细腻的描画,其可采的是内中的始终一贯 (internal consistency)。我们不能相信其编者会一而再、再而三始终重复的给后人留下一幅错误的印象。我所注重的是商业的组织,交通通信工具之使用,和信用制度之展开。在这些条件上讲,中国之瞠乎其后,显而易见。冯梦龙的笔下即亦表现当日商业资本没有继续不断增积的可能,遑论及其发展而为领导社会的一种制度。文中既用了小说中所提出的文字五十处,也用了《三言》以外各种不同的资料四十六处,而尤以有关金融货币税收法制各项情形,说明传统社会里的商业与欧洲所谓资本主义的展开相去至远。

《明〈太宗实录〉中的年终统计》为上海学人筹备庆祝李约瑟博士八十寿辰文集时应邀而作。起先接到通知为1979年,正值中国大陆开始对外开放之际,我觉得机不可失。文内中的统计数字及其分析是以前作《16世纪中国明代之财政与税收》时遗留的稿件(因为统计属于15世纪),恰巧这些资料很可以在它们实用的地方解释李博士常用的"官僚主义"一名词。同时也可以趁着这机会对国内历史家动辄滥用"封建"一名词作纠正。过去我们用"官僚主义"这一名词,含义泛滥,通常带有谴责的意思,却没有说明其谴责之所以然。在《太宗实录》中我们则可以看出这种体制,有它的特征,而且这些特征尚有官方的支持。即有如我们自己至今尚在引用的一种习惯,在行政长官的名字前提行,或留一空格,既是经常如此,其所表示的尊敬也只是官样文章，形式主义。同时在这种强迫表示尊敬之余，就无形之中维持了一个真理总是由上至下的信念。这两点已是我提及官僚主义五种作风中之二。李约瑟一生追求真理，也对中国保持着超过政治关系的友谊，我想在他的寿辰集里发表这篇文章，可算合适。只是稿寄出之后，又值1981年大陆政治风向短时间的改变，一时此文与寿辰集的消息又是渺然。

1983年年初的一天傍晚回家，突然发现门前留下了一个大邮包。原来李约瑟博士八十寿辰文集的国际版已在1982年由上海古籍出版社出版，书名为《中国科技史探索》（Exploration in the History of Science and Technology in China），为《中华文史论丛》增刊之一，《明〈太宗实录〉中的年终统计》载在页115至页130。当日政治局势尚未妥定，开放也有限度，我的文中涉及妨碍中国发展的为官僚主义而非封建，也仍与大陆上的正统历史观冲突，《中国科技史探索》的编辑要有相当的识见与勇气，才能将此文付梓。

现在《中国科技史探索》的中文版也由古籍在1986年出版，《年终统计》则载页123至页138。这篇文章也承台北明史座谈会的《明史研究通讯》第一期（1986年）转载。英译则载 Ming Studies 六期（1983年），排版当时遗漏了四段，于十七期页8至页10补正。

有了以上扫除成见的建议，我自己要写正面较有积极性的文字，就比较容易着手了。《明代史和其他因素给我们的新认识》在这种情形之下写成。1985年8月，台北食货出版社出版了《万历十五年》的正体字本，一时好几位在台湾的年轻朋友和现在在中央研究院供职的黄宽重、沈松侨和张彬村要我回国一行，又由中国时报、新光文化基金会等单位的资助，由食货月刊社主办一次"明代史研讨会"。陶希圣先生亲自出席主持。我的专题演讲就根据《新认识》作基础，事后文在《食货月刊》第十五卷第七、八期合订本（1986年）发表，英译则载 M.E.Sharpe 公司所出之 Chinese Studies in History 1986年夏季号。内中提到明太祖朱元璋对北宋王安石行新法的失败，有很深的印象，不能与他自己所订的紧缩政策无关，可是在世界历史的时间和程序上讲，这紧缩政策就不能在比他还更坏的时间提出了。这也就是说当西欧正走向文艺复兴，快要向宗教改革和资本主义的开展的路上前进之际，中国却采取了一种最落后的财政税收政策。这也难怪中国在20世纪所遇阻扼困难之多。即此我也就在台北所聚多数学人前正式提出我所谓"大历史"（macro-history）的一个观念。

《我对资本主义的认识》之由来，已在上文约略提及，而文中更有详细的报道。说来也令人不能相信，"资本主义"这名词虽家传户晓，却至今还没有一个确切的定义。将欧洲资本主义的形成，按地域与国境作基础，描画着它从地中海的区域如威尼斯进展到荷兰而后发展到英国，照道理讲，应该是一种很简捷的门径。可是据我知道，迄今还没有人如此作书论著。我这篇文章，是应纽约《知识分子》前任执行编辑杜念中之邀写的，文载《知识分子》1986年夏季号，也载《食货月刊》第十六卷第一、二期合订本（1986年），并经张彬村博士摘要在《中国时报》1986年8月25日发表。现在全文亦经允晨收入《儒家伦理与经济发展》。英译则载 Chinese Studies in History 1986年秋季号。听说也经上海人民出版社翻印。

　　这篇文章写出后的良好反应使我企划将它的范围扩大，写成专书。现在据我看来，一个尚待开发的国家，称为直接的进入共产社会固不合理，而称它的改革，旨在提倡资本主义也不合实际，不如说是"进入在数目字上管理"的方式。在中国讲，一直因为过去私人财产权没有保障，下层机构里的数目字就加不起来。但是今日虽固定私人财产的权利，却用不着抄袭西欧18世纪以来让资本家向外开拓殖民地向内苛毒劳工的办法（因为有些人也仍以为这是资本主义的定义），其实这些办法在今日显然的不合实际。将来在财政税收金融诸政策之间，中国必会采取一种折衷的方案。这种方案凭什么作根据，不是我想研究的要点。我个人作的贡献，还是在历史方面。要是我能把资本主义在西欧形成的详情写下来，包括它的成就与弱点，不隐瞒也不夸张，就算是对今日中国的状况，做了一种实际的贡献。

　　中国既已到达了这样一个历史上和命运上重要的关头，我们没有理由不承认中国长期的革命业已成功。这不是说所有的问题都已解决。而不过是说用暴力解决问题的阶段业已结束，今后解决问题既有数目字作根据，可以用和平磋商之方式行之。从这一点我们也可以看出：自鸦片战争以来，中国长期扰攘于一个动乱的局面之下，其历史上的用意，无非是要将过去以农业组织为前提的方式，改为商业式的组织。农业社会里人与人的关系大概都是单元的。亦即你我之交往，通常与他人无涉。所以传统中国社会，以"尊卑男女长幼"的简单原则，作为社会秩序的根本。商业社会里人与人之关系，通过金钱为媒介,很少能与其他人无关。因为所有权(ownership)和雇佣(employment)已经结成一个大罗网,而且越做越大,那么内中各种因素通常都有牵一发而动全身之感,也等于自来水管里的液体,此处压力之弛张,即影响彼间之伸缩。三年之前,台北发生所谓"十信"案件,可见私人道德,已与公众利益有关。前些日子华尔街的股票大跌,我没有一元美金的股票,但是跌到厉害的时候可能影响到社会景气,也不免为之担心。严格讲来,这种商业社会的习惯,不一定在各方面都是理想的生活方式,但是在组织上讲,它却是高于农业社会的一种组织,自18世纪之后已成为世界一般趋势。我所说《中国历史与西洋文化的汇合》也是针对今日中国业已走向这趋势的一种看法,因之断言中国革命业已成功。

这篇文章刊在《知识分子》1986年秋季号,英译也载 Chinese Studies in History 1986年秋季号。我文中提出我个人的经验、书本上的知识、中外学者的见解,汇集于今日中国只能趋向于一个在数目字上管理的局面。这期《知识分子》刊印后不久,其编辑梁恒曾回中国大陆一次,后来他电话告诉我一般读者反应良好,作者当然引为快慰。

《与西洋文化的汇合》也提到中国过去两千多年以来的各朝代。过去写朝代历史的人,动辄将一个朝代写成一个绝对的因素,其他各因素,都要向它低头。因之历史被写成各事应当如此如此展开的论文。我们不再受这样的拘束,只能从技术上分析其因果关系,指明很多事迹,如何的会如此如此的发生。这样较符合实际,也与今人的处境有较密切的关系。再有过去通史和断代史都把每一个朝代看作一个新生的有机体,历史家可以将它的疆域官制与其他单位脱离时间的前后比较。我写的历史则前后连贯,每一朝代与次一朝代的因果关系,尚相牵连,而且很多中层与下层的因素,虽然因时不同,并不一定因更换朝代而截然改观。我刻下在《中国时报》连续刊出的《赫逊河畔谈中国历史》即用此种方式写出。

既然在一个划时代的年头重新检讨历史,则无法避免"人是我非"和"人非我是"的批评。然则纵是在"信仰上的修道",纵是不怕批评,作者却也不能全凭主见,没有一种客观的因素支撑。而且任何历史家,也要将他的叙述,说得前后一致,再一提到 20 世纪,这种过去的纪录也要与我们眼前目下发生的事迹解释得相衔接,如此历史学才能成为一种学术上的纪律(discipline)。在这种前提之下,各人所能采用的方法当然很多。我个人则以财政税收为基础。因为财政税收既涉及于高层机构,也涉及于低层机构,而且也与中层的法制官职和与人民生活攸关的货币金融一体牵连,有各种已经确定的事实作陪衬,不容易完全泛漫于纪律之外。我在作《16 世纪中国明代之财政与税收》时从搜集材料到出版,历时七年,已经有了一个对传统中国财政设施的形态仔细查明的机会。《中国近五百年历史为一元论》英文题为 *Structural Approach to Modern Chinese History*,将财政与国家社会一般的关系格外强调,文内说明"洪武型"的财政制度,不仅在世界史里特出,即在中国也是别开一面,因之它对以后几百年的法律观念、科举制度、军事行动、乡村组织等等,都有决定性的影响。而民国成立以来无法在财政与税收上找到出路,也仍是由于洪武型所创造的社会体制根深蒂固。这文字于1986年年底在台北举行的第二届国际汉学会议提出，也于1987年9月在哈尔滨黑龙江大学及北京中国社会科学院召开的第二届国际明史会议提出，现有的版本，是《知识分子》1987年秋季号所载，文无注释及附录，初稿也有很多笔误。现在经校订，并随注释附录出版如件。

我还有一个希望，我之所谓从一个不能在数目字上管理的局面进而能在数目字上管理，既可以用之解释中国百多年来长时期大规模的革命，也可以解释其他国家历史上的大事，有如法国大革命。同时如果这个观念被接受，我们对成长中的国家目下的各种奋斗，也应当有一种新的认识。我用英文写的一篇中国简史称为 *China: A Macro-History*（也由M.E.Sharpe公司出版）是从这种希望着眼，此书已经排版完毕，付印在即，去年秋天和内子到欧洲，顺便向各国专家请教。《里昂车站的会晤点》，于12月12日刊载于《中国时报》，本来属于小品文字，因为与我的历史观有关，也与上述大范围的使用有关，所以一并收入集内。

最后我向十多年来帮助我作研究写作出版的朋友致谢，因为直接间接人数太多，说来也怕挂一漏万，我当向各位亲自表示。在这里我只声明，没有你们的帮助与鼓励，更加以我一向做事时眼高手低的坏习惯，此卷可能永远无法成书。

黄仁宇

1988年2月8日

明《太宗实录》年终统计的再检讨（新增）

（上 篇）

《明实录》是一套相当完整的文献。现行中央研究院的影印本，全书一百三十三册，又有《校勘记》及《附录》合共五十册，其篇幅已近于新刊《二十四史》之三分之一。在西方仅有英国都铎王朝及斯图亚特王朝所遗下的《国事文件编年》（Calendar of State Papers）篇幅类似，所处时代相同，差可与之比拟。然则《实录》将诏令呈奏按轻重或全文誊抄或扼要节录之外，其记述亦及于宫廷仪节、帝王起居、君臣召对，有时尚且提及前方战况、天候异征等，为西方资料所无。至于全国财政数字，则一般无规则的出入于各种文字之间，其记载无体系。惟一的例外，是为《太宗实录》内的"年终统计"。

明太宗永乐帝朱棣在位二十二年。自永乐元年（1403）至二十二年（1424）兹项数字全部具在。统计首列全国户数口数，次及税粮之石，下接布帛、丝绵、棉花绒，继之以课钞之贯，再及于金、银、铜、铁、铅、朱砂、海肥（或海𧴩，一种玛瑙型贝壳，云南用作货币），更及于茶与盐。屯田之收入不称税粮，而谓"子粒"，其石数另列，而以养马之匹数终。自1409年后统计添入"馈运北京粮"之石数。自1415年又添入铜钱贯数。永乐征安南，并之为中国之一省称"交阯"。自1416年后，交阯所"贡"或"上供"之绢、漆、苏木、翠羽、纸扇亦列入年终统计。以上各项目时间偶有遗漏，但大体至为完整。永乐之前，不见如此整幅数字。《太宗实录》之后，"年终统计"亦再未被提出。

原来一个朝代或国家的税收情形，甚可能视作当时社会之剖面，因为叙述时不期而然的触及上层政府功能方略，向下俯视又必影响到民间一般生活状态。况且财政税收之本身则又为沟通上下阶层具有制度性的联系。在传统中国史中，如上编排完整之财政税收数字，至为罕见。如果我们将之仔细观摩，并引证侧面资料，不仅可以了解明代初期一般情形，并且可以借之窥探中国传统社会经济之若干特征，直到我们今日落脚地不远。

以下即是这样的一种尝试。在检讨时，我们特别提出七个项目，其序次为税粮、馈运北京粮、屯田子粒、征收盐引、银、课钞及马匹。

一、税粮

明代税粮田中枢以各地耕地亩数及传统之"夏税""秋粮"，各地不同税率带永久性的分派于各省、府、州、县。一经派定除朝代初期稍有增减之外，以后即至难更变。征收时以实物缴纳为一般原则。米麦均以石为单位，统计数字内两种谷物不分。一石约107.4升。永乐朝在明代各种法制尚未完全固定时,税粮总数经过数度调整,可见于前列图解。

一般看来,永乐朝每年税粮出入于三千万石及三千二百万石之间。最令人惊讶的为1419年之突然低于二千三百万石。而且《实录》原抄本两种。一称其总额为22248673石,一称为22428673石。只有第三位及第四位数字互相更换,其总数仍在二千三百万石下。

全国税粮数为朝代财政资源之巨擘,甚难能突然降至原数三分之二之范围内,又于翌年恢复原状,

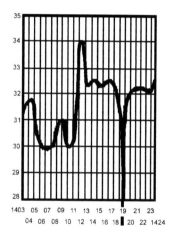

图解一:全国税粮数
(单位:百万石)

而其缘由始终不见于其他文件者。所以研究明史之专家认为原始抄件错误,可能为公文字迹模糊,誊写时书手将第一位数字之"三"误认为"二",相差只有一笔。日本和田清博士及其助手编订《明史·食货志译注》一书时,即大刀阔斧的将此数改正为32248673石,亦未加解释。[1]此项修订,至今学者认为合理。

除此之外,曲线上幅度较小之增减则应已实际发生。永乐一朝局部的修订税粮数额,有其他文件为证。例如1405年至1406年间原有户

---

〔1〕 和田清《明史食货志译注》(东京,1957),页145。

口逃亡及死绝之税粮经奉旨在总数内开豁，及于应付税粮之耕地达7345097亩[1]（每亩约近于六分之一英亩）。类似修订及以后偶尔增补可能在曲线上产生百分之三的损益。

至于1412年总数达于三千四百万石之最高数额，则必因兼并交阯之故。《实录》载称，1408年永乐曾令掌交阯布政司事黄福厘定各郡县征敛。[2]如是才有1412年之最高额。但明人征敛之重为交阯继续反抗之一大主因。1413年，永乐又遣使赍敕谕交阯布政司及府州县官："交阯新附之民，旧业多废，尔等宜轻徭薄赋。"[3]至是才有当年的大量降低。

永乐帝朱棣是一个好大喜功而又刚愎自用的君主。以后明代帝王无人能与他的威力较衡。他利用新朝代创业之威，征安南，御驾亲征数往漠北，重建北京宫阙城池，修筑运河，制边墙，派遣郑和六下西洋。这多项经营，曾耗费大量钱粮。他最后一次出师漠北时，户部尚书夏原吉因为耗费过多谏劝，朱棣一怒之下将夏投狱，直到永乐逝世后，此户部尚书才于1424年重见天日。[4]

永乐年间，皇帝尚有不顾本身所颁布法令之情事，例如根据明代法律，工匠每年应服役一个月，在修建北京时工匠有暮年未归的情节。[5]

朱棣之暴政，末年引起安南之全面反抗，南直隶长江三角洲之税

---

[1] 《太宗实录》，页0689，0895—0896。
[2] 同上，页1043。
[3] 同上，页1693—1694。
[4] 《明史》（北京中华书局标点本），卷149，页4153。
[5] 《太宗实录》，页1435，2070。

户则普遍的不纳粮。皇孙宣德帝朱瞻基（在位于 1425 至 1435 年）登极时，被迫采取怀柔政策。交阯被放弃。长江三角洲全面减税。所以永乐年间之税粮总额每年三千二百余万石至宣德年间骤降至二千七百余万石。从此至朝代之终，变动至少。《大明会典》载：1502 年全国税粮数为 26782259 石；1578 年为 26638412 石。[1] 此二千六百余万石之数维持至明代之终。

但是全国税粮数既非全民缴纳总数，亦非官方收纳总数。在执行时各布政使司（省）及府州县将各经管之总额分作十余种不同之名目。其中一批名目，纳税人应按数向远处仓库交纳，中途运费损耗由本身承担。内中又有若干名目已改折缴纳白银，折价最低时可能低过于当地之米麦价格。我的计算：16 世纪在南直隶应纳粮"米一石"其值低者只值白银 0.26 两；值高者高至值银 1.91 两。[2] 两者相差七倍余。这样各行政官手头有收缩性，可用以对付特殊情形及不同的税民。不过概而言之，朝代中期之后全国税粮被固定于一个既定的水准，只有极少量的增减。

中国皇帝在现代交通通信尚未展开之际，向全民直接抽税、纳税，又绝大多数为目不识丁的小自耕农，事实上产生无数技术上的困难。累进税制至难提出。贫民免税更根本不行（如有此办法则大多数

---

[1] 《太宗会典》（台北东南书报社影印本），卷 24，页 14；卷 25，页 12。
[2] 见拙著 Ray Huang, *Taxation and Government Finance in Sixteenth Century Ming-China*（Cambridge University Press, 1974,), p.101。

纳税人均会析产而为赤贫)。所以朝代中期之后无从增税。一般情形新开垦之土地及旧业增产只用作支持一个继续滋长的人口,维持现今低生活水准。[1] 少数富裕人户则以进学中举捐资纳贡之方式免役、免税。[2] 及至17世纪已至朝代之末,为着应付清太祖努尔哈赤发难,明廷被迫动员国内资源应付,但是只能以极纤小之增税率,数度派及全国田土。结果未见功效,整个税收体制先已被摧损。全国拖欠税粮之数额激增。及至1632年欠税百分之五十以上之地区达三百四十县,超过全国县数四分之一;其中一百三十四县未解分文。[3]

所以以上永乐朝之税粮数是明代赋税史中一个重要的环节。不仅表示朱棣在位时的情形,尚且可以参伴着其他资料用以研究中国君主体系下朝代之兴亡,和有明一朝的盛衰。

二、馈运北京粮

馈运北京粮西方学者称为"贡米"(tribute grain),其实当中每石每粒来自上述全国税粮额数之内,由指定之州县各按编排数额,在江南水次交兑与"运军"。运军负责以"漕船"将此"漕粮"经由"漕

---

[1] 中国历来工资之低,在18世纪经亚当·斯密提及,19世纪又为马克思提及,见:Smith, *An, Inquiry Into the Nature and Causes of the Wealth of Nations* (Everyman's Library), vol.I, p.63, Marx, *Capital : A Critique of Political Economy*, trans. by Ben Hawkes (N.Y., Vintage Books), p.749n。

[2] 朝代之末一个富庶之县份常有一千余捐资纳监之贡生监生得到赋役之优免,见*Governmental Finance*, pp.246, 357n。

[3] 同上, pp.308, 365n。

河"即沟通南北之大运河,运至北京。

馈运北京粮为国家血脉,明代如是,满清亦然。1840年至1842年之鸦片战争,英方战略即系占领镇江,截断漕河,此计成功引致清廷停止抵抗。

《太宗实录》开始记载此项馈运北京粮之数字于1409年,迄至1414年,每年数额至为稳定,不出二百万石至二百五十万石之间。以后才开始有剧烈的波动。1415年的输送量超过六百万石;1417年超过五百万石。但至1420年又跌至最低谷,全年不及一百万石。

此类数字纵有如此剧烈的波动,应属可靠。1415年之前馈运北京米由海道输送。标准运输船容量相等,只数固定,宜其每年输量无甚出入。1415年始,馈运米或漕粮开始经行漕河。当日运河新筑,尚在整备期间,运军行"支运"亦即接力运送。以淮安、徐州、济宁及临清为中继站,筑有储仓,自此每年在北京交纳之米,不尽与在江南本年收授之数量相同。[1]亦即谷米至京,不复以每年为周期。有时一年抵京较他年远少,乃因馈运之米多储在

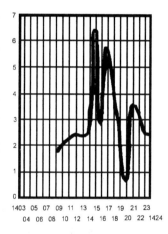

图解二:馈运北京粮
(单位:百万石)

---

[1]《明史》,卷79,页1916—1917。

各中继站。1421年新年,永乐正式迁都于北京,我们可以想见数年来之筹备,已使北京多有积储。1420年,运船必已忙于载运人员及其他物资,准备盛典,所以输米量少。

以上图解所载1415年至1424各年运米,虽相差甚巨,而其平均每年三百二十万石左右与背景情形符合。馈运北京粮抵京后,分发于官员、京军及征集之工匠,以代替北方之食米津贴,亦供宫廷之用。初行时每年二百万石,以后继续增加。至1472年规定兹后每年四百万石。[1]所以以上平均数合乎情理。

上述馈运粮数查核至严,盖因其供应关系朝廷之安定性。明廷例以户部侍郎(财政副部长)有时甚至带尚书(部长)衔总督仓场,亦即专负责漕米之出纳。[2]运军自漕运总兵以下,下属十二万人,下至总旗(约同排长)小旗(约同班长),均须对所运漕米人身负责。当日文件上载有下级军官遇有流失,甚至鬻卖子女贴补。[3]所以此项数字,至难修窜颠改。

三、屯田子粒

这项数字与馈运北京粮成为一个对照,无从证明其实际可靠性。

---

[1] 《明史》,卷79,页1918。
[2] 同上,卷72,页1745。
[3] Governmental Finance, pp.55;《明史》,卷79,页1919。关于漕运军士之艰苦情形可参阅拙作博士论文 The Grand Canal During the Ming Dynasty (Michigan, 1964), pp.86—90。

年终统计首先载出1403年,二千三百余万石,几与整个田赋收入同品位。次年骤跌至当年半数,以后虽再度升高,终至江河日下,虽有短时间低微的回升,终跌至五百万石左右。永乐在位最后一年(1424),屯田子粒不见于统计。

明代的重屯一直没有构成一种完善的体制。朝代初期政府饬令边军应在驻扎地附近利用空地经营屯种。在内地带遗传性的"军户"应配给田每户五十亩,而责成其缴纳"子粒"二十四石。[1]现在看来各规定并无下文,只使人想像:各节不过是一种理想,无从证明全部照做。以屯田论,无中枢总管之机构(工部之屯田清吏司只管办宫廷用之柴炭),无对

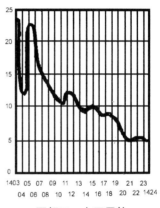

图解三：屯田子粒
(单位：百万石)

屯田负责之财务官。一项明代资料指出,朝代初期文件称四川有屯种之田65954500亩。而当日全省驻军只14822人。所以全部士兵派往耕田,则每人应耕耘4500余亩。显见此事不可能。[2]

图示永乐朝屯田子粒统计无适当之当日文件解释。我们根据背景以情理猜测,当皇帝降敕时,各级指挥官只得如命,各自估计可能屯

---

[1] 《明史》,卷77,页1884。
[2] 孙承泽《春明梦余录》(香港龙门书局影印古香斋本),卷36,页3。

种数。朱棣既抽调各处兵马南北征伐,各指挥官可以借此裁减以前的预计。不过纵如是,其逐渐下降之曲线仍无从实证。可能因是永乐帝去世时,文臣已觉得兹项资料无实用之价值,因之不再记列。

军屯之有名无实,可以从16世纪的文献看出。嘉靖年间(1522年至1566年)户部尚书潘璜奏称:"十数年并无一处通关奏缴。"庞尚鹏奉特命清查军屯,其报告提及辽东情形称:"兵荒相寻,尺籍消耗,耕作之业,率归舍余,屯军已尽废矣。"及至大同则称:"或据册有数,而纳粮无人。"及至甘肃,则称其经理为"操纵收缩,莫知端倪"。[1] 而官方仍谓当时军屯每年有子粒三百七十万石。其虚冒可知。

四、征收盐引

盐引数在永乐朝开始年达一百三十万引,逐渐升高至一百四十余万引,终下跌短于一百一十万引。内中1411年的记载残缺。

一般看来上述数目可认为合理可靠。"引"为官方批准运销食盐之执照,虽然偶时有"小引",但是标准之引,每引四百斤(每斤约一又四分之一磅),可供成人四十人一年食用。当时登记人口经常为五千余万,一般以低估为常态。如果我们假定实数为六千万人时,以上一百三十万引至一百四十万引之盐,应与消耗数量相符,儿童计算在内。

---

[1] 徐学远等编《皇明经世文编》(台北学生书局影印本),卷358,页21,24;卷359,页3;卷360,页10。

食盐换兑方法，谓曰"开中"，商人先将粮草纳于边军，边军司令部付与"仓钞"。商人凭仓钞至官定之盐场领盐。政府控制之盐场并不见一纸仓钞，即发付食盐，而系候一年所发仓钞全部到齐，方向南京户部申请印制当年之盐引。盐引亦非全国通行，每引均有指定之经行路线与行销地区，如此盐场所产之盐得按计划的分配行销于全国各地，亦无市场到盐先后供应过剩或不及之害。[1]因其经过人手衙署多处，至难由任何人从中一手作弊。

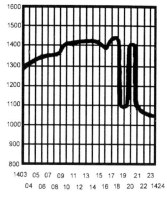

图解四：征收盐引
（单位：千引）

此方法被折损实由政府本身滥觞，发生于朝代后期。一经军事危机政府需要迫切，不免将食盐多卖多兑。又预先发卖或折换以下年份之出产，再需保护市场之供应，于是将食盐分作不同的种类，因之市场紊乱，其情形始自15世纪之中点。[2]永乐期间食盐经理尚未如是损滥，但在对安南军事期间浙江所产，曾一度截获供军需之用，[3]此可能为曲线上数度低陷原因。

---

[1] Governmental Finance, pp. 189—195.
[2] 同上，p. 203。
[3] 《太宗实录》，页 0176—0177，0249—0250，0280，0589，0590，0622—0623。

五、银

全永乐年间民间交易不得用金银，以便行使宝钞。但是政府仍向云南边境土司征取"差发银"。政府本身亦经营银矿，其出产按矿工人数预计。经理官员及工头须保证交纳如额。

政府所得银用作首饰仪节器皿、贵族职衔符印。此外亦供皇帝赏赐之用，尤对外国朝贡使节。宣德登极时即遍赏群臣，一次用白银百万两。[1]

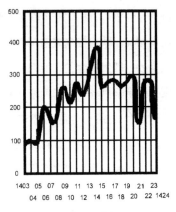

图解五：银
（单位：千两）

但是白银主要用途为仪节方面，所以幅度不大。此与16世纪白银大量流入，公私用银动至数百万两之情形迥然不同。

六、课钞数

明代宝钞，初期指定为法币，在14世纪及15世纪初期大量发行。根据《实录》六十九处，即在1390年一年，明太祖朱元璋已用赏赐救灾购米等名目发出宝钞九千五百万贯。[2]同期内政府收入之宝钞

---

[1] 《宣宗实录》，页0095。
[2] 此六十九则载在《太祖实录》，页2981至页3078之间。

部分则仅只约二千万贯。[1]所以仅此一年内净出约七千五百万贯。这也就是说以官定法价而言，钞一贯值米一石，则本年净出为全国税粮两年半总数。即以当时宝钞市价而论，钞四贯值米一石，此净出数仍与半年税粮数额大致相符。

上图显示1412年为重要之分歧点。前此课钞数很少突出五千万贯，以后则甚少低于八千万贯。1412年之数为全期间最低点，少于二千万贯。至今我们仍无从解释此间内情。

但是我们知道永乐期间官方已为宝钞发出过多而忧虑。于是1407年所有夏税一律用宝钞付。1413年刑罚赎罪得用宝钞。而最庞大之强迫用钞计划决策于1404年。当时诏令全国人口配给食盐，付值概用宝钞。[2]以上决策无一产生实际功效。食盐已有上述开中办法。但是

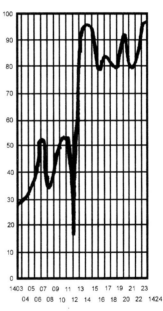

图解六：课钞数
（单位：百万贯）

---

〔1〕 其实数为20,382,990贯，载在《太祖实录》，页3079。
〔2〕 关于户口食盐钞之沿革见《太宗实录》，页0509，0589—0590；《明史·食货志译注》，页608；Governmental Finance，pp.138—139，247。

户口配盐之诏令已出,亦不便收回,于是以后全国各府县均有"户口食盐钞"之征取名目。宝钞价格愈跌,此名目成为一种扰乱性之税收(nuisance tax),多数府县将田赋税率酌加毫厘,以吸收此户口食盐钞之征取。

1425年紧接永乐帝朱棣逝世后,据称宝钞已跌至各地四十贯至七十贯值米一石。[1]所以上列五千万贯至八千万贯数目实际只值米一百万石至二百万石间,在国家收入内并不成为相当重要因素。

七、纳马

图解七内1407年及1419年之数目残缺。我们根据《实录》之《校勘记》将数字稽考之后,发现图七仍有1419年之转折。否则全朝纳马数成直线上升。自1403年之

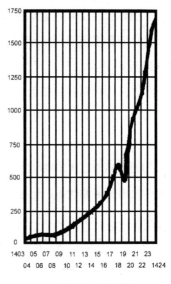

图解七:纳马数
(单位:千匹)

37993匹至1424年之1736618匹。此二十二年之内马数增加45.8倍。

此套数字令人怀疑不得自按头点验,而系据预定之繁殖率派认。以年次比较,1421年增百分之二十,1422年增百分之十,1423年增百

---

[1] 《宣宗实录》,页0175。

分之三十三，1424年又增百分之十。即官民马厩之设备亦难于供应此不断的成直线的繁殖。

明初罗致军马，确曾费心力。马匹以购买及进贡方式，来自云南、贵州、高丽、辽东及撒马克罕（Samarkand）。政府除控制一部分现用外，即将余数寄养于民间。北直隶、河南、山东多数州县被划为"养马地"。境内之丁，均有养马义务，政府即豁免一部赋役，以代报酬。牝数驹数均以预定繁殖率计算。如牝马倒死，民间需集体买赔。[1] 15世纪末叶官定繁殖率为三年二驹。陆容著《菽园杂记》，提及他本人于1477年充御史视察烙印官马亲见民间买补艰难情形。[2] 以上永乐年间纳马数，似与官定繁殖率有关。

永乐去世之后，宣宗朱瞻基登极之前，嗣位者为朱高炽，历史上称为仁宗。他虽在位不及数月，但已大施仁政，改革永乐帝朱棣之暴虐。登极诏书一段称："各处军民有因追赔孳生马匹为官府所逼，不得已将男女妻妾典卖与人者，诏书到日，官府悉为赎还。"[3] 此诏令能否全部执行至成疑问，但内称"官府所逼"即必为事实，亦可以令人想见以上纳马数在图幅上成直线式之上升，与所称逼迫买赔有关，两者均用简单算学方式为始点。

此问题亦未为仁宗之一纸诏书解决。直至16世纪强迫民间寄养官

---

[1] 《太宗实录》，页1667；《大明会典》，卷151，页6。
[2] 陆容《菽园杂记》（纪录汇编本），卷181，页25—26。
[3] 《仁宗实录》，页0015。

马仍然使当地税民蹙首。直至1568年高拱及张居正当政,决心改革,才将所谓"种马"标价出卖,就此豁免民间养马义务,当日仍有种马十万头,约十二年始能扫数卖清。[1] 以后官方用马纯系采购。但从各项文书看来,交民间"寄养"情形仍不可免。

我首先见及以上数字资料,是在1960年间,至今已三十年。1970年我着手拟稿一种明代财政赋税的专书,即亟想将以上数字,我自己所绘图表,与之相关之释注,用作第一章,使读者不费思索,首先立即了解当日施政概况。但是资助我著书的学院,认为开门见山,而不铺陈组织制度、官衙职掌、名词术语、程序定义(实际有如《万历十五年》以并未举行之王朝作始点),是为违反学院常规,不能接受为学术著作。

我和他们的指导人说:"我如果能将明代财政税收叙述得如你讲的有条理,铺陈得如你理想的有规律,那我已成为了一代改革财政之能手,也用不着想做研究财政之学人了。"

此公笑而不言。其实他也知道历史只能从业已发生的事体启始,不能凭空先摆下一个应当如此发生的规范。可是学术场面终无法放弃。以后采取折衷办法。我预计此书包括明代二百七十六年,至此只叙16世纪,也算半途启始,内容则从官衙名目职掌叙起,不过在每章每节刚一提到其常态即涉及其变态。永乐朝之剖面则被删去。

---

[1] 《明史》,卷92,页2274;《春明梦余录》,卷53,页4—6; *Governmental Finance*, pp.104—105。

可是上述数字并图解,得之不易,放弃可惜。恰巧我专书出版后不久,上海学人筹备李约瑟博士(Dr. Joseph Needham)八旬大庆专集,我也被邀参与。我因为上述官衙施政情形及作风,与李公经常提及的"官僚主义"(bureaucratism)相始终,而不同于中国学者所称"封建制度"(fudalism),后者模仿西方名词,而忽视两方之差别,使读者误入歧途,亟应改正。于是以《明〈太宗实录〉中的年终统计》为题,简释传统中国的官僚主义,作文应征。文中提出中国官僚主义有以下五种特色:(1)自认自然法规已被其完全掌握,所以其理论上最高点不容辩驳。(2)与中国君主制度不能分离。(3)利用思想上假设成分。(4)下端实际情形不足以动摇上端之理想。(5)有独占性。概括之,以文人理想上逻辑之完整,作为根据,不对外负责。

文内又提及永乐帝朱棣为暴君,但身后群臣议论,仍称其为"启天弘道高明肇运圣武神功纯仁至孝文皇帝"。即此参对永乐一朝处理财政税收情形,可见得官僚主义之成分已发挥无余。

这是大陆开放以来我首次发表论文。专辑称《中国科技史探索》(*Explorations in the Science and Technology in China*)由上海古籍出版社刊印(1982)为《中华文史论丛》增刊之一。英译则载 *Ming Studies* (Minneapolis) (1982),以后亦收入现行的《放宽历史的视界》(允晨,1988)。

然则历史学是具时间性的课题。今日距此文的发表又十五年,中国的变化,既具幅度,也有纵深。封建体制一名词亦不复为读者羁绊。而金融经济之展开方兴未艾,又亟待解释。仔细思索《年终统计》的原始资料应当更为有效的利用。亦即其写法向前增订，融合现况，作为中国政治体系初期早熟以后不能因社会进化，而在经济上突破的根据。

如果我们真有机缘为明代财政税收谋改革的话，我们即可以提出。从以上永乐的财政税收概况看来，其结构不成体系，首先首都无集中之中央银柜，所列货币与物质从互相抵触之原则内征集交纳，也由不同的部门经管。而且只有收入，统计缺乏相对的支出数字。

在单上之布帛、丝绸及棉花绒可能原为田赋名目，与米麦并行。或原派定为米麦，此时以布帛等暂代，折价时使税民便宜。[1]严格说来，馈运北京粮实为支出而非收入，因其总石数已尽列入全国税粮之中，并非另一来源，况且漕粮一入北京，又已分配用途。单内之金，与布绵相同，只在一时一地代替正赋，而且其数额纤小，自1403年之全年50两，此已微不足道。至1423年之5340两，在全国收入中仍无从发生重要性作用。[2]其他工业用非贵重金属，如铜、铁、铅等取自矿场，明代之经营有如官督民办，其经理属于工部，而与户部无关。[3]马匹又属于兵部。统计内列入宝钞更使账目结构紊乱。钞为政府发出之信用票据。法币回笼，应使其他收入短减。如1407年以钞为夏税，则当年米麦收入必锐减，不能仍照原额计算，铜钱一项则与全

---

[1] 《明史》，卷78，页1895；Governmental Finance, pp.136—137。
[2] 《太宗实录》，页0488，2421。
[3] Governmental Finance, pp.227, 240—243. 根据《明史》，卷81，页1973—1974；《大明会典》，卷194，页76及各处方志。

国收入关系低微,以下言及。

海肥仅行使于云南,更与全国收支无涉。交阯所进之翠羽纸扇可能炫耀宫廷生活之色彩,尤与国计民生实为两途。单内尚有屯田子粒数及养马数显系预计而非实地查报数目,则更与上开实数有愈大之距离。

以今日眼光看来,此类参差,至易更正。明代所缺乏的为一项健全的币制,如有此币制,则一切经过调节,若干名目则剔出账单之外,以后加减乘除,添增省削,完全根据此统一之共同标准,可以一目了然。然则这不是明廷设计目的。

我们再度检阅以上十余种至二十余种品目,可以发现所列账目旨不在收支平衡,而只单方面表示臣下缴纳物资之义务。同一物品经过两项义务,则只能分列。有如馈运北京粮,始自田赋,为江南税民交纳。但漕运至京,则为运军职责。所以米一石经过转运,已在经理上和会计上表现不同性格,此长彼短无从归并。支出方面则为帝王之特权,可以临时以敕旨执行,不必列作预算。例如1422年之北征用车117573辆,以驴340000头挽套,又用民夫235146人挽车,更用马车一千步卒五千护送,所载为米370000石。[1]当时大量人力物力均系临时勒派,亦无从根据预算。读者当可忆及因谏劝此次北征,户部尚书夏原吉入狱逾两载。

而且创立健全之币制,始终未在明廷规划之内。以上业已论及

---

[1] 《太宗实录》,页2308—2309。

政府所控及之金银，数额均甚为微小，而且用在首饰制作、印信及重要文件嵌框。即用作赏赐，仍偏重于仪礼，而缺乏真正货币意义。明代所用铜钱，为传统之五铢钱，大小有如今日美国五分镍币，上有方孔，而肉厚不如。此项货币，宋代已大量制造。北宋时经常有每年生产数亿文之纪录。一至熙宁、崇宁、宣和年间，即经过王安石变法及以后蔡京秉政期间，每年铸钱数经常在三十亿左右（蔡京已铸当十大钱）。[1]而明代一朝二百七十六年所铸钱，宋代可于两年之内制就。[2]铜钱之不被重视亦可以在永乐之年终统计看出。单内开始列及收入铜钱数始于1415年。而其数量只有戋微之三千贯。自1418年至1424年凡七年所列又原封不动的每年3106贯，不增损分毫。[3]兹后一旦明代铜钱亦在财政税收中表现低微，远不及茶盐及马匹之重要。

纸币则不兑现，甚至除政府特准在某种场合之下可以用以纳税还粮，一般情形下尚不为官衙收受。所以政府制发宝钞，亦仍只有权力而无义务，因之宝钞实际上亦缺乏法币之性格。

综合以上情形，明廷财政税收之设计，始终无意为民间经济之展开着眼，而旨在保全其政治权力之完整。因之以上表格内所示曲线上下，无一代表经济之荣衰，纯系由于政治上及经理方面之原因。况且

---

〔1〕 彭信威《中国货币史》(上海, 1954)，页281。
〔2〕 全汉升《中国经济史论丛》(香港, 1972)，页384；Governmental Finance, p.317。
〔3〕《太宗实录》，页1908, 1974, 2052, 2117, 2245, 2300, 2364, 2421；《仁宗实录》，页0194。

政府所须永久性法制,尚有不顾社会潮流之趋向。例如14世纪至15世纪,种性制度、职业遗传已不能在中国存在。但于财政税收方面政府仍坚持服兵役之军户,制盐之灶户及服工役之匠户职责世袭,所有义务祖孙弗替。[1]在执行时产生极大困难,为以后各项组织尤其军政崩坏之一大主因。

这全套设计缺乏侧面的、客观的和公允的力量监督,执行时全靠由上至下加压力,其整体效能必低。小民只得承息于官僚之下,祈求其善意的开明专制。否则只有被逼不已时铤而走险,如前述交阯之反叛及江南税民之拒不纳粮。另一方面因其施政无需向臣民交代,整个摆布可以供暴君如朱棣之滥用。彼个人可以借此发展一己所长,以后则贻患于继位者。

然则又不仅只此。如果我们将这段经历参对中国历史之全部纵长看去,则又可以窥见其与今日中国之发展仍有密切关系。本文下篇当申论之。

(中 篇)

本文上篇已提及明太宗实录之年终统计,并参并着当日财政税收之概况,表现着明初敷政注重政治力量,不顾经济原则。其实这种设计贯穿全部帝制时代。各朝代间纵有采用取舍程度之不同,并无实质

---

[1]《明史》,卷78,页1906。

上之差别。而且同日西欧之经理体制,较中国永乐年间犹不如。除了意大利之若干自由城市发展较早外,彼邦之有现代经济体制,只不过最近三百余年情事。所以研钻中国近数百年何以不及西方时,检讨明初财政措施应为一个适当的出发点。

中国因着防洪、救灾及抵御北方游牧民族以大量骑兵进犯,自始即构成一个以庞大文官组织管制数千万农民之体制。其结构自始即与金融经济发展之原则背驰。如政府培植大量小自耕农作为当兵纳税基础,以致生产规模至小,无从获得盈余为大规模交换之根本。农民间彼此争执,往往涉及纤微,官僚只得以息事宁人之宗旨开导,亦足以阻碍司法制度之展开,且农民之收入有限,亦无遑供应聘请律师及支付诉讼之浩费。积之既久,官僚本身亦只注重一般识见,而无意于培养特殊技能。甚至以意识形态及笔墨文字代替数理。对于私人财产权不可侵犯之原则,则更因与其习惯性格径庭而无法领略。

换言之现代金融经济取利于各地之不平衡。中国文官组织则预先构成一个人为的平衡局面。以言货币,则各代铸钱虽多,其设计只为农民间原始的交易着眼,而无意于创制法律为资财亿万之资本开拓出路。

中国历史中并不缺乏以货币体制打开局面增进国计民生之企图。可是一般缺乏商业技术及商业资本而不能贯彻。王莽称帝时即谓"汉氏减轻田租三十而税一",行之既久,则"厥名三十而税一,实什税五也"。其原因则由于小民失田,出自"豪民侵陵,分田劫假"。至此他亦采取似乎欧洲中世纪的立场,以为高利贷即系一种不道德不正当的立场骗取。[1]他决定革除此"罢癃"或病弊,乃决定创造货币制度。于是以金、银、龟、贝、钱与布(此时尚无纸,布币有如纸币),共"五物六名二十八品"都可以循一种繁复的折换率,互相更换。[2]他以为如此则天下的交易贷借,都在他监视之下。殊不知货币本身不足以创造奇迹,利息亦有如物价。要它的比率低,必先有充分的资本,如耕牛、种子及耕耘期间农民自用的粮食。而且借方尚须有充分就业的机会,得以工资之所得偿还。王莽则尚未提出具体方案之前,人民即已为他的规划名目炫惑。

以后改革财政税收之方案无代无之。一般缺乏全面计划,只局部的核实。于是在官僚体制表彰着对称与均衡的局面里产生异端,制造分裂。也有主张政府经商,免不了利用公家交通工具,擅专河道,征用民夫,或低价付值。也就是政府与民间交易之中,又仍不能放弃皇帝奄有四海条件下的征用权,亦即无从切实遵守公平而自由交换的原则,所以往往为人诟病。虽有时能在短时间内特殊条件下建奇功,终归无好结果。往往为众不容,通常做到身败名裂。汉之桑弘羊,唐之宋文融、韦坚、杨慎矜、王铁、刘晏,宋之蔡京、贾似道,元之阿合玛、卢世荣、桑哥皆是也。

叙述至此,我们也要再三申明。此中最重要症结并非道德问题,而为技术问题。以熟读诗书之官僚掌握亿万农民,在原始的交通通讯

---

[1]《汉书》(中华书局标点本),卷99中,页4111。
[2]《汉书》,卷24,页1777—1778。

情况下,又无外间的因素与之抗衡而责成其就实,其原始数字即无法保持实切完整。以言财政税收:过去赖世和(Edwin O.Reischauer)及王毓铨等学者均指责豪强避税将负担嫁祸于小民。其实低贫下户更为体制之累。《隋书》食货志云:"旧制未娶者,输半床租调。阳翟一郡,户至数万,率多无妻。"[1]此言公元6世纪事。当时政府简化税制,以一夫一妇为"一床",每床有谷米之石数及布帛之匹数,经过均田后,水平抽取。未婚者减半缴纳。旨令一下,数万人户皆称未婚男子,亦无从逐一核察。其最下端情形如此,其原始数字尚不能核实,上端更只能马虎将就。

6世纪如此,以后千载犹然。在此一千年之理财专家无逾王安石。他的新法,以重新丈量田土作基点(方田法)。以后广泛的使用货币。政府亦以剩余的储蓄贷款于农民,称"青苗钱"(实际上所贷为常平仓谷)。再更以暂时不用之物资招商(市易法)。换言之尽量使财政商业化和货币化,民间经济经过这段刺激,必更较前活跃。政府所订税率不变,在民间经济幅度提升的条件下,赋税总额亦必随着提升。在这情形中预计"不加税而国用自足"。可是这是以20世纪的经济思想,运行于11世纪的农村社会。

其结果也因会计无从核实而失败。有如青苗钱之贷款与农民。"富民不愿取,贫者乃欲得之",于是"随户等高下品配。又令贫富相兼,

---

[1] 《隋书》(中华书局标点本),卷24,页676。

十人为保，以富者为保首"。[1]这几句话即暴露着后面成千上万的农民，贫困愚昧，亦无从以各人的产业作担保，负债经营，也无银行及司法制度支持兹项举措，于是只能勉强牵涉一批"富民"，集体负责。既是"王命"，亦无从推托。所以也仍是由上至下加压力，也仍是税收与征发不分。市易更是衙门强迫商人与之做生意，"商旅所有者尽收，市肆所无者必索"。其结果乃是"挟官府为兼并也"。[2]

王安石变法未已，12世纪初期又有蔡京继续着他的规划和经济扩张政策。因其无法公平而自由的交换，只产生不能在数目字上管理情形，有如《宋史》食货志所云："既以绢折钱，又以钱折麦。以绢较钱，钱倍于绢。以钱较麦，麦倍于钱。辗转增加，民无所诉。"[3]至于政府向人民买米，《食货志》又有一段记载："自熙宁〔引用王安石的宋神宗赵顼年号〕和籴入中之外，又有坐仓博籴、结籴、俵籴、兑籴、寄籴、括籴、劝籴、均籴等名。"[4]这更暴露着扩大财政税收的计划执行困难，不如预期。只有一项举措未已，随着又是一项新举措。即主持的官僚，亦难能承前继后的负责，只有多立名目，变更程序，不顾体系。

因此种种措施产生通货及票据上的数字膨胀至南宋末已。[5]又经

---

[1] 《宋史》（中华书局标点本），卷176，页4281。
[2] 《宋史》，卷186，页4550。
[3] 同上，卷174，页4213。
[4] 同上，卷175，页4243。
[5] 全汉升，《中国经济史论丛》，页235，325。

过辽与金之割据华北及元之入主中原，才有明太祖朱元璋之豁然改图。他的部署一意复古，也可以说是继承着北宋王安石所主持财政扩充政策之后果以来的一种反动。[1]他的通货紧缩政策大抵成功。（纸币之称"大明宝钞"的为一个显明的例外。但宝钞只局部使用于明代前期，以后废弃，无永久影响。）可是宋辽金之扩张超过时代，朱明王朝之紧缩，又使中国长期陷入中世纪而不能自拔。针对着西欧今后蓬勃情势，朱元璋之一套措施实与世界潮流相反。可是从大历史的角度看来，我们又要体念着以大批文士治理绝大多数农民，可供选择之途径至少。

朱元璋之一套措施可谓处心积虑的尽量避免货币，也避免财政商业化，避免各处之不平衡与财货集中。凡赵宋王朝自王安石以来，民间向官衙无代价服役，已开始缴款代役者至此又全部恢复亲自到差。田赋以米麦缴纳为主，亦不总收总发，而系每府每县将其数额分作数起或十数起径运远近消耗机构（如官衙、宫廷、军队）交兑。甚至衙门所用文具纸张，军士所用弓箭亦均分批无代价向各府县征发。[2]

上述永乐帝朱棣在位时除馈运北京粮有局部的集中，由他创始之外，凡不设中央银柜，视金银为装饰品（而非货币），将盐茶实物当作大宗收入，以工矿马匹户部以外交纳者，并列于户部账目；又将翠羽

---

[1]《太宗实录》，页2141，2681—2682。

[2] Governmental Finance，pp.34—35. 此节根据各地方志，但上述情形，以1578年之《金华府志》及沈榜《宛署杂记》（北京1961年排版）记述最为详尽。

纸扇等杂物与钱粮并行，坚持军户，匠工，灶丁职位世袭，最低限度其义务祖孙不变，又责成军队供应本身食粮，行与不行均承袭于太祖朱元璋之国初设计。

又不止此也，永乐之后经过洪熙、宣德之再度紧缩，以上财政税收规划之轮廓仍为后继人沿用。即16世纪后普遍用银，此设计之架构不变。以前米麦区分而为细目侧后收受者，兹后仍以银两分批侧面收受。亦仍无中央银柜，一个税收机关可能向十余个开销机构送纳；一个开销机构亦可以自十余个税收机关获得补给。1592年，北京宛平县令沈榜称：他每年须向二十七个机构缴纳银两，但总数又不逾二千两。[1]

又尚不止此也。1644年满清取代明朝，"洪武型"之财政税收又为新朝廷袭用。[2]以至本世纪前夕，北京之户部衙门仍系一个庞大之会计衙门，除特殊事故外，并非执行机构。漕粮仍循大运河至北京。财政税收亦仍无预算结算，只各按成规侧面交纳。亦仍无中央银柜。[3]公私交易亦仍只用碎银及元宝。至1882年方有吉林省铸造银币，至1887年方有广东省之铸造。[4]而此等银圆亦仍只局部通行，亦仍无法币性格。而最重要的缺陷，中国仍无支持现代金融之法制。

---

[1]《宛署杂记》，页45—50。
[2] Governmental Finance, p.322.
[3] 陈恭录《中国近代史》(台北1965年版)，页238—239, 665—666, 687—689; E-tu Zen Sun, "The Board of Revenue in Nineteenth Century China", in *Harvard Journal of Asiatic Studies*, 24 (1962—1963).
[4]《中国货币史》，页1508。

彭信威著《中国货币史》称全人类历史中,只有两种独立的"货币文化"。一是希腊的系统,一是中国的系统。前者为西欧体系的根源,其货币以贵金属打造,数量有限,进入民间程度不深。[1]中国之五铢钱自成体系,以青铜铸作,自秦始皇历代通行,很少例外,进入民间深而数量多。而中国之金融经济不及西欧,初看费解。

这也仍是缘于货币之本身不足以创造奇迹。其能促进经济发展,乃因其后面有法令支持。法令之能行得通,又赖社会条件。本文以上各节所叙,如"阳翟一郡,户至数万,率多无妻"则政府对人口统计最基本之数字亦无法存真。又"十人为保,以富者为保首",亦即权利与义务,不能由各个人人身负责,农民只能集体的驱督。再有"商旅所有者尽收,市肆所无者必索",则私人财产权亦无保障,公私交易与征发占有混淆,凡此都具有一个不能"在数目字上管理"的局面。政府本身的能力行止如是,更无从保障民间经济因素,概能公平而自由的交换。因此种交换中,可能牵涉遗传、破产、欺骗、假冒、监守自盗、违反契约、打捞船货之权益等逐渐接近商业技术及商业习惯之处理,自非传统中国衙门可望其项背。

所以我们在大历史中提及货币,尚须注意"货币文化",当中涉及的非仅经济,尚且及于法律政治社会习惯思想信仰。有了这样一段理解,我们回首再度检阅太宗实录里的统计资料及与之相关连的解释则可以省悟:此项资料必具备中国传统货币文化性格,因为以上所述基

---

[1] 《中国货币史》,页493,502。

层农村内之调查访问无法核实，私人财产权未能在法庭之前确切有效的维护，各衙门处理正常税收时加入额外之征发均未能在明清之际革除，则上述统计只有相对的价值，而缺乏绝对的价值。仔细参对，各项目数字接近中枢，又经过不同机构核算者较为可靠。去中枢愈远，由一纸通令执行，无收授机构分层负责者其数字通常不可靠，有时其目的在保持官僚体制逻辑之完整，无意提供实情，所以其荒谬之处可以令人惊骇。

太宗实录内列入之财物项目少则十八款，多至二十五款，处处来源与责任不同，亦即可靠性有差别，当然无法统一的用数目字管理，亦即无从概用货币计算。

而且太宗朱棣又紧承接着太祖朱元璋的规划（当中仍有惠帝朱允炆，只是他在明代经制史上作用轻微），他自己精干，手上文官体制，也渐成熟（当日西欧国家即不可能留下类似一套统计），所以他的经划，有上述详尽的账目的记载可以视作明清大帝国财政税收经理的始点。从大历史的角度看来，尤其参对西欧史，我们可以指出：

一、中国体制宗教性格浓厚。大凡统率人类大众的办法，基本上只有三个。一是由于武力的征服，使用警察权。一是精神上的激劝策励，凡宗教信仰、意识形态、革命哲学皆属之。一是经济上的协定，在分工合作条件下各人都趋利附实，即可囊括他们的私利观而为公众目的。过去大陆方面不少历史家，称明清帝国为封建体制，这是不切合事实的说法。封建体制着重武士传统，并且通过次层封建（subinfeudation）骑士之统制及于乡镇。这显然不是中国君主通过文官组织治国的情景。

明清帝国在开国期间都有引用军事力量镇压全国的作风,不过局势一经明朗化,立即偃武修文,实际上利用宗教力量治国。

我们一般观感,中国是一个宗教观念不甚浓重的国家。中国历史内无宗教战争的名目。历代偶有因宗教牵涉政治之事端,却无强迫臣民一体诵经膜拜之纪录。明嘉靖帝信道教,万历帝信佛教,清顺治帝兼信天主教,亦未闻变更国家体制。这种态度也可誉之为中国人落拓大方的表现。

然则宗教亦有较宽度之解释。唐尼(R.H.Tawney)称欧洲中古时代以一切之活动及价值分作上下等第,经济在内,而最高因素,则为宗教。[1]此间宗教即具有人生最高之目的及最后之宗旨的含义,既有此观念,则牵涉政治,尤与各个人及社会之经济生活不可区分。英国17世纪内战前后即同一基督教凡教会组织之不同,甚至膜拜仪节之差异,均代表不同之生活方式与社会习惯,不仅因之影响教会与政府管制之程度,也贯穿而至商业政策及经济生活。[2]中国皇帝为天子,其敕诏称圣旨,集司法立法行政大权于一身,对臣下有权力而无法律上之义务,又经常以仪礼代替行政,只对天负责。凡此都有极浓厚之宗教性格。其施政虽受人本主义(humanism)之检束,但其最后决

---

[1] R.H.Tawney, *Reliquion and the Rise of Capitalism* (Pelican ed., 1977), p.158.

[2] 拙著《资本主义与二十一世纪》(台北,1991),页143有一段简单的分析。

心，不容辩驳，有如自然法规（natural law）之不容辩驳。（所以在编汇统计数字时，当日官僚具有只顾本身逻辑之完整，蔑视现实之趋向。）而明清之君主专制又较以前历代严格。永乐帝之被谥为"启天弘道高明肇运圣武神功纯仁至孝文皇帝"更表现其最高至上不容批判的地位。

即仅此一条件亦足以阻碍现代金融经济之展开，尤不能容纳经济实体之称为资本主义者之成长。因兹项体制或实体均须鼓励全国经济因素概能公平而自由的交换，其本身亦具有一个客观的标准，如前述遗传、破产、欺骗、假冒、监守自盗、违背契约、打捞船货权益等，如照商业习惯办理，则须平衡于各人之私利观，承认私人财产之不可侵犯，并不计较每一事件是否合乎伦理，其背后具有一个凡良心之事由各人自身做主之打算。此不可能为当日皇权其本身具有宗教性格自谓督人为善者之所容。英国内战前夕商人贝特（John Bate）向法庭控诉国王因筹建海军而抽税之不合法，此在明清政府内为不可思议。而永乐朝中即户部尚书反对扩充军费亦银铛下狱，可以表示着两方之差异。

二、从以上年终统计及相关连之资料看来可以窥见"朝代周期"（dynastic cycle）之存在。

中国帝制期间朝代均由武力征服而产生（相对的英国自蔷薇战争后，朝代之产生出自王位继承。斯图亚特王朝由于都铎王朝最后占有王位者伊莉莎白一世生前安排。威廉与玛俐之继位，由于伦敦商人及政客出面邀请，等于被选举之君主。兹后汉诺威王朝系由议会通过法案预先指定嗣位者，以外国人而奉新教者为王而产生)，所以中国开国之主，凭借军事力量其御旨颁行较实切，亦经常均税。如明洪武帝即亲身督导。永乐取得大统，亦凭武力，且去开国未远，仍能承袭当初景象。

本文上篇已指出，永乐帝征用人力物力颇为暴虐。但另一方面观测：因缺乏运转大宗商业之体系，无从提倡货币经济，亦无法投资。此际国力若有裕余，除征集以树立朝代之基础及规模外，亦无其他处理办法。以上可谓中国政治体系初期早熟无从在社会经济方面突破，于是只有在屡次破坏后重建之彷徨。

朝代中期以后人口增殖，各大都会及水次，表现一片升平景象。但政府官衙体制未能迎合于商业原则，而商人亦断不敢恣意扩充，[1]国家收入之绝大部分仍来自农村征税亦仍水平征取，亦即仍无从执行累进税制，亦无低贫户免税办法。因之执行最大困难仍在低贫民户。彼等每代析居，至此占地愈小，亦经常将耕地典当与人，其为数则每县数万户至数十万户。县官追索逋赋不已，继以笞鞭。体罚未已，也得呈请朝廷开恩豁免，因年前逋欠未了，更使次年新课为难，而除欠也无遑逐一考察每家每户情形，亦仍是通令所有积欠一县一处的勾销。此例一开即有力付税人户亦意存观望，以期一体受惠。[2]所以财政税

---

[1] Ping-ti Ho, "The salt Merchants of Yangchou: A study of Commercial Capitalism in Eighteenth Century China", *Harvard Journal of Asiatic Studies*, 17: 1—2 (1954) 曾提供盐商富户任意挥霍情形，不能亦无意继续存积资本。

[2] *Governmental Finance*, p.150.

收有如一根链条，整个链条的脆弱程度视当中最不堪之环节而定。此情景只有每下愈况。

上篇在叙述各款财物已略及即在永乐年间已有缴纳困难情形。及至朱棣逝世，仁宗朱高炽及宣宗朱瞻基又以人本主义的名义减轻民间负担，因为朝代设计是一种固定和紧缩的体制，又无投资开扩的办法，其江河日下已具定型。及至16世纪中期倭寇犯境，东南各省偏增"兵饷"，又因改用白银，在折换时稍较时价增添。所以以后张居正为相（实际为首席大学士），在1570年间乘着倭寇平俺答和的机会大加整饬，一度使情形好转，[1]符合传统朝代中后期回光返照的"中兴"外，以后又再继续下坠而不可收拾。

永乐去世时其税粮仍逾三千二百余万石，至16世纪则只有二千六百余万石。[2]至17世纪明代已至生死关头，仍欲增税而力不及，有如本文上篇所及。此时全国人口据专家估计，可能已自国初之六千余万口不断增加，至突破一亿五千万。[3]一般人民生活程度不能增进，其朝代亦与之共始终。

明代之后清朝亦复如此。开国之初凭借军事力量赋税有一番整顿。又以"圈地"的办法赡养八旗兵，而以明代继续向北运去之白银

---

[1] 张居正整理财政情形见同上，pp.294—301。

[2] 《大明会典》（1587年版，台北翻印），卷24，页14—16；卷25，页1—3。1502年为26,782,259石；1578年为26,638,412石。

[3] Ping-ti Ho, *Studies on the Population of China: 1368—1953* (Cambridge, Mass., 1959), p.264.

转用于南方之"后三藩",更用薙发令与文字狱构成恐怖政治,一时功效毕现,可是此好景亦只能维持数十年。中期以后除太平天国期间在军事行动区域偏抽"厘金",以维持其"中兴"之外,以后亦改革至难。最近有两位学者,以现代方法穷究其数字发现中期之后税收似有增加,而实际计值仍敌不过白银进口物价增长之系数,[1]换言之:较之国初已见人口陡长,政府收入低微,国运衰弱。

以上情形符合传统所谓朝代周期说法。只是明清之周期与汉唐大帝国因地方政府脱离中央节制而衰退,及宋、辽、金、元诸朝代因通货膨胀而崩溃之周期不同。其败坏由于财政设计僵化,无从与时代并进。

三、从上述情形看来中国统御经理之优势至明清交替之间始不敌于西欧。

亚当·斯密在《原富》书中提出:"中国历来就是世界上一个顶富裕,也是一个最肥沃、耕耘得最合法,而最勤奋而人口众多的国家。可是看来她已长久在停滞状态。马可·波罗在五百多年前游历该国,盛称其耕种勤劳与人口广众的情形,和今日游历该国者所说几乎一模一样。可能远在当日之前这个国家法律与组织系统容许她聚集财富的最高程度业已到达。"[2]

---

[1] 两位学者著作:Yen-ch'ien Wang, *Land Tax in Imperial China: 1750—1911* (Cambridge, Mass., 1973)及 Madeleine Zelin, *The Maqistrates Tael* (Berkeley and Los Angeles, Calif., 1984)。

[2] Adam Smith, *Wealth of Nations*, vol.I, p.63.

《原富》书成于 1776 年。而明太宗永乐帝朱棣亲征漠北班师途中逝世于榆木川时为 1424 年。当中约有三个半世纪之差距。1424 年，西欧之英法尚在百年战争期间，经过这段长期武装冲突，双方方始初步组成现代人所谓国家，有疆域之轮廓及军队税制之可言。在此更革之前百年战争期间，彼此之野战军大部仍取给于野。本文尚要解释：不仅 15 世纪西欧尚未表现其统御经理能力，可能超过明初中国，有如永乐帝财政税收数字之所示。即再百余年后，亦即英国都铎王朝盛时情形亦复如此。但斯密发表其书刊时则可于其词语中看出：欧人已视中国富裕言过其实。所以中国失去其优势地位，应在 1776 年，亦即《原富》出版前百余年左右。是否如此，我人是否有确切证据，其原因何在，当在本文下篇论及。

（下　篇）

前已言之，明太宗实录年终统计系中国特有官僚体系产物，内中数字详确与荒诞相差不齐。全部看来则编纂者抱有一种盛世明主下之经理必近于天衣无缝之企望。我们也已指出：这种将施政成果美术化的办法，迹近宗教思想。

可是纵如是批评，我们在同时西方资料中却找不出一套类似数字。次之则英国都铎王朝之亨利第八（在位于 1509 年至 1547 年）去中国之永乐帝已迟一百余年，曾执行宗教改革，没收寺院财产，任用汤姆·克伦威尔（Thomas Cromwell）理财，执行所谓"厅房制度"

(chamber system),使国王之收入初步集中管理,使以后一切所属并入为国库(exchequer)统辖成为可能。凡此都有划时代意义。当日亨利之收入可以条列于下:

亨利第八在位最后十年间之每年年入:[1]

扩编厅　Court of Augmentation ……………… 平均 £120000

履新及什一捐厅　Court of First Fruits and Tenths ………
………………………………………………… 最高 £78000

测量厅　Court of Survey ……………………… £38000

监护权厅　Court of Wards ……………………… £4400

兰开斯特公爵领域　Duchy of Lancaster ……………… £11000

(以上正常收入每年约　£250000)

议会批准津贴　parlimentarian subsidies ………… £81000

铸钱利润　profit form Mint ……………………… £138000

海关出入口税　customs …………… £42000 至 32000 之间

王事采购之实际收入 …………… purveyance　值价 £60000

(以上非正常收入每年约　£300000)

---

[1] Joan Thirsk, ed., *The Aqrarian History of England and Wales*, vol Ⅳ, *1500—1640* (Cambridge, 1967), pp. 262—263; Frederick C. Dietz, *English Government Finance*, vol.Ⅰ, *1485—1558* (London, 1964), pp. 138—141, 156—157, 162, 177.

与永乐帝所遗留数字比较英国国王之收入全部以镑计,无谷米之石与丝绵之两,更无盐引马匹海肥。但另一方面英国文书官未曾统计上项数字。表中所列纯系历史家翻阅当时账目获得以上数字各一部将之拼凑估计而成,所以概用整数,不及畸零。亨利第八亦未设中央银柜,所谓厅房制度者,亦仍是各厅自收,有时零星发放。国王亦经常自各厅抽集存款,到手后凭己意支配,[1]更无从编制永久预算。

都铎王朝君临英国时封建制度业已崩坏,但所遗传统习惯并未全部豁除。依据成规国王在平日应自给自足。国王之为国王端在其本身为英国最大地主,直辖地域占全国六分之一,平日能以其土地收入治国。及至战时或有其他非常事故始召集议会,由议会授权抽税。所得称为津贴(subsidies)。

亨利于1534年执行宗教改革,自称为英格兰教堂首长,从此不受罗马节制。所谓扩编厅所辖大部系没收寺院田土所得,其中一部不久出卖,所得价款亦并入扩编厅所收地租内计算。所谓履新及什一捐,来自僧侣主教等,彼等亦有如封建体制中之陪臣,其履新贡献及什一捐过去缴纳于教皇,亦来自各主教区之庄田,至此亦纳于国王。所谓测量厅所辖乃国王原有地土。因自封建体制改作现制后,当中头绪纷纭,亦有账目与刻下地土情形不符,总佃户(tenants-in-chief)不知去向情事,至以后伊莉莎白一世时(在位于1558年至1603年)仍感棘

---

[1] Dietz, *English Government Finance*, vol. I, p.142.

手。[1]所以现归测量厅管理。

封建体制凡陪臣身故，子女未达成年由领主派人监护亦接收其产业，至成年始移交继承，此项权力亦为利润渊薮。但以前陪臣继承，耗费不多，至都铎王朝时监护权始为数颇巨，有时国王亦可将此权益出卖。至此须设专厅管理。监护之收入有1546年12346镑之纪录，成为一种变相之土地税。[2]兰开斯特公爵领域为都铎王朝发祥之地，更为国王直辖，因内中经理状况不同，亦须有专厅管制。

以上得自土地之收入最高可达每年二十五万镑。但在汤姆·克伦威尔任前，土地收入即并海关进出口税亦只每年十万镑。[3]可见得没收寺院资产及克伦威尔之经理已整个改变都铎王朝财政状态。

表内非正常收入之津贴一项，始可认作国王在地租之外所征之土地税。1540年至1547年前后八年间议会批准之津贴共达六十五万镑，平均每年约八万一千镑，[4]当日英国正与法国及苏格兰作战，军费支出浩大。最后数年亨利更用非法手段，在议会批准数外加征"乐捐"（benevolence）。此项榨取亦为数至大，如1542年所得119581镑。大地主之抗议者即投狱或押送前方当兵。[5]

---

[1] 此情形至伊莉莎白时代亦然见 Thirsk, *Agrarian History*, vol. IV, pp. 265—267。

[2] Dietz, *English Government Finance*, vol. I, pp. 30—31, 138, Godfrey Davies, *The Early Stuarts, 1603—1660*（Oxford, 1937）, pp. 4—5。

[3] Dietz, *English Government Finance*, vol. I, p. 138.

[4] 同上，p. 159。

[5] 同上，p. 166。

铸钱利润得自通货贬值。将货币内金银成分降低，在1544年5月（当时亨利仍在位）至1551年正月（时王位已由爱德华第六继嗣）国王所得利润为九十万镑，[1]以六年半计算，平均每年所得约138000镑，超过前表内任何其他项目。只是通货贬值亦影响物价，在入不敷出情形下长久期间并非国王之福。

英国海关收入非常复杂。有所谓"大关税""小关税"及"吨位税及磅数税"(tonnage and poundage)，大小关税均有前代事例，抽取合法（凡有过去长久成例即为合法）。吨位税及磅数税亦有成例，但与羊毛牛皮由议会通过法案时指定为国防及海防之用，过去通过时或允许国王得终身抽取，或三年两年为一期。[2]亨利第八时为数尚小，未酿事端。至斯图亚特王朝时国王与议会冲突，吨位税及磅数税为导火线之一。因为议会认为未经其批准抽取为违法。

王事采购顾名思义应系支出而非收入。英国王廷此时为重要消费场所，每在所用牲口以数千近万计，每次大宴会之耗费尤为惊人，所用食品包括麦面鸡卵啤酒等均用王事采购名义征取，载运之车辆在内。所用数额分派于各县，由地方法官（Justice of peace）再次分配于各乡镇，远至威尔士。亨利第八时王廷每年为此耗费二万镑，至伊莉莎白时倍增而至四万镑。因采购时由经理人员单方估价计值，常为滥用。17世纪初年培根（Francis Bacon）称此项采购所付值一般不及四

---

[1] Dietz, *English Government Finance*, vol. I, p. 177。
[2] 同上，p. 11。

分之一，[1]所以上表估计亨利第八年代此项变相抽税亦可能值价六万镑。

综合以上各款，亨利末年之全年收入在经常状态下应有二十五万镑，加入其他非正常收入每年应有五十五万镑。此单内亦有未及列入者，如在爱尔兰及加莱（Calais）（英国在法岸所占之桥头堡城市）所征税用在本地，以恶逆罪判死刑（attainder）而抄家所获资产，判蔑视国王罪（praemunire）所及僧侣之赎锾，为数无定，向德国商人及弗兰德（Flanders）之借款虽并在收入内支付，究须偿还，均未列入。但此等项目不足以改变前段所述之概况。

国王亨利第八之最大之问题，在于军费之庞大。自1540至1550年（即亨利最后八年及爱德华嗣位之前三年）因对法及苏格兰战争，英国前后用战费2134000镑。[2]专家估计，倘非如此，亨利之入多于出，每年至少应有六万镑之剩余。[3]因为穷兵黩武，"亨利浪费了他的资源，替他儿子在弗兰德欠下一笔十万弗劳伦斯金镑的债务，留下了一座空空如也的财库，贬值的货币，亏折了的下层阶层……"[4]

迄今距上述之时代又约四百五十年，因着多余之历史的纵深，我

---

[1] Thirsk, *Agrarian History*, vol. IV, pp. 516—519, L. A. Clarkson, *The Pre-Industrial Economy of England*（New York, 1972）, pp. 161—162。Davies, *The Early Stuarts*, p. 4 及 Dieta, *English Government Finance*, vol. II, p. 424。

[2] Dietz, vol. I, p. 147。

[3] 同上，p. 142。

[4] 同上，p. 158。

们无意全部接受此专家之批判，亨利之作为只展开了当日西方文明在组织结构上最庞大的一种改造之初步。欧洲人民在16世纪面临着一种选择：还是持续着一个效率低微、有名无实的大帝国，或是相互竞争的国家，在竞争之余取得力量的平衡之较为得计？还有，全欧一致的一所大教堂能否持续？事实之展开多个民族国家，带世俗性格（即脱去宗教性格），具竞争性，成为了问题的答案。于是各国整饬他们的边疆，使各自的领域整体化。至此英国才觉悟在大陆的桥头堡须要放弃。不论在何种型式，与苏格兰的合并迟早势在必行，甚至奥利华·克伦威尔（Oliver Cromwell）之进兵爱尔兰可谓出于这种冲动下的决策。但是这一切全须在实地试验之后，才能功用显然。我们无法断定水落石出之前，多余的步骤应先放弃。

以后17世纪情势之展开更证明以主教之纪律治国不如议会揽权之得计。此中亦有一个以效率为决策的关键。政府之权责既须扩充则不如承认财政受全民监督，促使公众参与。于是整个组织才趋向民主方式并采用商业原则。但是此中因果须待至18世纪或以后才见分晓，即是今日我们尚须参阅几个世纪思想家之著作（有如Machiavelli, Bodin, Harrington, Hobbes, Locke, Smith, Hegel, Marx）才能窥见当中因果关系。一个中世纪的国家须要蜕变而为现代国家，不可能由某某人出面规划；当中非人身因素之作用实为主体。历史上之重要人物不过纠集各种力量，使它们相互冲击而已。

亨利第八年轻时有志被选为神圣罗马帝国皇帝，又企望以大主教乌尔西（Wolsey）为教皇，及至两计不售，才以离婚案件与罗马决裂，从此才全力制造一个独立之英国。我们研究其财政，务必注重亨利在改造一个朝代国家而为民族国家之当头已猛进一步。从此着眼，与中国明代财政相较，才有实切的意义。

亨利之账目全部以镑计，表面上已整齐划一，应能"在数目字上管理"。可是实际不然。如全部在数目字上管理，所有收入及支出每项均应能根据支配法币之法律做主，其数字具有同等价值，能交换归并。此非亨利第八时之情形。

如果亨利之财政可以称为"系统"，我们尚无法断定此系统究系优于或劣于明太宗永乐帝之系统。双方收入均以得自土地部分为大宗。表面看来中国皇帝向全民抽税已有千百年之基础，府县之规模一致。其弱点端在向亿万小自耕农抽税，逾越当时统御经理之能力，缺乏法律裁判及其他技术因素支持，一开始即弊病多端。事实之与理想不符只能由官僚以文字掩饰。

亨利则刚将不同之收入在各厅房名义下由彼一人独揽。封建制度之权威分散至此积病未除。土地之收入或为税，或为地租，僧侣所贡献则为什一捐，议会批准部分则为津贴，此外尚有监护权之收入。这种种名目来自中世纪土地使用权（seizin）各有不同之权利及义务之故。这当中各种纠葛既从最下层之交往启始，即无法由上方一纸文书指令废除。农村下层情形普遍如此，抽收关税也只得仿效其体制，分门别类的包税办法。王室之有采办，乃因乡村之中供应大量食品之机构尚付阙如。[1]

中国财政之能一元化,至今尚可能为若干误解迷惑。若干书刊,不认真研究,即信口夸称明代皇庄及王府乞讨田亩之多。其实则此种名目,为数甚微,有时所谓亩数尚有名无实。经过考证,决无扰乱全部税粮之可能。[2]至于额外加征,则永乐帝与亨利第八均经从事,均只有片面之成功。[3]实际之差异只在中国之暴君可以全然不顾法律。西方之君主,虽偶有侵犯私人财产权之事例,较之仍有限度。有如亨利不得已时只得举债,或典当王室珍宝。中国皇帝,声称奄有四海,无此忌顾。但即横征暴敛仍只能在官僚组织力之所及的范围内施行。有如明代在 17 世纪田赋加征不能如额,朝代随之倾覆。[4]

至于财政收入总数,可以将双方所得折为银两比较。亨利末年货币贬值,每镑只有银四盎司。[5]如果我们亦用彭信威之算法,概以每镑折银四盎司计,其全年收入之五十五万镑可算作二百二十万盎司之银。永乐账目内各种物品收授地区时间不同,又有账目外之加征,无法同样核算。但在 16 世纪末季,距亨利不过约二十年,明帝国之全年

---

[1] Allegra Woodworth, "Purveyance for the Royal Household in the Reign of Queen Elizabeth", American Philosophical Society NS, xxxv, 1946, pp. 3 sqq.

[2] 见拙著 1587, *A Year of No Significance: The Ming Dynasty in Decline* (New Haven, Conn., 1981), p. 77。及 *Taxation and Governmental Finance*, Appendix A, p. 325. 内中指出前人对明代皇庄及庄田的误解。

[3] Dietz, *Government Finance*, vol. I, pp. 165—166.

[4] *Taxation and Governmental Finance*, pp. 308, 365n.

[5] Dietz, *Government Finance*, vol. I, p. 176.

收入，可以估计于下：

> 明帝国每年收入（1570年至1580年，每年）。
> 田赋并附加由县级政府经收 ⋯⋯⋯⋯⋯ 值银 25000000 两
> 盐税 ⋯⋯⋯⋯⋯⋯⋯⋯⋯⋯⋯⋯⋯⋯⋯⋯⋯ 2000000 两
> 其他包括商税，镪银，行政收入如赃罚捐官等 ⋯⋯⋯⋯⋯
> ⋯⋯⋯⋯⋯⋯⋯⋯⋯⋯⋯⋯⋯⋯⋯⋯⋯⋯ 3780000 两
> 以上共 30780000 两[1]

一两重一又十分之三盎司，以上总数近于四千万盎司。亨利之收入之为二百二十万盎司，不能与明帝国之收入相比。

当然此不过粗枝大叶的比较。两方疆域与人口数目迥异。亨利之收入几全部由国王支配，英国此时之地方政府费用低微。中国之收入则充县、府、省各级经费后才能缴解京师。但我人之目的，只在研究何时英国财政税收数额凌驾中国之上。以上粗略的比较不过说明此不在亨利第八为国王的期间。

同时此种突破也不出现于都铎王朝继任之其他三个君主期间。爱德华第六（在位1547年至1553年）、玛俐（在位1553年至1558年）及伊莉莎白第一（在位1558年至1603年）期间均无财政上获得出路之趋向。

---

[1] 估计情形详拙著 Taxation and Governmental Finance，pp.175, 216, 263。

因为入不敷出亨利已开始出卖没收之寺院田产。以后其子女又继续发卖。尤以伊莉莎白期间国事蜩螗。尚且要警备西班牙无敌舰队的倾巢来犯。她曾先后以每年收入达24808磅之地产作价813332磅售出。[1]当斯图亚特王朝之詹姆士第一（在位1603年至1625年）登极时国王所掌握之田土已浸淫日减，但詹姆士仍继续将余数售出。迄至1628年，"王庄已不复成为每年收入中之重要因素。与一个世纪之前，国王本身为主要之地主的情形，有至大的区别……"[2]

过去历史学家多惋惜都铎及斯图亚特王朝急于获得现金，不惜将王室所有及寺院田土半卖半送的浪费，不顾前途终于损害王室的根基。现今英国一派学者的看法则有修正。出卖地土时价格低廉及经手人舞弊之情形事确有之。但是其经过实有事势上之困难。所涉及之地土，内中主权问题以及租佃关系层杂参错起自封建时代。中古之事例，地土原不得买卖。但是几世纪来田土按价换主违反习惯法之情形层见叠出。[3]此外尚有隶农的问题。他们世代耕耘兹土，所付租金不谓租金而称"罚款"，亦不知其身份为小自耕农或佃户，抑或系擅自占用者，自1500年至1600年一般物价上涨四倍。但若干地区之地主无法增佃。又有地土被隐没，大佃户不知何在情事。出售

[1] Thirsk, *Agrarian History*, vol. IV, p.268, Dietz, *Government Finance*, vol, I, p.298.

[2] Thirsk, *Agrarian History*, vol. IV, p.272, Dietz, *Government Finance*, vol, I, p.301.

[3] Theodore Plucknett, *A Concise History of Common Law*, 5th ed, (London, 1956). pp.159, 539.

王庄又事在即行，无可迁延，尚未具备经费从长筹办，所以得价少而效率低。[1]

情形既然如是，将此种地土出卖，也是让各买主澄清内部纠葛，使地土经过整理，得有较高效率使用的机会。国王不复自己又是大地主，也使整理财政税收的步骤推进一着。税收与佃租参杂的情形即可减免。

英国之内战占 1640 时代的亘长年间，至此也可算作一整顿的机会。战事期间地土曾屡被没收、押存、拍卖、赎还和罚款处理等情节。从长远眼光看来不论是原主赎回或是新主接收，地土一入强者手中，以后又继续投资，也使农事耕作较前提高效率。虽说各事公平与否已无从断说。

这种整顿的运行与圈地不断的展开，成为长远的运动。作者所见迄今尚缺乏一项专著能将各种详情兼容并包的归纳分析（既称背景复杂只能以快刀斩乱麻的办法处理，即不易编撰这样的专著）。但是我们根据现存的资料可以断言：因着亘世纪的奋斗，英国田土经过整理已具成效，情形逐见分晓。第一，17 世纪前叶，隶农已逐渐绝迹。及至世纪中期地土之尚收罚金的已不多见。一般都是按年付租。自内战终止至复辟之前，即 1648 年至 1660 年期间，保王党地主土地之被没收者大部都能借债赎回。又自复辟至下一世纪，土地集中实为一般趋势。三百英亩以下的田庄减少，一万英亩以上的增多。时人的观感："这是

---

[1] Thirsk, *Agrarian History*, vol. VI, pp. 265—276.

有能力者的机缘;无能者的末路。"[1]

在一切纷纷扰扰之中圈地仍未终止,所以英国之田土终像今日之棋盘型,长线条的纵横整饬。农业地区吸收商业资本使付费公路的修筑和乡镇银行的开设都能在18世纪之初实现。

出售王庄与寺院田产不是推动这项整顿的惟一因素,但是它是最有力的因素:它使整个运动相继展开。

只是整个的运动进展极缓,以致今日之学者,尚要多费时间钻研才能断定各种因果关系。当时之人更不易看清此中曲折。都铎王朝及斯图亚特王朝之王与后,尤其无法在此纵横曲折之中作趋利避害的打算。只有玛俐朝中眼见田地收入减短,从此注重海关之收入。[2]伊莉莎白机智多谋,但朝中缺乏有制度性的改革,也只能相继因循。一至17世纪斯图亚特王室登场,国王之收入如下:[3]

项目\年份	1610	1614	1619	1623	1635
海关关税	£247810	£242788	£284900	£323042	£348126
土地税地租等	144154	130474	157744	170608	192340
僧侣履新什一捐等	16000	16000	18072	18137	19354

[1] Thirsk, *Agrarian History*, vol. VI, pp, 302—305, 684—685, vol. V, part 2, pp. 144—145, 153, 163, 198—199.

[2] Dietz, *Government Finance*, vol, II, pp, 306—307.

[3] Samuel Gardiner, *History of England from the Accession of James to the Outbreak of the Civil War, 1603—1642* (N. Y. reprint, 1965), vol. X. p. 222.

续表

年份 项目	1610	1614	1619	1623	1635
星房刑事罚款	——	1000	1400	1400	3964
教堂礼拜缺席罚款	9000	6000	6300	5000	13408
杂项	44561	25634	19568	21716	30852
王室采办折款	——				30330
以上合计	£461525	£421896	£487984	£539903	£618379

（以上总计与分数不尽符合仍从原书）

很显然的，海关收入一部占国王收入一半以上。地土收入虽仍为大宗，已不及三分之一。其他又约六分之一，大致都牵涉上宗教。以后斯图亚特国王因抽税涉及关税再因整饬教堂纪律而与臣民冲突，有背景上之原因在也。

研究英国内战及兹后革命之原因的学者，一派着重宗教原因。斯图亚特王朝前两个国王詹姆士第一（在位1603年至1625年）及查理第一（在位1626年至1649年），深信王权神授，主张以主教督导人民与当日现代人士思想良心上之事各由自主之立场相违。复辟之后两个国王查理第二（在位1660年至1685年）、詹姆士第二（在位1685年至1688年）袒护天主教徒希望构成法国式之政体宜其激起群众反对。

一派学者则着重经济原因。自都铎王朝出卖寺院庄田以来已造成乡绅为社会实体之新形貌。经济力量既已转移方位，难免新旧势力发生冲突。

其实两种说法不难合而为一。在17世纪的环境之内，宗教问题免不了它的社会经济意义。在英国也和在其他国家一样，组织上重要的改造最初无不以意识形态发难。当革命的领导人物尚且不能明晰的了解自身行动之目的何在（克伦威尔即处于这种状态），只有抽象的观念和征象式的呼召才能迎合此时的需要。直到行动产生了结果，革命的热忱业已发散，新体制的经济性格凸现突出，整个行动的因果关系方才显明。

我们已经提及中国的皇帝既为天子，他之奄有四海已为事理之当然。英国国王詹姆士第一也有近乎这种想法之作风。他曾在御制文书里写出："君主是上帝在人间的翻版。"要是这句话全部奉行，英国国王的权威也势必步中国皇帝的后尘。事实上当1637年财务法庭审案判决国王因建造海军而抽造船税的时候，不仅承认此税合法，而且有几位法官写下的意见，高抬国王之特权。历史家认为"超过任何的范围"。要是全部照做的话，"任何人不能再说还有留下的什么东西可以据称为己有"。[1]怪不得议会与国王冲突的时候，一方面反对付吨税与磅税，而同一议案之内，也不承认以教堂纪律束缚国民的神学思想。此种抗议有其一则有其二。又因为君民彼此都走极端，内战即无法避免。

战争的本身甚难解决问题。在17世纪中期，前述将土地所有归律化和整体化的工作还没有做得有头绪。另外一段发展，即是将所有经

---

[1] Maurice Ashley, *England in the Seventeenth Century 1603—1714* (Pelican ed.), p.68.

济因素，布置在同一法律体系之内，还待以下各段解释得明白，此时也刚在进行。奥利华·克伦威尔（民国的实际负责人，后称护国公，1649年至1658年）将国王查理第一送上断头台处死，即发现自身的处境也与查理相似，他也要解散议会，他也要向伦敦的银匠与东印度公司强迫借款，他甚至以军事状态治国，将英伦划为十一个军管区，各以少将一人统治。他的儿子黎察继任为护国公时（1658年至1660年）全国出入数如次：

英格兰	苏格兰	爱尔兰	以上总计
入 1517000 镑	入 144000 镑	入 208000 镑	入 1869000 镑
支出 1548000 镑	支出 307000 镑	支出 346000 镑	支出 2201000 镑
不敷 31000 镑	不敷 163000 镑	不敷 138000 镑	不敷 323000 镑[1]

当时人无法知悉：至此国家之负债已无可避免。现代经济称为资本主义与否，其要义即是负债经营。公私全部如此。在整体而大规模的利用全国资源时务必使信用广泛的展开，经理人才不分畛域的任用，和技术上的支持因素包括法庭与律师也全部活用。另一方面若不是掌握国政的人因收支不敷也没有人去寻觅途径去打开出路。

对英国说，局势之打开，事在1689年光荣革命时，威廉与玛俐（在位1689年至1702年）虽为斯图亚特王朝之后裔，却系被英伦之绅商政界人士邀请入主，等于被选举之王与后。入主之后所宣布

---

[1] Godfrey Davies, *The restoration of Charles II, 1658—1660* (San Marino, Calif., 1955), p.70.

之"权力法案"已等于承认议会至上之原则。但是要待到五年后,即1694年之成立英伦银行,才长久的解决了财政税收问题。英伦银行以一百二十万镑的资金贷予政府,年息八分,以关税及酒税作担保。只要年息照付,借款可以长久的持续下去。银行有股东1267人,为首的即国王威廉及王后玛俐。[1]可见得两人已将他们私人身份与为国家元首的地位在财务上划分为两途。他们已不复对国库的盈亏私人负责,此间权贵从此属于议会。

光荣革命(1688年至1689年)之为光荣,乃因无庸厮杀几乎全不流血而建奇功,作划时代之改革。其所以如此,一方面乃是土地所有权的整理改革进行虽缓至此已开始收效。另外一种发展,当时也没有受重视则是法庭判案的情形也有了相当的改进。大凡自16世纪以来英国法庭程序之不合时代需要已渐次被人注意。本来普通法为农业社会里的产物,它无伸缩性的坚持所有情事全按过去成例。过去没有做过的事今后概不能创始。而且司法行动极端的迟缓。对于社会改变的情形全部漠视。都铎王朝及斯图亚特王朝的特权法庭以救济的名目在开庭审案的时候引用"衡平"(equity)的原则稍为匡正一二。但是议会与国王查理第一作对期间乃将各特权法庭一并裁撤。只到复辟之后,大臣法庭(court of chancery)接着又相继引用衡平原则,至此衡平也称法律,也有它的成例,可以与普通法交流。1689年贺尔特(Sir John

---

[1] John Giuseppi, *The Bank of England: A History of its Foundation in 1694* (Chicago reprint, 1956), p.12.

Holt)为普通法最高法院之首席法官更决定今后审案遇有商业性质案件概由商业习惯办理。[1]

这样一来当英国在17世纪结束之前已不复为旧日一半在中世纪社会不脱离朝代国家之形貌。这国家的最高层机构以议会至上为原则,下层组织则以土地之整体化为定型,从此主权明晰。上下间之联系则因法律之修正及财政税收之上正轨而革新。所以全国各种经济因素,不论其属于公与私,不论其为农业性质或商业性质,又不论其在内地或在滨海一带,概能公平而自由的交换。简概言之,英国农业传统浓厚,至此则可以以商业原则管理,有如一个城市国家。

这种革新过去很少被宣扬,也因为它被资本主义登场的解释而受影响。大凡资本家之剥削,与阶级斗争等等名目遮蔽了改革的积极性格。可是剑桥经济学家罗宾生(Joan Robinson)已指出:即马克思在《资本论》卷三亦论及当生产继续增多时,资本家高度竞争,利润必下跌。于是只有实际工资上涨,工人受惠。[2]

对英国讲,这次改革的最显著效用,乃其使各种账目显然无所欺隐。有如1692年的土地税派征于全国,不用包税人,得款逾二百万镑,直接解缴于国库,为前所未有。[3]

---

[1] Plucknett, *Concise History of the Common Law*, p.246.

[2] Joan Robinson, *An Essay on Marxian Economics*, 2nd ed. (London, 1967), pp. viII–ix, xv, 15.

[3] J. S. Bromley ed., *Cambridge Modern History*, vol. VI (Cambridge, 1970), pp.285—286, G. N. Clark, *The Later Stuarts, 1660—1714* (Oxford, 1940), p.169.

为什么过去抽税离不了包税人？土地的领有在各处都成疑问，连使用权尚且含糊不明，因负债典当的情形也所在多有，法律与现状当中又有一段距离，则下层的纠葛尚且含糊未明，上层的权力与责任更无从了如指掌。包税人则洞悉此间衷曲，他们长袖善舞，尤以各人在自身熟悉的地区尤然。因之他们在所包税之外尚能替本身额外牟利，只是整个效能必低。

英伦银行则在债款与政府外又多了一种差遣。政府既接受了一百二十万镑的贷款，也允许它发行一百二十万镑的钞票，这款项也可以放出生息。于是一镑作两镑用，借贷投资一百二十万镑顿成为二百四十万镑。以前不能做之事此刻能做。当然由于投机失败使一般投资者受损的情形免不了。18世纪初年所谓"南海泡沫"(south sea Bubble)即是一例。但是资金广泛的流通已成一种永久体制，并不因此挫折而萎缩。经过这种摆布，英国财政的支出自1702年的五百万镑递升至1714年的八百万镑。同时间的十二年内国债也由一千三百万镑增至三千六百万镑。[1]因为她在国内资源经过彻底的动员利用，海外的势力也逐渐扩大，负债经营反增加了她的自信心。

西历1714年在中国为康熙五十三年，一位清史专家计算当日中国财政收入于下：

---

[1] Giuseppi, *Bank of England*, p.35, P. G. M. Dickson *The Financial Revolution of England：A study of the Development of Public Credit, 1688—1756* (London, 1967), pp.42—46.

清帝国之每年国库收入（约自1712年至1722年）

关税盐税及杂项 ················· 6370000 两
田赋并丁税除地方政府开销外 ·············· 23000000 两
总计　29370000 两[1]

一两重约一又十分之三盎司，上数约为三千八百万盎司。英国1714年之支出仍以一镑值银四盎司，是为三千二百万盎司。但当日英国人口约六百万；中国人口为一亿五千万。[2]中国人口数为英国之二十五倍，两方财政数字则大抵相似。所以我人可以断言，当清帝国国运尚隆时中国业已丧失经理能力之优势地位。

叙述至此，本文所提供的资料与明太宗实录之年终统计已有相当距离。原来《明实录》中的数字之本身与我们今日立场的关系不深。它之所以值得注意，还是因为这批数字使我们领悟到明朝初年治国的情景。而且它们也代表着以后极少改变，这种治国之方式一直贯彻到本世纪初年。1644年为克伦威尔击败国王查理第二于马斯顿荒原（Marston Moor）之年；在中国则为明清朝代嬗替之季。我们也知道1644年后满清因袭明朝财政体制，甚少更变。虽然亚当·斯密所谓中国五百年停滞不前或嫌夸大，但是在长期间内即有更变，也不过人

---

[1]　萧一山《清代通史》(台北1972版) 册2，页1254，Zelin, *The Magistrate's Tael*，pp. ln, 312。

[2]　中国人口在1700年后不久仍为一亿五千万。Ho, *Studies on the Population of China*, p.270。

口增加，白银由海外流入使数目字少有更变而已。本体上及组织上之更变至微也。

以上英国经验使我人觉悟，所谓资本主义之发展不仅由于绅商做主，而国家制度亦当彻底改组。尤以货币税收财政政策对动员全国资源最著影响。至于在经济中服务部门（交通通信保险诸事业等）则又以法庭判案之效力为重。当然，最初国富来源，重要的一部出自农业，所以土地所有权又必须明晰，使经营农场具有利润。其牵涉既如此广泛，势必又动及宗教信仰。所以说来说去，因其凡百咸具，而最好可以利用彭信威所提出之"货币文化"四字。以上整个更变，即可以货币文化整体改变视之。

又不论中国如何落后以后急起直追，无可旁贷。费维凯（Albert Feuerwerker）本距今四十年前即指出中国在19世纪筹办洋务而维新时，不能自农业部分强迫的节省一部资本是为其致命伤。即在19世纪之末，全国财政收入，包罗一切亦仍只八千九百万两，又须兼供三级地方政府之用。况且屡次在国际战争中败北，割地赔款，以正常收入抵押，宜其不如日本也。[1]

这样看来中国在20世纪之土地改革，以后又经过所谓文化大革命仍是落后国家整体改革所须经过之苦果。在此数十年来全国穿蓝布袄吃大锅饭，仍替国家节省得一些资本。据北京国务院农研中心发展

---

［1］ Albert Feuerwerker, *China's Early Industrialization: Shen Hsuan-Huai and Mandarin Enterprise* (Cambridge, Mass., 1958), pp. 42, 247.

研究所的调查当年节衣缩食时农村部分即贡献六千亿元（1985年价格）。[1]以上无从由我们提出褒或贬。我人只有希望有了这样创痛的经验，中国历史自此脱离其朝代之周期，而政府之机构亦免去其宗教治国的声调。

---

[1] 农研中心发展研究所《发展研究通讯》增刊21（1986年12月），页5。

上海，Shanghai，シヤンハイ（新增）

苏州河北岸去外白渡桥不远的百老汇大厦是中国最高的建筑，它在天空线上那样特殊。凡轮船驶向大海的时候，三个或四个小时后它的影像还是缠绵不去，直到东海之水，由黄色变为碧青，它方形影模糊。

那时候淮海路还叫做霞飞路，飞机旅行还是极少数人的特权。凡出国入国，很少人能避免上海，即使在国内旅行，也可能以上海作转口埠。当日粤汉铁路方才由衡阳向郴州伸展。我父亲从长沙家里前往广州或福州，也不经陆路，而是乘船至上海，由此漂海南行。

那样的长途旅行，也通常是生活中一个重要的转折点，所以提及上海，免不了回顾年轻时的种种。

我已将近半个世纪不见上海（1987年回国的时候飞机只在虹桥机场停留一小时，始终未离候机室），当越洋电话来时，说是来自上海，也触引我想及30年代的经历。

那是张爱玲的上海，也是茅盾、巴金、张天翼和穆时英等人的上海。孙中山在此置有私宅，蒋介石在此初次邂逅宋美龄（当日称为"三妹"），毛泽东曾在虹口码头向赴法工读的朋友告别……这些都已是往事了。30年代，五卅惨案已被淡忘。自从日本占领东三省成立满洲国以来，亲英联美成为国策与民情。租界内的公园门口的"华人免入"的牌匾已经撤去，但是上海仍离不开殖民地风味。英租界的巡捕，全是印度的锡克族人，个个身材魁梧，长发浓须。看来都是一模一样。法租界的则是脸颊凹入黑牙齿的安南人。兆丰花园附近有一座英国兵营，不时有英军整队游行过市，既敲鼓也用袋风笛作前导。那种乐调哀怨凄凉，今日回味使人想及苏格兰之荒山，遍地羊齿蕨随风起伏，不知英人如何以此等音乐淬砺士气，足以征服印度中东，进军于波斯及阿富汗。

对我们来讲，上海则是中国的文化城。人家也说北平（当日不能说北京）是中国的文化城，但是那座古都除了三十多家大学与学院之外，很少与一般民众保持接触。上海则有各种报纸杂志期刊。我们所用中小学的教科书，出版社总是商务、中华，以后的生活新知也在上海露像。郭沫若（还没有人称之为郭老）在这里发行创造社的各种刊物，自己则避祸于福冈，鲁迅在国民党清党期间写下了"忍看朋辈成新鬼，怒向刀丛觅小诗"的抗议，以后仍寄居闸北，经常与北四川路内山书店老板内山完造过从。他们的闲谈也见于鲁迅之笔墨。他在本地《申报》辟有专栏。黎锦熙提倡汉文拉丁化，首先在福州路张开布幔，大书"大炮响了"。林语堂在北京还是循规蹈矩不离主流，及至上海才主张国难与否，人生总要追求生活之情趣，从此成为"幽默大师"。

上海也是一座国际城市。不时有欧洲水手，大多是法国人和意大利人在去外滩不远，大概是九江路或汉口路的酒吧间群殴。有一次事后捡拾，除了损坏的桌椅杯碟之外，还留有撕下的耳朵一只。

美国作家项美丽 Emily Hatin 在这里与出版者兼作家邵洵美同居。当时邵已是有妇之夫，但是无伤大雅。项仍然将她的经历写入《我的中国丈夫》。以写《大地》而闻名中外的赛珍珠生前将绯闻缄锁，但是她去世后，为她写传的作者发现她也有一位中国情人，此人乃诗人徐志摩。他们的邂逅，也在上海。

而且上海出产所有的国产电影，对内地年轻人的影响无可衡量。金焰、王人美、胡蝶、徐来，成为了众人倾慕的对象。《渔光曲》与《大路歌》都是影片中的主题歌，一经播出即引起全国风诵。还有《义勇军进行曲》原为《风云儿女》影片中之插曲，预期有歌词二首，但刚写完第一首，作词者田汉即为国民政府的法警捕去，寄押于苏州监狱。作曲者聂耳只得将所作词重复一遍。也料不到这部电影中之插曲在抗战期间同为国共两军之军歌。以后更升级为中华人民共和国的国歌。

提及电影，使人不能忘记阮玲玉的悲剧。她与张达民还没有办妥离婚手续，即与茶商唐季珊同居，被张在法院里控告通奸罪。她被逼自杀，还留下一封绝命书，"你虽不杀伯仁，伯仁却为你而死。"结尾重复写出："只不过人言可畏，人言可畏罢了。"噩耗传来，不免使我们一代年轻人惋惜。据说她装殓时仍是风采妍然。与项美丽相较，她真可谓重誉轻生了。

这样的文物与习惯，没有体系与合适的逻辑。静安寺路外人称为 Bubbling Well Street，直译则为"出水泡之井的街"，而在十里洋场之中也真有一所寺院，不时有信男信女前往膜拜进香。上海虽为世界第一流的城市，在墙壁上以丈尺大字写出的商业标识不是雪佛兰轿车或奇异 GE 电气用品，而是当铺之"当"与酱园之"酱"。法租界与中国南市交界之马路称为"民国路"，也从法文译来，原文是"两个民主国家之道路"。因为分界线在街心，所以彼此各发通行公用汽车之执照。乘客必须注意：由东向西行必乘中国汽车，回程由西而东则须换乘法国公司之公共汽车。

众人都说凡世界上所有新出品，本地尚不能买到，立即见于上海。沪西的住宅区也确具有欧洲城市情调，但是各处弄堂仍然门前生火炉，临衢泼秽水。霞飞路之法国梧桐点缀着酒吧间和咖啡店，不失为拉丁区。北四川路则为日本人的世界。一至午后放学钟头，电车上全是日本学龄小孩，他们顽皮嬉笑。全新的白色帆布球鞋，也用毛笔大书物主姓氏，如"北原"，"冈村"。只有南市始终不失为中国城，仍在等候 20 世纪的来临。虽然搪瓷工业已经高度展开，此地仍生产木质器皿，而且店铺与工厂不分，许多商店临街打造。中外商品之不同，也可以从所用的溶剂分别，惠罗公司所陈设的欧洲货品，多具芳馥之气，因为所用松脂油和棕榈油大都经过处理。中国土产则多具原始的桐油与靛青的气味。

纵然上海有一些不伦不类的事物使我们丢甩不开自卑感，但是与内地相较，"海派"仍然是摩登与进步的表现，这时候中国的女学生已学会涂口红。年轻男子所服用 knickerboker，称为"灯笼裤"，我在长沙中学时也和同学服用土布制模仿品，其来源也由自上海，沪上则抄袭西方，有《字林西报》的广告为证。

因为操沪语的人总是得风气之先，要较我们遇事内行，我们对这种方言也颇为倾慕。尤其海话（读如偕窝）中之特殊字汇，好像隐蓄着不能形容之奥妙与魅力。凡事物犀利漂亮则为"灵光"，否则即是"蹩脚"。潇洒不务正业者为"白相人"，穷措大之尊称为"瘪三"。笨蛋号"阿木灵"。事物之程度，以"邪气"或"交关"表示。钱钞概为"铜钿"，小二则称"烂污泥"，出租计程车为"野鸡汽车"。之乎者也矣焉哉之"哉"字原只见于《四书》，在此地则出现于任何人之口语，有如文墨之有惊叹号。能说得一口流利沪语是如何的"帅"！为着追求这种说不出的风味与情趣，我曾想加功练讲。不幸天生"大舌头"不能及时辗转，越想苦学愈不灵光。眼见他处来的孩童只三数日即全部吴侬软语，令人不胜艳羡。

说来也难能相信，30年代中国的国防前线已不在河北山东，而在上海，由1932年的"一·二八"战役明确的表现。

战事由闸北的民间冲突而起。第十九路军与日本海军陆战队开火之日，中国可谓正处于无政府状态。年前蒋介石与立法院长胡汉民讨论开国民大会之程序，一言不合蒋即发怒将胡拘禁于汤山，引起全体粤籍中委联名弹劾，蒋不得已辞去本兼各职，但是因蒋一去南京政权发现本身无钱无兵。正在无可如何之际，蔡廷锴也不计较有无后援立即将全军投入。以后日本继续增援，并由海军陆战队而继续抽调陆军各师团，又三易主帅，由盐泽幸一而野田吉三郎而植田谦吉而白川义则，至最后兵力逾五万人。但是国军仍与之喋血月余，自"九一八"沈阳事变中国揭橥"不抵抗主义"以来，至此才大规模的与对方交兵。

我还记着这时候我还在湖南上初中,长沙的报纸以特号重体字载出:闸北已无日军踪迹!以后凡奋战之处如江湾、蕰藻滨、庙行等均在内地家传户晓。但是只有少数人知道,这时候蒋介石迅速地以军事委员会委员(以后才为委员长)的身份出面调度。"嫡系"之八十七与八十八两师,立即编为第五军,由张治中任军长,负责担任江湾以北的战线,也承担着相当严重的牺牲。张之回忆录里提及:当时他的任命如是仓促,他还找不到上前线的交通工具。幸而眼见一个传令兵骑自行车迎面而来,张当场征用,自行车暂由军长骑作指挥部队之用。

这场战事国军未获全胜,也未整个惨败。虽说五月间签订停战协定时已被迫退守嘉定南翔,但这月余已给士气人心一段鼓舞。看来只要众志成城,对方亦不过如是而已。从蒋介石文件看来,1932年的战役已给他五年之后在沪郊全面迎战的腹案奠定基础。

1937年战事之展开虽肇始于卢沟桥,但是要待到8月13日在虹桥机场的冲突,才算真格的战斗之肇始。国军初取攻势。蒋介石当日相当的自信,他对李宗仁说:"要把敌人赶上黄浦江去!"

看来颇为奇特:此时中国海岸线已为对方海军封锁,上海本身也无特殊之战略价值。但是蒋以为沪郊之河川汊湾,对装备劣势的中国军有利,同时在国际城市的周边作战,可能引起其他国家的干预和介入。这样的奢望还要在撑持四年半后在珍珠港事变时实现,那时日本早已深入中国腹地,占领内河及铁道线上所有重要之港口城市矣。

第二次沪战也是由于前两个月的不惜牺牲,引起了全国如火如荼的反应，只是在两段军事冲突之间，对方也有了相当的准备，闸北的日海军陆战队兵营已构成一部坚壁。国军无攻城巨炮。战后看来这营房虽屡被飞机炸弹与迫击炮命中，但始终无致命伤（日军修理时故意留下弹痕）。而中国空军袭击停泊于黄浦江的出云舰，两次弹落租界，各死伤市民数十人。尤以弹落南京路最稠密之处时受害者折臂剖胸至为凄惨。

当日国军在罗店宝山大场之间投入兵力近百万，是全战役最大的一次战斗，可是整个战线暴露在敌海军炮射程内。日本之航空母舰，即碇泊于吴淞口外。9月之后中国空军因损失惨重，已只能于夜间出现。日军升气球鸟瞰战场，容巨炮从容发射。战后何应钦所做报告称，十周之内中国"消耗"了八十五个师。有时一日增援两师，只抵得当日伤亡数。这十周之内，死伤者逾三十三万人。而且中枢无长远打算，只照德国顾问之建议："长期抗战宜永久依托上海。"看来日本轻视中国，中国亦低估对方，蒋介石在战前称他们"常备兵总额十七个师团全部调来尚且不敷"。也不料日本立即动员及于预备役。11月间柳川兵团在杭州湾登陆时，其师团番号列入一百零的数目，为常备军编制所无。

至此国军阵容瓦解。退却命令下达过迟，各部争拥退路，又被日机轰炸，重兵器丧失殆尽。苏州嘉兴间所筑钢骨水泥工事也不用而放弃。所谓"找不到钥匙，不得其门而入"，只是说者搪塞之辞。本来大部队在强敌压迫的跟前退却，为军事技术中一种高度的考验。断无不派遣接应部队，不区划使用道路桥梁的序次，不筹谋后勤业务，及于弹药医药之分配，不厘定通信程序，不重订军队区分及于各部队下一段之任务而可能侥幸功成者。

　　1937年11月国军精锐之损失，以后大部永远不能弥补。一个月后南京相继失陷。因为全战役重要决心出自蒋介石，以后叠为与他争权之李宗仁和史迪威指摘。上海之失策为蒋不知兵之明证。

　　他们没有提及的，则是大中国因抗战方始产生一种统一之军令与军政。并非有了健全之组织，才向强敌应战。"八一三"后蒋邀李宗仁来南京，犹且有四川之刘湘与云南之龙云企图劝阻。以后蒋向各省强人请求"捐兵"，尚要称兄道弟的恳求。我们所谓国军，当日并非一个实体。调来的队伍五花八门，不仅素质不同，即编制装备战法也各树一帜，有些年前和几个月前尚处敌对状态。有些部队各操方言，纠集此种之部队初次作战，在人事及经理上均产生无数问题。除了放置于一个狭小而交通方便之地区，用以前的战斗经验作蓝本外，亦别无他法。即是今日想来亦仍如此。

　　1937年我原在天津上南开大学，只因暑假回长沙。沪战爆发后以当日之稚气与热忱，又受西洋文学的诱导，乃不顾家人劝阻，轻装只身走上海，希望即使不参战，也能观战。沿途只见由东向西的车船挤满乘客，由后方往华东前线的至为寥落。火车至苏州适逢空袭警报，乘客逃往车站附近的街衢间暂避。有一个宪兵班长，认为我行迹可疑。我和他解说我希望见到国军作战的实况，他总不相信。可是又不将我作敌探拘扣，纠缠约半小时方让我脱离他的掌握，幸亏仍能赶上火车。

火车已不能去闸北，停在徐家汇附近，租界之入口处有英国兵荷枪倚着沙袋把守，但是对进入的行人并无留难。

及至问及上海友人如何可以往前线才大失所望。不仅没有人能告我如何能与官方接洽，有些朋友还认为我的整个想法，只是荒诞不经。还有一位指斥我害了神经病。

他们的态度，抗战虽出于全民的要求，作战打仗乃是职业军人份内之事。看来已是一般人的想法，只有我执迷不悟。

为什么保卫马德里有全民参加呢？

天老爷，这是中国！

我在上海住了一星期，虽然成日听到炮声不绝，晚上火光冲天，市区仍是 Business as usual。我们仍去新亚吃粤式早点，霞飞路的西餐馆喝罗宋汤。我最接近前线的经验仍不过在外滩附近北京路一座高楼屋顶上偷窥中国空军可能夜袭黄浦江中日舰情景。可是连续几夜，只听得天际飞机引擎响和军舰上高射炮声。我说偷窥乃因顾虑高射炮弹破片下坠仍带杀伤力，因之匍匐弯身，连交谈口语都是低声。为什么谈话也要顾忌？这也是不假思索之表现。

后来我绕过嘉兴至苏州而西返。南开已并入长沙临大（西南联大之前身）上课。有一位教授用英文在校刊上写出：我们应当劝阻学生从军！中国再多一两百个军人仍于事势无补。要替国家培养一两百个工程师和教育家才有实际的用场。

这是中国！

还有朋友劝我既要抗日就应当早日束装上延安。我亦无意去延安。除了在《抗战日报》蹉跎了一阵子外也一直呆了一年才考入成都中央军校的十六期一总队，受训期间即是两年。步行去成都和以后分发部队途中又各好几个月。等到十四师当少尉排长时，已是抗战后期，士气与民情都不复有当初之兴奋矣。

这样我已与海上春申江一步一步的远离。在我从军期间我父亲去世，在上海的女朋友也与他人结婚。在军校时我们钢盔上涂油，阅兵带白手套；及至下作战部队，一团士兵半像乞丐半像土匪。我们不仅不用教育感化他们，反而随着他们吃狗肉、讲粗话，对部下和老百姓心狠，如是才有面子，具备传统中国下层社会里崇拜的英雄好汉性格。

虽然对这段经历我曾发了不少牢骚，我的黄金少年时代竟如此浪费了。可是平心而论，我在国军十年仍然占了不少便宜，战时我去过印度、缅甸，以后还居留于日本及美国。而且对我教学历史的前程上讲，这十年是人世间有钱难买到的实用教育，此是后话。

紧接着本文标题，也是好运高照。1945年8月，我随着驻印军的长官编入第三方面军。紧接着V－J Day，第三方面军奉命接收日人占领的京沪区。9月4日夜我登上了美军G－54运输机，由柳州起飞，目的地为睽隔八年的上海，降落于江湾机场。

以后两个月，中国军人逢着数个朝代以来未有之奇遇。

一年之前，国军方弃守桂林、柳州，眼见贵阳不保，重庆岌岌可危，自由中国将整个沦亡。此刻我们却为战胜者！我们下机时一列日本军官敬礼欢迎，全部程序有条不紊。他们迎接的轿车，挂有红黄蓝色小旗，标现乘车者之阶级职位，此时奉命撤去，改悬我们由柳州带来青天白日满地红国旗。日本司机立即遵办，他们的官兵，每个驯顺有礼，并且毫无犹豫不愉快之神色。我们的长官给予任何吩咐，透过翻译官，立时获得对方"瓦加里马希达"之回禀，万无一失。

我们立即驱车赴南京路尽头之 Hotel Cathay。此是远东第一家酒店，家具陈设全为楠木，窗帘以极厚之天鹅绒制，浴室关门有全长之门镜。凡我们司令部之先遣支队每人派有专用房间。饮食有楼下之餐厅及咖啡店听凭选择，以签字代替付账。我至今不明此笔账由何人支付，如何结算。日人见一切安排妥当敬礼而去。此时我们亦不知他们是否为我们的俘虏暂时假释以便继续当差，抑或我们是他们之嘉宾接受款待。

及至午后我巡行市区，更是惊喜出于度外。我们的法币不仅通行，而且为钱庄与黄金美钞一并收买。其价格之有利令人不能相信。我在柳州临行前曾理发，若是能延至上海，此理发费足够在新式理发店一年之所需。我在昆明面店所付小账，可以在此地点叫牛排。我卖出之两件衬衫足够缝制西装一套。而且上海商店所陈列凡百咸具。自三星白兰地及三炮台香烟多年不见之高级消费品尽在眼前，也在我们购买力之内。

我在驻印军所得之卢比津贴，在缅甸战场无法使用已全部存集。又曾在重庆《大公报》发表战地报告多篇收酬亦为卢比。在我回国之前曾用以购买剃刀、毛巾、牙膏等物，原足供本身一年所需。又有皮茄克、皮靴、太阳眼镜、扑克牌等物，都由军用卡车带回，及闻及抗战胜利全部在昆明出卖,亦无人置喙此是否合法,所得法币及第三方面军给我的两个月薪饷,至此已使我帆布干粮袋充塞无空隙。

在这批存款用完之前,我穿着新制哗叽制服插入上海之上层社会娱乐场所。凡逸园、仙乐、百乐门、丽都各处舞场都有我年少军官"蓬撒扯"的学摩登之踪迹。这时全未考虑好景如何持续。

上海市里也是一境如狂。每日有美国飞机低飞至外滩上空,黄浦江上各种船舰齐鸣汽笛示敬。市内爆竹之声不绝。三轮车则悬挂特殊旗帜,以中美英苏的国旗各四分之一拼成。不时有美国水兵出钱雇用三轮车,却颠倒身份,令车夫乘坐,并且以业余身份,邀请其他车夫作驰车比赛。

我们的司令部由华懋饭店迁到法租界之 Cathay Mansions,本地人称为十三层楼,又再迁至闸北原日本海军陆战队营房。凡每一迁徙,我们的伙食亦随之降低,西菜早已换作中式,榨菜炒肉丝亦降格为萝卜清汤,而且餐厅已污秽不堪。在年前我们整个脱离上海迁往无锡前,室内已板凳污渍,苍蝇满处飞,简言之,由内地来之人员增多,各种条件已逐渐扯平。我们挑扁担打赤脚的军队也逐渐恢复本来面目,法币已无当初二百换一之购买力矣。

我满以为抗战胜利一切问题都已解决,而事势不然。我离开上海前曾在冬日的阳光里在虹口公园思索,我已二十七岁,仍是下级军官,回学校上学已成问题,婚姻事业均在茫茫大海之中,中国之内战看来又无法避免,越想越是心慌。

可是命运之安排无法避免,有时也出于意外。1945年底司令部虽迁无锡，只一周后，我又仍回上海。我的长官奉命监督日军第六十一师团修复沪杭公路，我也因此经常往来于户浦、澉浦之间，仍以上海为基地。此任务完毕后又随他调往东北。当国军自开原向四平及公主岭一带推进时，我曾踏至内战之边缘，如往战场传达命令输送弹药。不过时间至为短暂。入长春后一周，我又南返，又重履沪土。此次参加全军留美考试，录取后派往堪萨斯州之陆军参谋大学，也仍自虹口上船，眼见东海之水由黄浊变为碧青，至百老汇路之影像模糊为止。

至此我仍未与上海隔离。在美训练后，根据中美协定所有回国留学生一概派往主持组织训练之机关学校，不得重返野战军。我被派往国防部，自此才与老长官脱钩，没有随着他日后在长春被俘。南京与沪上近在咫尺，我也再来上海多次，曾眼见1948年的金圆券失败，整个经济崩溃，市民抢购的情节。我们留到1949年共军渡江之前夕才迁广州，所乘LST也在虹口码头解碇，从此才与百老汇大厦作最后的一次告别。

这段回忆如何束笔？要是我写一本关于上海近百年史或五十年史的专书，如何下结论？

我之治史，注重归纳而不注重分析。以上的资料如在细处凭己意分析，只能局部的臧否人物，或为笔者自身开脱。读者亦可看出，此中诸事毕集，断非一人一时一事之功过。但因为如此，即综合亦不容易着手。

我的经验：中国近百年的再造，在国内历史无成例可沿。只有参对先进各国在同一世界潮流中作类似全面目重建的经历时可以体会，上海近百年之事迹，表现着一个农村社会受官僚体制摆布，以刑法做主，蜕变而为新型工商业社会施行民法的过程中必然之遭遇。以中国幅员之大，需要改造程度之深，这种运动旷日持久，也免不得辗转反复。

1930年距鸦片战事已近百年，只因新旧体制不能调协，上海仍受治外法权约束。当铺之"当"与酱园之"酱"，亦同与雪佛兰轿车与棕榄皂共列。阮玲玉一方面引入电影明星不羁之生活，一方面又恐惧传统道德之"人言可畏"。是以上海像一个大瓷盆内置酵素使之长期酝酿，也像一个试管内新旧因素掺和，相互发生作用。所以租界内输入印度与安南的巡捕不算，又还引用黑社会掌管侦探局。他们的领导人物也成为声名显赫的绅商。驶行市街之电车由私人公司主持。车上有"章程"，刊载于玻璃框内，文称乘客不得引入脏废腥臭物品，结尾则称"违者严惩不贷"，至此则又仿效中国官僚体制之作风与口语。总之则不能前后连贯，上下一体。

对于中国的长期革命上海常有"述而不作"的形态。各种新思潮往往来自上海，但是这城市却没有在行动之中，赶上武昌、广州或延安。此因上海虽为全国人口最多，也是最尖端的城市，却在当日情形不能指挥内地。但是中共在此开始组织发轫。五卅惨案的反响，振动了中国人之心弦，为北伐赋予澎湃的动力。1927年蒋介石的清党也注定了中国长期革命两党分道扬镳的姿态，从此中共被迫放弃城市活动之重点，实际逼成了一个农民党，数十年以最基本的土地改革为己任，完全摆脱了旧社会之支配。国民党则迁就现实，只能引用到手的力量，补苴罅漏的替中国创造一个独立自主的局面。我已在其他的场所写出：此两种群众运动都不可少。还有我们不能遗忘的：沪郊的军事冲突，实为抗战真面目的开始。

上海在新中国重建的过程中，曾具有独特的贡献，也担任了一部无名英雄之牺牲。此城市虽然出了一个劣迹彰著之"四人帮"，但是也产生了经济改革的重要领导人物。

前些日子，有人自上海来，说及原市区各处所有建筑，几十年失修，一片污黑。十五年前名记者陆铿访问前市长汪道涵。汪问及他对上海的观感如何。陆凭着在外滩一带所见据实答复："变动甚少。"经过汪市长的启示，陆才知道当时上海旧址之失修，主要因为全市以收入百分之二十四贡献于国库。而且当时的"变动甚少"，也只限于原有市区。汪当场指出：新住宅区已将闸北与真如之间打成一片，一次即可容七十万人迁入，还具有内部之菜场医院学校。即再有像宝钢（宝山钢铁厂）那样的大规模工业也是无中生有，在最短期间完成。最近五年则开发浦东，整个的改变天空线，使人不复记得当年的百老汇大厦、十三层楼和二十一层楼。

在此种情形下，新建之图书馆、博物馆、音乐院富丽辉煌，更强调上海为文化城。提及数十年前的上海，我们只有朝积极方面看去，以淡化当日惨痛，昭雪自卑感。纵然有些建筑物失修，我们也可以以"今逢四海为家日，故垒萧萧芦荻秋"的心情去领略了。